华为营销方法丛书

向服务要利润

华为客户服务中的经营哲学

GETTING THE PROFIT FROM SERVICE

THE MANAGEMENT PHILOSOPHY OF HUAWEI'S CLIENT SERVICE

周庆 易鸣 向升瑜 ◎ 著

中国人民大学出版社
· 北京 ·

图书在版编目（CIP）数据

向服务要利润：华为客户服务中的经营哲学 / 周庆,易鸣,向升瑜著. — 北京：中国人民大学出版社, 2018.12

（华为营销方法丛书）

ISBN 978-7-300-26286-4

Ⅰ.①向… Ⅱ.①周… ②易… ③向… Ⅲ.①通信企业－企业管理－销售管理－经验－深圳 Ⅳ.①F632.765.3

中国版本图书馆CIP数据核字(2018)第224001号

华为营销方法丛书

向服务要利润——华为客户服务中的经营哲学

周庆　易鸣　向升瑜　著

Xiang Fuwu Yao Lirun ——Huawei Kehu Fuwu zhong de Jingying Zhexue

---

出版发行 中国人民大学出版社

社　　址 北京中关村大街31号　　**邮政编码** 100080

电　　话 010-62511242（总编室）　　010-62511770（质管部）

010-82501766（邮购部）　　010-62514148（门市部）

010-62515195（发行公司）　　010-62515275（盗版举报）

网　　址 http://www.crup.com.cn

http://www.1kao.com.cn（中国1考网）

经　　销 新华书店

印　　刷 涿州市星河印刷有限公司

规　　格 170mm×230mm　16开本　　**版　　次** 2018年12月第1版

印　　张 15　插页2　　**印　　次** 2019年7月第2次印刷

字　　数 232 000　　**定　　价** 58.00元

华为的生存本身是靠满足客户需求，提供客户所需的产品和服务并获得合理的回报来支撑；员工是要给工资的，股东是要给回报的。天底下唯一给华为钱的，只有客户。我们不为客户服务，还能为谁服务？客户是我们生存的唯一理由！

——任正非 2004 年《华为公司的核心价值观》

前言

很多市场人员以及管理人员，对服务的理解容易狭隘化，简单地理解为为客户提供服务，给予客户好的服务体验就好。这是服务的内容，当然没错。可是在华为看来，为客户服务是一项系统工程，它还涵盖了保护客户投资、为客户提供解决方案、帮助客户成长等关键内容。

这样的服务意识的建立，以及服务质量的保障，已经不仅仅是市场人员的责任，而是整个企业上下所有人都需要承担的责任，用任正非的话来说就是“为客户服务是华为存在的唯一理由”。任正非也多次告诫华为人，只有坚持为客户服务，华为才能继续生存，服务好客户，华为才有未来。三十多年来，华为在服务上积累了丰富的经验，华为能有今天的成绩与其不断完善的服务有着至关重要的关系。

笔者在华为工作期间，亲身体验过华为的内部变革，深深感受过华为人对服务质量的重视。在多年的市场营销工作中，因为长期要与客户打交道，让笔者对客户心理也有了一定的理解，对客户需要什么样的服务、怎样提高客户满意度积累了较为丰富的经验。虽然目前市场上有不少与华为服务有关的书籍，笔者也阅读过不少，但是总感觉书中缺乏相应的实践经验和深切的感受，所以在编写此套丛书时，笔者和其他作者进行仔细讨论后，决定专门编写一本有关华为服务的书籍，书中有大量的实战案例，可以为读者提供参考。

可以说，华为一切的服务工作都是围绕“以客户为中心”这一企业核心价值观而展开的。这六个字也体现了华为服务文化的精髓，华为人在工作中处处体现着这一点。在这一企业文化的影响下，华为人不管在什么样的环境中、面对什么样的客户，始终坚持以客户需求为导向，满足客户需求。客户之所以青睐华为，除了华为拥有大量的高素质人才、先进的技术外，最重要的就是华为能够为客户着想，帮助客户赚钱。在华为看来，只有客户成功了，赚到钱了，华为才能获取合理利润，扩大投入，持续提升自身实力，不断为客户提供更好的服务。

根据笔者在华为的工作经历以及对华为的研究来看，华为能够持续为客户提供良好的服务，得益于华为较为完善的服务平台建设，并且注重对员工服务意识的培养。这使得华为从里到外都时刻在为服务准备着，让华为能够快速对客户需求作出反应，并且协调好各方资源，再加上华为人在工作中发扬艰苦奋斗的精神，使得华为成为了客户最为信赖的重要合作伙伴。

通过优质的服务，华为也获得了丰厚的利润，使华为能够拥有更多的资金投入到服务全流程的建设中去，不断发展壮大。如今的华为在业界已经能够产生很大的影响力，并且有能力为客户提供咨询、培训等服务。华为也希望能够与客户一起成长，一起面对未来的挑战。所以对华为来说，客户既是那个给自己发工资的人，又是自己的好伙伴、好朋友，只有双方共同进步，才能获得各自想要的利润和影响力。

本书通过系统的梳理，列出了华为服务水平不断提高并得到客户认可的几大原因，深入分析了华为服务精神的内涵。希望通过本书能为读者带来不一样的体验，让读者可以从另一个视角看待华为的发展，并能为读者在实践中提供有用的信息。

易鸣

2018 年 6 月

目录

第1章 服务创造价值

华为文化的特征就是服务文化，因为只有服务才能换来商业利益。服务的含义是很广的，不仅仅指售后服务，从产品的研究、生产到产品生命终结前的优化升级，员工的思想意识、家庭生活……因此，我们要以服务来定队伍建设的宗旨。

——任正非

1. 为客户服务是华为存在的唯一理由

华为一直致力于完善服务体系建设，快速响应客户需求，持续为客户创造价值。公司的发展历程，让华为人早就明白了成就客户就是成就自己这一道理。客户没有需求，华为没有机会为客户服务，就无法生存，所以任正非常说，为客户服务是华为存在的唯一理由。

1.1 客户是华为获得利润的唯一来源

利润是企业维持生存的根本，企业只有为客户服务才能获取利润。所以，任正非一再强调，华为只有用优良的服务去争取用户的信任，创造资源，这种信任的力量是无穷的，是华为取之不尽、用之不完的源泉。在《华为公司的核心价值观》中就有这样的表述："为客户服务是华为存在的唯一理由，这要发自所有员工的内心，落实在行动上，而不是一句口号。"

华为的成功引起了很多人的兴趣，不少企业也试图学习华为，并且将华为的管理方式称为华为管理模式。曾经有媒体在采访任正非时，问任正非如何看待华为管理模式。任正非表示，华为的发展并没有什么模式，也没有什么商道。华为所做的无非就是始终坚持以客户为中心，认真服务客户，让客户满意，从而使客户心甘情愿地把钱给华为。对客户好，才是华为要做的正确的事。他还表示，哪个客户能出更高的价，华为也会提供更好的服务，因为好的设备需要更多的投入，只有客户愿意出价，企业才能有利润，所以设备有好坏之分。

华为多年来坚持客户利益最大化，并认为这是生存的唯一道路。因为员工要靠企业发的工资生活，股东则需要企业的回报，唯有客户是支付费用给企业的，最大限度地满足客户需求，才能使企业获得更多的利润。有些企业没有深刻认识到这一点，将股东利益最大化，回报了股东，却失去了客户，最终导致企业无法维持下去。很多企业都意识到了这一点，和华为一样，这些企业都坚持着客户第一的原则。

杰夫·贝佐斯在谈到如何成功领导亚马逊这家全美最大的电子商务公司进行自我变革和转型时，说道："面对复杂的情况，我们会自问'对顾客最好的做法是什么'，只有这样我们才能让事情简单化。我们相信，如果能做到这点，最终总会获得好的结果。"每次做价格弹性调研时，得到的结果多半是建议提高价格，但贝佐斯总是坚定地拒绝。因为在他看来，将价格压低能帮助亚马逊赢得顾客的信任，而信任才是亚马逊最大化的长期自由现金流。

贝佐斯坚信，始终和顾客在一起，总是能赢得下一次的机会。面对竞争对手的攻击，贝佐斯对员工说："让我们更关注顾客吧，各位一定要脚踏实地。"广为人知的贝佐斯邮箱 jeff@amazon.com，他亲自查看用户发来的邮件。事实上，许多亚马逊内部的不怎么光彩的事件都始于用户主动发来的电子邮件，然后贝佐斯转发给相关管理人员或员工，他在信中只加了一个问号。任何人收到这样的信件后，都要停止手头的工作，全身心投入到邮件中强调的问题里。贝佐斯用这种方式保证及时听到用户的声音，保证那些潜在的问题得以迅速解决。

为了能够让客户利益最大化，华为一直坚持奋斗，希望能够以质量好、服务好、价格低的产品让客户受益，客户利益大了，赚钱了，就会再次花钱购买华为的产品。任正非也表示，华为的组织结构、流程制度、服务方式、工作技巧也要围绕这个主要的目的展开。

现代企业竞争更多的是供应链与供应链之间的竞争，供应链将客户、企业、合作伙伴等的命运联系在一起。所以，华为也坚持加强与供应链的合作，关注客户、合作伙伴的利益，希望能实现多赢，壮大供应链的发展，让企业能维持长久发展。因为只有帮助客户、合作伙伴实现成功，华为才能在利益链条上找到自己的位置。

1.2 客户需求是华为发展的原动力

任正非在一次内部讲话中，这样说道："我们就是要去看清客户的需求，客户需要什么我们就做什么。卖得出去的东西，或略略抢先一点点市场的产品，才是客户的真正技术需求。”

华为之所以坚持以客户为中心，就是因为华为人从经验教训中，明白了以技术为中心容易忽视客户需求，产品的技术再高，如果与客户需求不匹配，也无法促成企业的商业成功。

十多年前，IT泡沫使很多企业遭受了严重的危机，华为也在一段时间陷入了低迷。在困难中，华为采取各种措施应对，不断为员工加油打气，在研发上坚持着自己的判断。

当时华为人认为客户不会因为新技术的出现而迅速抛弃对已有产品的改进。当IT泡沫疯狂的时候，全球的主要通信设备制造厂家都放弃已有交换机的改进和研究，将主要的资金和人才投入研发下一代NGN交换机。华为公司基于对市场的分析和对客户需求的理解，仍然坚持投入传统交换机的研究工作。

当IT泡沫破灭后，很多客户如华为预期的那样，不再盲目追求新技术，而是更多地考虑对固有网络的优化与建设成本。华为对传统交换机的改进正好符合了客户的这一需求，使华为的传统交换机供应量急速上升，一跃成为世界第一。而此时，很多企业受IT泡沫影响，对未来的发展陷入迷茫中，也开始动摇了研发下一代NGN交换机的信念。由于陷入财务困境，这些企业最终无暇顾及下一代NGN交换机。而华为在传统交换机上取得巨大成绩后，却坚信NGN一定会取代传统交换机，只是时间问题，因而在NGN上也加大投入，最终在下一代交换机赶上了行业巨头，进入了世界前列。

任正非多次表示华为成功的最大秘诀就是，真正理解客户需求，把客户需求看作真理，然后才在世界市场上取得了很好的成绩。每年都有很多公司失败，失败的原因并不是缺乏技术，而是不能将技术转化为价值。在任正非看来，华为要在技术上保持领先，但是只能领先半步，这样才能与客户的发展节奏保持一致，又能引领潮流。

为了更好地把握客户需求，华为还坚持完善服务和运营。因为，在客户对企业综合能力要求越来越高的今天，满足他们的需求已不能只为其提供可靠的产品，还要让服务跟上，使华为有良好的组织能力快速满足客户。这样的企业才是有竞争力的，才能让产品实现商业价值。

2. 培养全员的客户服务意识

当技术发展到一定程度，很多企业的产品在技术上就不会有什么大的区别了，基本都能满足客户需求，这时企业间的竞争拼的就是服务。做好服务，首先要有服务意识。企业要让员工在客户面前时刻保持谦虚，关注服务细节，不断提高服务品质。

2.1 以虔诚的态度对待客户

华为创立之初，没有最先进的产品，没有国际大公司的经验和市场地位，能够拿下一部分国内市场，并向海外拓展，靠的就是优质的服务。华为始终对客户保持虔诚的态度，与客户打成一片，想客户之所想，做客户之想做，最终从强劲的竞争对手手中成功夺食。

为了争取客户，华为在这些年的发展中，也付出了很多，就像任正非说的："只有比别人更多一点奋斗，只有在别人喝咖啡和休闲的时间努力工作，只有更虔诚地对待客户，否则我们怎么能拿到订单？"

周丽（化名）加入华为后，负责拓展A客户的电信业务。上任之初，周丽发现A客户的无线和数通都是用友商的设备，在所有人看来，要想说服客户改用华为的产品几乎是不可能的。但周丽认为，万事皆有可能，关键要用诚意打动客户。

为了让客户认识华为、了解华为的产品，周丽不厌其烦地向客户CMO介绍华为及其产品，每天都在想如何才能找到突破点。一次，周丽得知客户的数据卡供货商出现问题，她意识到这是个机会，于是立即打电话给终端产品经理，希望能以简报的形式介绍华为数据卡，并说服客户用一个比较大的数量做一年框架。经过谈论，大致框架已经确定，第二天一大早周丽就到办公室开始会前修稿和预演。在下午的演讲中，客户被周丽的激情打动，当即决定先采购一部分数据卡。

周丽想趁热打铁，继续扩大业务。她没事就在客户各大部门待着，与各层级的工作人员交流，倾听他们的想法，并经常向客户CEO报告。当客户与友商的合作出现问题时，她主动表示关心，为客户提供意见，并争取介绍华为无线产品的机会。这样坚持了一年，周丽对客户的网络架构和痛点有了更深的了解，通过频繁的接触也累积了客户的信任，有些客户都觉得她是自己人了 。

后来，通过赢得客户CTO的认可，华为获得了产品测试的机会，并通过成功的测试让客户同意采购华为的产品。

有毅力坚持，始终保持良好的服务热情和服务意识，企业才有成功的机会。不管客户的态度如何，企业的员工首先要端正自己的态度。任正非就曾告诫华为人，无论华为变得如何强大都要谦虚对待客户、合作伙伴、自己，这一点永远都不能变。

国内众多企业在向华为、IBM、亚马逊等知名企业学习客户服务理念时，要深入内心，将客户真正当成上帝。亚马逊公司的各种会议室中，无论多少人参加会议，大家都习惯空出一把椅子。为什么？贝佐斯解释说这把椅子象征着一种理念，那就是在会议中最重要的人（用户）并不在场。对顾客体验如此重视，美好体验自然就构建出来了。

2.2 把客户当自己，对客户负责

坚持以客户为导向，最大化地满足客户需求，这是服务工作最核心的内容。 做好服务工作，需要企业多部门相互协调、齐心协力。虽然为客户服务时，很多人身处不同的岗位，肩负着不同的岗位职责，但除了对自己的工作负责外，还要对最终的结果负责，只有这样才能真正做到对客户负责。

为了厘清客户需求，并且满足客户的所有需求，企业应该教导员工多进行换位思考。多收集客户信息，进行细致的分析，并站在客户角度思考，怎样做才能实现更大的价值。如果企业人员能够以客户的视角看问题，感受客户的压力与期待，提出的方案或意见就更能引起客户共鸣。

2009 年，林然（化名）在华为 H 国代表处工作，希望与当地一个潜在客户建立合作关系，但这位客户似乎对华为并不信任。为了让客户与华为建立联系，林然主动去拜访客户高层，在沙尘暴的天气里，他好不容易赶到客户处，却吃了闭门羹。

回到办公室后，林然反思客户为什么不愿意与自己接触。经过分析，他认为客户对华为并不了解，也不知道华为会带给他什么好处，没有理由接待自己。他认为，想要客户接纳自己，引进华为的设备，就要给客户一个充分的理由。有了这次拜访经历，林然和团队除了分析总结，还想出了接近客户的对策，那就是要从最基础的客户关系做起。

于是，林然每天都带上电脑在客户办公室的空位上办公，细心观察周围的一切，记下观察到的信息。在客户办公室办公半个月后，客户工作人员对他也很熟悉了，慢慢地，一些工作人员开始找他咨询方案。林然将每个问题都记录下来，回去经过讨论后，借机回访客户，增进与客户的感情。林然做的这些事，都被客户一位高层看在眼里，在一天下午，客户把林然叫到办公室，聊起了智能手机的话题。林然根据自己的经验，从多个角度对市场上的智能手机进行了分析。谈话结束后，客户开始尝试与代表处接触，双方谈论的话题也越来越广。

后来，由于客户业务发展迅速，用户投诉频发，所以开始向华为咨询解决方案。华为在倾听客户的场景描述后，清楚了客户的问题点，通过认真分析和解读，帮助客户理清了思路。随后，客户又提出了很多问题，林然将客户需求一一记录并反馈给机关。接下来的几个月里，林然每月都将研发成果向客户汇报，与客户的互动明显增多，客户也开始向华为邀标。

只有把客户当成自己，把客户的事看作自己的事，才能帮助客户实现成功，个人能力也才能得到提升。就像案例中的华为人一样，时刻关注着客户的动态，不放过任何一个帮助客户的机会，最终取得客户的信任。

同时需要注意的是，为客户负责，并不意味着满足客户的一切需求。如果有些客户的需求明明不合理，企业人员还要一味满足，造成对客户的损失，这也是对客户的不负责。企业人员要表现出自己的专业性，让客户知道什么对自己有益，什么无益，帮助客户找到正确的解决方案，让客户的利益能够得到保障。服务客户时，企业人员也要做到有始有终，不管中途遇到什么困难，都要负责到底。

2.3 不放过每一个问题，满足客户需求

在为客户服务的过程中，企业要帮助客户解决每一个问题，为客户提供完整的解决方案。企业不仅是为客户提供产品，而且要帮助客户解决产品安装、使用、维护过程中的任何问题，准确地说，客户购买的是解决问题的系统方法。

在产品研发和项目执行的过程中，任何细小的问题都可能引发大麻烦。华为团队在工作时力求做到精益求精，减少后期维护的工作量，给予客户最好的保障。

2004年，经过很长时间的开拓，华为拿下了阿联酋客户的WCDMA商用局。该网络是中东及海湾地区第一个3G网络，也是华为第一个WCDMA商用局，客户和华为都非常重视。

为了完成交付，在春节期间，项目组很多员工都放弃了休假，为第一个3G局的顺利割接入网全力以赴。客户还提出用视频监听，视频监听编解码技术在当时对项目组是个难题，为了满足客户的需求，华为开始了封闭式开发，项目组最终100%交付全部需求。

阿联酋的客户要求非常严格，经常在检查中找出很多问题。为了让客户满意，项目组坚持不放过任何一个问题的原则，不论是不是自己的问题，都全力解决。有一次，客户投诉电话老掉话，项目组派去的人经过一天一夜的检查，在不同情景下拨了600个电话后，发现了出现概率非常小的问题，并最终解决。华为的态度也赢得了客户的认可，在2006年至2009年，华为又连续四年零故障、零中断保障了麦加朝觐期间网络通信，创造了移动软交换新的历史。

对于软交换取得的成绩，有老员工表示正是因为项目组没有放弃每一个机会、遮掩任何一个问题，最后才能够实现零故障交付。

企业不仅要解决问题，更要防止问题的出现。很多问题虽然能够及时察觉并解决，但如果能够提前做好预防工作，出现的问题少，就能够节省很多时间。所以，企业人员要在充分理解客户需求的前提下，完善解决方案。

2004年，华为承建了当时全球最大的IP移动软交换网络，即中国移动T局的网络。建网初期，客户对华为软交换的稳定性表示出担心，要求在软交换出现问题时，要能回退到原来的网络上去。

为了减少交付中的失败，解决好每一个问题，华为派专家去现场交流，设计出了一款有保障的解决方案。这个方案的实施，使得网络的柔性和安全性大幅提升，降低了光缆中断、停电等事故对网络的冲击，实现商用后，用户体验良好。最终全网顺利开通，该软交换核心网建设，帮助客户降低了成本，还能够使客户服务于更大的用户规模、更快的用户增长。项目的成功交付，让项目组体会到了要想解决好所有问题，就必须体会到理解客户需求的重要意义。

华为人在工作中不断批评与自我批判，持续改善，争取将每一个问题都解决好，在经验教训中不断成长，使得华为的服务理念更加深入人心，服务工作也越做越好。

值得注意的是，企业在解决问题时，也要有优先级，先抓住客户最迫切的需求，再帮助客户逐一解决其他问题。企业人员在服务过程中，一旦发现遗漏问题后，也要进行自我反思，避免下次犯同样的错误。

3. 建立统一的客户服务界面

企业应该为客户提供一致的服务界面。要做到这一点，首先要梳理企业内部各项流程，使整个服务界面规范化运转。华为为了提升对客户的服务能力，在多年里一直坚持完善内部管理、流程建设等。

3.1 贯穿端到端的流程，服务客户

端到端的流程是指从客户需求端出发，到满足客户需求端去，为客户提供端到端的服务。打通端到端的全流程后，服务就会变得非常快捷、有效。一旦效率得到提高，员工之间的重复劳动减少，职责更加明确，对降低成本、提升服务质量都是有极大作用的。打通端到端全流程，需要企业建立科学的管理体系，并且能够不断完善。

1997年，华为邀请IBM对华为的管理现状进行了全面诊断。在IBM给出的意见中，就提出华为没有跨部门的结构化流程，各部门的流程不同，部门墙、各自为政的现象严重。为此，华为进行了几年的内部管理变革，建立了华为的集成产品开发(IPD)流程、集成供应链(ISC)流程等，不仅打通了端到端的流程，还实现了高效的流程化运作，提高了交付质量，也提高了客户满意度。

为了使端到端的流程保持畅通，华为一直在加强管理，华为高层也多次在公开场合表达了这种决心，并提倡向优秀的管理者学习。2005 年，任正非在广东省委理论学习中心组的发言中就讲道：“华为要继续推进流程管理变革及企业信息化建设。沿着客户价值创造链梳理，打通端到端的流程，并将这些经过检验并稳定运行的流程固化到企业信息化系统中，使这些流程管理电子化，同时将它们运行的数据固定到数据库中，实现从客户端(需求)到客户端(供应)最简洁、最规范、最不情绪化的控制有效地连通，摆脱对人的依赖。”

除了向IBM等企业咨询外，华为还一直提倡向第二次世界大战后为美国企业管理做出过重要贡献的"蓝血十杰"学习。华为还因此将公司管理体系建设的最高荣誉奖命名为"蓝血十杰"。2014年6月，华为内部举行了一场以"蓝血十杰"命名的表彰会，表彰那些在华为的发展史上对管理体系建设和完善做出过突出贡献的优秀管理人才。在表彰会的发言中，任正非表示，华为的产品要想在未来占领世界大数据流量的制高点，除了坚持创新外，还要靠严格、有效、简单的现代管理体系。华为建立端到端的流程就是为了完善自身的管理体系，使自己有能力在现在和未来更高效地为客户服务。

完善流程建设，不仅要有理论，更要到实践中去验证。毕竟企业做这些的最终目的是服务客户，为客户创造价值，获取利润。所以，在具体的项目中，华为人也深受企业内部管理改革的影响，对项目流程不断优化，以适应不同项目的需要。华为的很多项目管理者也会确保项目的各项流程能够在一线落实，推动和监督各环节的人员遵守流程，确保准时完成交付。

2015年，巴西经济不景气，客户投资预算紧缩，华为在当地的项目规模和盈利也受到了严重的影响。李双（化名）被任命为华为在巴西某子网系统部项目经理后，为了应对项目规模、增长、效率和经营等方面的问题，加强了对项目各流程的管理。

李双接管项目后，采取的措施有：细化从制订客户计划到合同获取全流程；加强对各个办事处子项目的标准流程管理；让执行人员能够按流程操作，拉通全流程，以便快速获取订单和完成交付。此外，李双还针对缩短客户投资回报周期、细化客户计划和交付效率提升等方面制定了措施。这些措施使项目周期大大缩短，客户满意度也首次超越友商，并创造了多个交付纪录。

对组织的变革、流程的优化，都是围绕为客户创造价值而展开的。华为打造的流程管理，大大提高了一线组织的作战能力，使华为人的业务运作水平表现得更加专业化和国际化，对华为能打下更多粮食功不可没。

3.2 向客户提供一个一致的归口

在一个项目组中，参与项目的所有人都应该以一致的形象面对客户。项目组先在内部统一意见，组成完整的解决方案，才能让客户更加明确企业的思路。有些企业的工作人员在面对客户时，部门间各自为政，缺少相互交流，信息不畅通，导致在与客户接触时，让客户产生混乱，摸不清企业到底能为他们提供什么。

华为在发展中，也曾遇到过各部门沟通不畅导致客户不满意的问题。为此，华为建立了项目“铁三角”组织（见图1-1），使这个组织里的核心人物能够一致面向客户，为客户提供综合性解决方案。

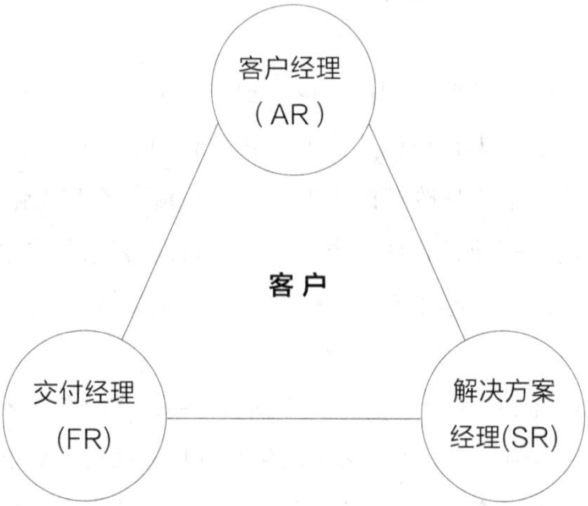

图1-1 华为项目“铁三角”

2006 年，华为在苏丹的业务增长迅速，在一个大项目的竞标中失败后，当地代表处认真分析了原因，最后发现根本原因在于内部沟通出现了问题。

华为经过分析发现，代表处各部门之间缺乏横向交流，各干各的。每个部门在针对客户问题向客户介绍解决方案时，都只对自己的领域负责，不顾全局，导致很多客户需求被遗漏，难以准确把握客户的真正需求，让客户很失望。内部缺乏沟通，还导致在与客户交流时，各部门都在重复讨论同一个问题。在与客户召开集体会议时，华为代表处各部门的人员也没有提前进行协商，各自阐述自己的观点，为客户提供的是独立的解决方案，没有考虑到客户的综合需求，客户必须将每位人员提供的解决方案整合起来才能使用，这让客户对华为的解决方案、交付能力产生了严重的怀疑。

后来代表处也认为，在部门各自为战的情况下，没有人会为总体的客户满意度负责。华为应该向曾经的“老师”IBM 学习，要将各种产品整合起来为客户提供服务。所以，代表处提出尝试打破部门、个体责任间的边界，以客户为中心架构新组织结构，以实现客户接口归一化管理。经过努力，华为苏丹代表处形成了一个以客户经理、解决方案专家、交付专家为核心的项目一线作战单元，即“铁三角”，一致面向客户提供综合性的解决方案。

以“铁三角”组织为中心的一线作战团队，加深了对客户需求的理解，使华为有效提升了客户信任度，对交付和回款管理也有很大帮助。这种模式在北非取得成功后，华为开始在全公司推广并完善这一模式。任正非对此评价说：“铁三角对准的是客户，在市场的最前端，使用联合力量作战，体现的是综合的能力，使客户感到我们是一个友善的界面。”

“铁三角”组织，实际上是小团队作战，对团队成员的综合素质要求更高，团队中的每个人都被要求一专多能，并精通业务。因此，这种模式的建立，也提高了华为一线作战团队的整体素质。

3.3 用 IT 实现客户服务的全过程管理

作为一家高科技企业，华为懂得利用现代先进技术对客户服务进行管理，使服务更便捷和有效。任正非就曾说：“要用互联网的方式把公司内部流程打通。要踏踏实实地用互联网的方式和技术优化华为的内部流程，使内部管理（包括供应链、研发、营销等）端到端简单、有效，过程透明。”华为的业务遍布全球各地，IT技术确实为其进行有序管理、为员工建立分享业务经验、打通端到端的流程等提供了便利。

为了支持在全球各地的业务发展，华为早就建立起了一套世界级的企业 IT 系统，实现了全面信息化的应用。这套系统可以使华为 18 万名员工，不受地理位置和业务流程的限制，实时沟通，分享信息，完成业务审批，以及进行跨部门协调。比如，华为的全球财务共享中心，就可以使在不同地方工作的员工快速完成财务信息收敛和结账。又比如，链接每一个办公区域的一卡通系统，可以使华为的人力资源部对每一个员工进行精确的考核管理。

华为的全球 IT 管理系统，不仅方便了自己，也为供应链上的合作伙伴、客户提供了便利。客户、合作伙伴和员工，都可以通过互联网每天 24 小时自由安排网上学习和培训考试时间。在客户现场的工程师遇到难题，也可以随时上网调阅客户工程档案以及相关的案例，从网上获得分布在全球各地的人员的支持，客户还可以上网跟踪和查询订单运行状态。

华为的IT管理系统让内部的沟通成本大为下降，提升了效率，这实现了任正非“用互联网精神，为改变内部的电子管理打下坚实基础，并实现与客户、与供应商的互联互通”的目的。

随着IT技术的不断向前发展，华为也在面向未来构建IT框架，建设更高效、更敏捷的下一代IT系统，使IT系统能够持续为华为的服务管理带来便利。

2014 年，在华为质量与变革联合颁奖典礼上，时任华为轮值 CEO 的郭平发表了讲话。他指出，在 20 世纪 90 年代中期，华为引入了 Oracle ERP，这在当时是很先进的系统。等到 2003 年时，升级后的 Oracle R11 系统已经具有划时代意义了。但在 2014 年，这个系统就面临不能更新的结局。这说明在新时代，云计算、大数据牵引着 IT 架构的变化，会带来新的商业模式。因此华为的 IT 部门一定要构建面向未来的 IT 构架，因为 IT 已经深入到华为的每一个角落。他还表示，华为作为行业的全球领先企业，IT 系统不能落后于这个时代，这是保持领先的基本要求。郭平也希望新的 IT 系统不局限于在中国使用，还要能够延伸到华为分布在世界各地的中心仓、各个客户的站点。

从案例可见，对于现代企业来说，用IT系统实现客户全流程管理早已是不可逆的趋势。华为在这方面的意识显得十分强烈，这是华为作为一个国际化企业应该具备的素质，也是华为为今后持续满足客户需求所必须要做的。

4. 主动倾听客户声音，优化服务质量

拓展客户时，企业人员需要具备的素质之一，就是耐心倾听。在与客户接触的过程中，首先要多听少说，也可以多提问，让客户主动说出自己的需求。如果客户的意思表达不是很明确，企业人员也应该从客户的话语里，分析出一些有用的信息，为服务客户提供可靠的依据。

4.1 主动走访客户，了解客户需求

任正非经常对华为人说，要以客户需求为导向。每天坐在办公室凭空想象是无法获知客户需求的，客户也很少会主动找上门提出需求。所以了解客户需求的绝好方式，就是主动拜访客户，这是一个基本的交往礼仪，也是企业人员获取信息的重要渠道。

企业人员还要培养对市场、对客户需求的敏锐度，使自己能够快速区分出客户需求。这种灵敏的嗅觉，同样来源于客户，就像任正非说的这“来自与客户聊天、吃饭”。任正非还说道：“很多知识智慧在客户手中，我们要多与客户打交道，乐意听取客户意见。”华为的很多创造、发明，就来自与客户的交谈，很多人员通过与客户在一起，产生出了思想的火花。当客户对产品不满意时，华为人员也会主动听取客户意见，深刻反省，快速改进。

2017 年，华为 P10 手机发布后，出现了闪存事件，引发了很多消费者的不满。为了给消费者一个交代，华为消费者业务 CEO 余承东发布了一封倡议书，反思此次事件，并表示会深刻警醒，迅速行动。

在倡议书中，余承东表示，以后会更加严格要求自己和团队，更好地服务消费者。他还反思团队是否在这几年中认真践行了华为的核心价值观，即以客户为中心。他表示，消费者提出的任何要求，都将是鞭策华为前进的动力。

为了能够解决好这件事，余承东组织成立了一个“消费者聆听特别行动组”，主动聆听来自消费者的各种声音。在节假日，他也会近距离与消费者接触，亲自带领消费者业务管理团队到零售和服务店去，深入一线与消费者近距离沟通。余承东也倡议，华为消费者业务全体员工在节日期间走访店头，聆听消费者声音，从而改善工作流程和服务态度。

为了更好地感知客户需求，从产品研发阶段到交付阶段，企业人员都要贴近一线。案例中，余承东带领管理团队深入一线，就是为了贴近客户，了解他们的需求。华为也多次将优秀的员工、干部派往一线，让他们从思想到行动上都贴近客户，近距离感受客户的想法。对此，任正非说道：“杂志、资料不能产生思想创造，只有用户需要才能产生。所以我们动员公司有才干、有能力的英雄豪杰站出来，到市场前线去了解用户的需求。”

2009年，在建设3G网络的过程中，为了加深对客户需求的了解，为客户提供更有竞争力的产品，华为核心网产品线、中国片区核心网产品行销部联合组织了一场名为“同心之旅”的客户关怀行动。这次活动意在走访客户，让客户说出对华为工作的看法，提升客户满意度。

在走访客户的过程中，关怀小组成员从客户口中听到了很多意见，而这些是平时很少听到的。有些客户说出自己的需求后，同行的专家也豁然开朗，知道该从什么地方进行改进了。比如，在J省拜访客户结束后，关怀小组对客户提出的问题进行了跟踪，并在内部进行了验证。结果显示，只要做一些简单的修改，就可以大大提高客户网络运行质量，这也让关怀小组意识到了走访客户、听取客户声音的重要性。

主动拜访客户，已经成为华为的优良传统。华为不仅因此了解了客户需求，也使得很多客户转变了此前怀疑的态度，转向支持华为。而这一切，都基于华为人对客户的尊重，对其意见的重视。

4.2 倾听客户的抱怨，改善服务

客户抱怨并不是绝对的坏事。在为客户服务的过程中，虽然企业人员要尽力做好工作，避免客户抱怨，但也不要害怕客户的抱怨。企业人员应该怕的是当客户提出问题后，不愿面对自身的不足。客户有抱怨要理性对待，谦虚地向客户询问原因，找到问题的症结所在。

为了收集客户对华为的意见，华为每年都会举办用户大会，并针对客户提出的重点问题进行立项。如今，越来越多的客户参与到大会中，反馈问题，与华为一起改进问题。在项目中，华为犯错后，很多团队也会认真听取客户的抱怨，分析原因，在困难中改进。

当年在国内3G牌照发放遥遥无期之时，华为只得拓展海外市场。2003年初，华为迎来了泰国某客户的GSM商用局。由于华为当时对移动软交换和GSM应用缺乏经验，以及投入不足，导致割接失败。2005年4月，在产品的版本升级中，华为又失败了。连续几次失败，让华为蒙受了很大的损失，客户也因此对华为的产品变得不信任。

面对客户的抱怨，华为痛定思痛，总结了泰国项目的经验和教训，找出了自身的不足之处，开始从移动软交换内部掀起管理、技术两方面的反思和大改进。各级管理者也深刻检讨自己在项目执行过程中表现出的不足，增强责任心和服务意识。在反思的过程中，大家都意识到，不管什么时候，都要关注客户需求，这是成功的基础，这也是以失败的代价换来的收获。

减少客户抱怨最好的方法，就是深入分析客户需求，多主动与客户交谈。大多数客户都乐意对企业表达出自己的意见，他们也希望与企业的合作更加愉快，并以更快的速度实现商业成功。所以，当企业人员主动了解客户抱怨的原因时，客户也会向企业提出一些合理的建议，企业人员可以从中受到启发，改进服务。

2008 年底，华为在 M 省的客户采购了华为新平台的某款产品，产品安装后，问题较多，客户满意度下降，当地办事处在压力之下，在产品线领导的牵头下组织了对各省客户的一次走访行动。

在走访客户的过程中，H 省的客户对华为提出了直接的批评，表示华为在运营方面缺乏积累，导致问题很多。听到这样的批评时，参与走访的人员都感到很惭愧，不过也让他们意识到了，华为离客户的要求还有一定的距离，这就是他们要改进的方向。在对其他客户的走访中，走访小组最关心的就是，客户对华为在什么地方的意见最大，所以每到一处都要向客户提出这个问题。不管走访工作有多忙，在每一处地方，走访小组都要与负责维护华为设备的一线工程师进行深入交流，倾听他们对华为设备最真实的看法。

这次走访，华为完成了 6 省市超过 70 人次的客户拜访，不仅让华为了解到了客户抱怨的原因，也得到了客户的认可。很多客户看到华为想提高服务水准的行动后，在提出中肯的意见之余，还表达了进一步合作的愿望。

在企业管理中，客户提出的建议，在很多时候都能为企业提供有价值的创意思路，可以帮助企业完善服务工作。企业也应该及时采纳客户的意见，不要让客户的抱怨持久得不到解决，最终导致失去客户。华为在这一点上做得比较好，在为客户提供设备后，除了会耐心为客户方讲解设备的使用方法外，还会持续跟踪使用情况，遇到问题也能通过各种渠道倾听客户的抱怨，让客户安心，华为也因此获得了丰厚的回报。

4.3 贴近客户，提供优秀的服务感知

现在客户的经营压力都很大，客户需要的不再是单纯的产品，而是希望企业能够为他们提供更多的帮助，也就是要求企业为他们创造更多的价值。如果企业不能经常与客户接触，与客户保持密切的关系，当客户市场发生变化时，就难以及时调整策略，继续为客户提供优质的服务。

在华为，不论是研发人员，还是一线人员，都被要求贴近客户，争取为客户服务的机会。在研发阶段，华为人就会投入大量时间与客户交流，征询客户的意见，甚至是与客户一起想出具有创新性的解决方案。这样的服务，通常更能满足客户的需求。

2008 年，欧洲某电信运营商准备开展新一轮的网络升级改造。朱颜（化名）作为华为软件领域的首席技术专家，知道要想拿下这个项目，就必须花一些时间与客户交流。于是，她多次主动找到客户，仔细倾听客户的想法。通过沟通，她渐渐发现了客户的期望。有了这些信息，她迅速规划了一个新的架构蓝图，并带领整个团队设计和修改方案，进行演练，经常加班至深夜。

在答标现场，客户当场提出希望采用 J 公司平台架构进行开发，以适配不断拓展的业务需求。朱颜对 J 公司的平台架构有很清晰的了解，很诚恳地指出了 J 公司的产品在性能和可靠性上的问题。她的分析有理有据，也得到了客户的认可。她还为客户提出了更好的解决方法，可以做到快速、低成本、高性能，满足客户所有要求。

在后续与客户的不断交流澄清中，朱颜带领的团队逐渐和客户一起形成了当时在业界领先的解决方案，确定了业界先进的技术理念。客户对此非常满意，华为一举中标，相关产品也顺利进入欧洲、拉美、中东市场。

企业人员不仅要主动贴近各层级的客户，还要与他们建立互信关系。在服务过程中，难免需要客户的配合和支持，如果相互不信任，企业人员就无法得知客户的真实想法和意见，对客户的服务感知不清楚，就无法及时改进服务。

华为就经常强调在任何时候都要加强与客户的沟通，获悉客户服务感知很好时，更要将客户的满意转变为更大的机会。

郭军（化名）被派驻华为巴西代表处后不久，当地代表处就连续拿下好几个

订单。交付量的翻番，使得代表处压力很大。为了完成所有交付，只得加大本地团队建设。于是，项目组从友商中找来一批经验丰富的网优工程师承担重责，实行契约交付。为了做到与客户之间的信息互通，建立与客户基层员工的互信，代表处还改变了 KPI 监控方式。郭军也主动向客户中高层递交服务质量简报，加强与客户沟通，及时了解客户意见，改善客户服务感知。

通过一系列的改进，客户的满意度明显提升，客户工程总监还对华为网优服务的改进表示了感谢。趁着客户满意，项目组抓住机会进行拓展，之后经过多轮技术谈判和商务谈判，项目组又拿下了客户为期 3 年的存量网优项目。

企业要让客户感知到为其提供的服务是优质的，而且比企业的竞争对手提供的服务更胜一筹，这样在客户面前才会有竞争力。而要做到这一点，就必须知道客户在想什么，什么能让他们满意。

5.“以经营为中心”促进商业成功

企业要培养员工的经营意识，在执行项目的过程，不仅要满足客户需求，也要保障企业的利益，使企业能够从中赚取合理的利润。有些企业人员为了完成任务，对企业的经营目标不管不顾，虽然拿下订单，但却造成严重亏损，这在企业经营中是大忌。

5.1 用效益说话，服务要贡献利润

外界都羡慕华为员工的高工资，殊不知，华为的高工资都是客户发的，有效益才会有高工资。华为能够成为世界500强中的一员，也都是依靠华为人奋斗拼搏而来的，通过多年的努力，华为的经营效益也在逐步提升。为了扩大效益，华为也采取了不少的措施。

任正非多次对华为人表示，每个部门都要为公司贡献效益。因为做任何事都要有所投入，各部门没有足够的效益，就无法进行后续投入。对于那些效益不好的部门，任正非也要求他们想办法改进，不能让别的效益好的部门来补贴，形成依赖性。因为对效益好的部门来说，他们也要投入，员工要回报，如果把他们赚来的钱补贴其他地区，也是不公平的，尤其是这种补贴无法换来效

益时，对整个企业的经营都会造成不利的影响。

有一次，任正非到日本代表处座谈，在提问环节，有位员工问道，日本代表处交付的都是新产品、新技术的项目，交付投入很大，无法满足华为对效益的要求，因此请求对代表处的效益降低要求。

任正非在回答中表示，日本代表处在发达地区，华为的很多代表处在非洲等贫困地区，如果在非洲都能赚到钱，日本代表处却赚不到钱，要让别的地区补贴，就算是日本代表处的人没本事。日本代表处的发展要靠自己赚来机会，用非洲的钱来投日本的战略，这是错误的想法。正是因为有这样错误的想法，所以日本代表处的贡献利润率还是比较低的。

在华为，对于不能产生效益的部门，主要管理人员会受到相应的惩罚。任正非就表示，不打粮食的干部要下岗。因为管理者在整个团队中发挥至关重要的作用，既要不断加强团队建设，促进团队和谐，又要帮助成员进步，提升团队服务能力。对于不能为部门作出贡献的人员，任正非也要管理者做出公正的评价，长期不合格的也会被淘汰。对此，任正非就说道："永远要合理地减少非生产性人员，增加专业与业务人员，才有可能提高人均效益。各级干部一定要把自己部门内部效率低、不出贡献的人淘汰出去。"

华为在强调服务要贡献利润时，也表示要对高利润报以警惕，这是基于对客户价值的尊重。所以，华为不追求利润最大化，而是讲究一个合理的尺度。

2010 年，华为取得了非常好的效益，也给员工发了高奖金，整个公司都非常高兴。但任正非在一次公开讲话中，却表达了自己的忧虑。他表示，利润高，说明华为从客户那收的钱太多了，很可能造成客户没有足够的钱去投资未来，这样对整个生态圈是不利的。任正非是站在高处看待问题，在关注自身效益的同时，也关注客户的效益，这也让在场的很多人受益良多。

可见，华为追求的是与客户的双赢，在他们看来，当自己和客户都取得成功时，华为才能持续获得利润。所以，企业培养员工的经营意识时，一定要求他们以不损害客户利益为前提。

5.2 以利润为中心，实现精细化运作

现在很多行业对成本和效益的要求越来越高，要想降低成本，提高效益，企业就必须走精细化运作的道路，提高人均效益。企业的经营规模大，项目多，不代表利润就高。有些企业一年忙到头，最后利润却少得可怜，多半是高成本和低效率造成的。

华为曾在总销售额远超友商的情况下，利润率和人均效率却大大低于友商。任正非早就意识到这样会造成资源和时间的严重浪费，也知道这些都是无效管理造成的。所以，华为下定决心引进西方的先进管理，提高效率。在最近的几年时间里，华为的利润率在逐步提升，但华为显然还有更高的要求。

2016年，华为终端消费者业务在市场上取得了巨大的成绩，华为手机在全球的销量迅速增长。但在2017年的新年致辞中，余承东也表示，华为仍然要提高精细化运作能力。他说道："2017年是精细化运营变革年，一切要以利润为中心。要从各级组织、每个人、每个细节点滴上提升效率要效益，严控成本与风险，健康发展。"

余承东在致辞中还表示，因为在成本、内控、流程IT、供应链等方面的能力和资源投入不足，导致组织管理粗放，因此要提高精细化运营的能力。他希望能够通过精细化管理，为未来构筑强大基石，实现有效盈利。

经过多年的熏陶，华为人逐渐意识到精细化运作的重要性。很多部门在效益遇到瓶颈时，也会想办法打破这种局面，通过一系列改革，提高人均效益，重新激活市场，也帮助客户走出困境。

受到油价等因素的影响，2016年华为在科威特的几大客户在收入和盈利上都遭遇瓶颈，导致华为在当地的业务也受到影响。在这种形势下，当地代表处认为必须加速优化业务模式，持续提升效率，并与客户共渡难关。

代表处通过采取内控进项目、夯实项目经营的基础等措施，保障了代表处经营和管理目标的达成。为了提高人均效益，代表处还着手处理各系统部和业务场景的效率。在这场变革中，有成功也有失败，代表处总结出了一些经验，将变革的重点放在了能否解决客户、项目、业务的痛点，提升人均效率，增强成本和商务竞争力等方面。在几年中，代表处不断通过业务变革和模式创新，在提升效率

的同时，给客户带来了独特价值，并将很多工作人员从重复劳动中解放出来，将精力聚焦到项目组和客户界面的更高价值、创造性的工作上。

代表处试行了“财报内控进项目”，将规则和流程落实到项目上，并将权利和责任都下沉，使代表处的内控成熟度逐步提高。代表处还通过持续变革、优化交易交付模式等措施，使代表处人均贡献收入提升利润30%，并形成面向客户的独特价值。

任何企业在经营过程中都会遇到困难，关键看企业有没有决心和毅力去持续变革，找到正确的方法和手段，改变粗放管理的模式，朝着为客户创造独特价值、提升企业人均效益的目标去努力。华为也经历过很多困难，有些代表处也长期亏损，但是他们坚持下来了，慢慢获得了丰厚的回报。

5.3 聚焦价值贡献，平衡投入产出

企业要想获得良好的收益，就要懂得如何平衡投入产出，让投资能够达到预期回报。企业的经营不能以技术为导向，是因为过于重视技术，会导致投入太多，而产出极少，就会拖垮整个企业。任正非也说：“华为公司作为一家高科技企业，从创业开始，就始终坚持以市场的商业成功为导向，一切投资、一切管理的改进都紧紧围绕产品的市场商业成功，尤其摒弃脱离商业成功导向的、唯技术的创新。”

任正非还表示，华为要为客户提供及时、准确、优质、低成本的服务，因为这样才能获取合理的回报。而这些都要求企业能够进行有效投入，在发展上有好的战略规划，把握正确的发展方向。华为一直强调要坚持在主航道上发展，加大创新力度，这都是因为华为的主营业务是公司的命脉，做好了才能持续保持竞争力。当这些落实在具体的项目中时，华为也会注意拉通管理的各环节，确保回款顺利，保障项目的后期收入。

华为西宁办事处建设早期，派驻当地的人很少，客户市场的开拓也还未全面打开，销售额小。再加上在之前的几个项目中，3G格局较差，导致投入与后期收益不平衡，没有达到预期的效益。

为了改变现状，办事处认为需要不断平衡大额投入和后期收益的问题。于是，办事处根据未来发展的规模和格局，进行了有效投入和开拓，为以后实现有效增

长奠定基础。为了使账目更加清晰，办事处还对订货、发货、收入、回款等全流程进行了监控和滚动刷新，从中可以清晰地发现哪些环节中出现了问题，使办事处能够及时纠偏。办事处还通过集成的收入计划，明晰了各部门的目标和职责，使管理有序进行。通过各项措施，办事处的收入、贡献利润、现金流同比显著增长。

企业所有的投入是否有价值，都会在最后的结果中体现出来。在对一个产品、项目进行投资时，企业首先要考虑的就是这样做有没有价值，并且要有做好的决心，这样才会为企业的发展作出一定的贡献。

6. 建立以客户为中心的企业文化

以客户为中心是华为的企业核心价值观之一，华为从创立至今，始终坚持这一点不动摇，并已经深入华为人的心中。这也是华为全心全意为客户服务的文化的体现。

6.1 服务贯穿于公司及个人生命的始终

只要企业坚持一天，服务就存在，因为只有服务才能换取商业利益。服务贯穿于企业经营的每一个环节，服务的对象也不局限于客户，还有企业内部的员工。当一线有需要时，企业的相关部门要为他们提供有力的支持，让他们无后顾之忧。在团队中，各成员也要相互服务，相互帮助，学会分担。

2006年，萧芳（化名）在华为哈萨克斯坦代表处任客户经理不到半年，就迎来了一场挑战。当时，地区部年中会议决定在哈萨克斯坦召开，代表处人数有限，要准备这样的会议，压力不小，而且来参加会议的都是各片区和地区部的领导，必须认真准备。

代表处负责人因意外正在住院，有一名被解雇的本地员工四处滋事，这都增加了会议准备期间的压力。萧芳主动承担起照顾病人的责任，并积极联系当地中资公司的律师，协助处理本地员工离职的问题，同时还肩负起了地区部会议的接待准备工作，尽管她并没有这个义务。繁忙的工作让萧芳每天都在奔波，保证了代表处业务的正常运转，但她也因此累倒了。

萧芳在哈萨克斯坦代表处的三年多时间里，帮助代表处处理过很多内部管理和外部遵从方面的工作，这些都是她主动做的。良好的表现也让萧芳获得了更多的发展机会，她于2008年底被调往亚美尼亚工作，尽管当地还未建办事处，但她仍然接受了平台搭建和项目运作的双重使命，在之后的工作中也不断得到提升和检验。

不断坚持为他人服务的人，才可能找到属于自己的机会。对一个企业来说同样如此，坚持为内外部客户服务，不断奋斗，才可能会有所成就。所以，任正非才会说："有一天我们不用服务了，就是要关门、破产了。因此，服务贯穿于我们公司及个人生命的始终。"

6.2 以客户为中心持续艰苦奋斗

艰苦奋斗是华为的优良传统，也是华为坚持已久的企业核心价值观之一。华为在事业发展前期，为了努力追赶比其优秀的企业，充分发扬了吃苦耐劳的精神，逐渐缩小了差距。经过几代华为人的努力，华为已经成为世界通信行业的领头羊，但是华为人的艰苦奋斗从未停止过。不管是在国内偏远的山区，还是在非洲等地的贫困地区，都能见到华为人的身影。他们在恶劣的环境下攻下了一个又一个"上甘岭"，为华为在国内外市场拼出了一条道路。

任正非告诫华为人不仅要在行动上艰苦奋斗，还要在思想上艰苦奋斗。在他看来，"只有在思想上继续艰苦奋斗，长期保持进取、不甘落后的态势，才可能不会灭亡。繁荣的里面，处处充满危机。"他向华为人强调要反骄破满，不能因为一时的成功而骄傲，要时刻在思想上保持警惕，稍有放松，就可能会给人可乘之机。

2008年春节过后，华为开始正式接手某客户的项目。在项目中使用的是比较新、特殊的设备，在稳定性和远程维护性上都没有做到很完善。所以，华为派了高霞（化名）作为研发人员前往现场调试。作为一名女性，在一线有诸多不便，各办事处的各位同事尽量照顾高霞，但在一些问题上，即便是很麻烦也必须让高霞亲自去检查。高霞面对工作的困难丝毫没有退却，即便是在没有电梯的情况下，她也坚持每天爬上18楼，由同事将食物运上来，在这过程中她还要尽量少喝水，因为只有1楼有厕所。

还有一个配套通讯机房在地下室，没有窗户，十分闷热，干活时只能蹲着或者坐在地上，高霞就在这样的环境中工作了一个多月，终于在会展前的两三天解决了所有问题。长时间的工作，加上工作环境恶劣，高霞的身体也出现了问题。一次吃完饭准备回去时，她倒了下来，后来被诊断为过度劳累，身体虚脱所致。因为时间紧迫，在医院打完吊瓶，高霞第二天就想回去工作，办事处主管考虑到她的身体，再三劝阻，才让她安心在医院休养。

项目完成后，高霞回忆起这段工作经历时表示，很累的时候，也想过要休息，但是心中总是被一种使命所牵挂。这是参与项目的所有人都有的使命，因为对于一线的同事而言，研发人员到现场后，就成为了他们的主心骨，如果她都不能坚持，对整个项目的士气将造成不好的影响，所以条件再艰苦，工作再累，她也要坚持。

任正非曾说过："华为人做任何事都十分认真，而且第一次就把它做好，这种风气已广泛为员工接受。"这是经过多年的企业文化熏陶形成的结果，所以，华为人才能适应各种环境，在任何时候都心系工作。有了这样的员工，华为的产品质量也逐渐得到提升，销售额不断实现突破。

对于艰苦奋斗的榜样，华为也不吝啬对他们提出表扬。华为曾多次召开大会，对有突出贡献的员工进行表彰。任正非曾在一次表彰大会上说过："他们都是在思想上艰苦奋斗的榜样。我们要向他们学习踏踏实实、矢志不渝、集中精力钻研一项成果的精神。"在奋斗中，华为人获得了更多的自信，使他们有足够的实力克服成长中的困难，这些都是华为保持可持续生命力的基础。

6.3 以义取利，为客户创造价值

华为这些年不断提高产品质量和服务水平，目的是提供更优质的服务。因为企业想要生存就必须长期赢得客户的信赖，用帮助客户创造价值换取合理的利润。因此，在与客户交往的过程中，任何欺瞒客户的行为都是不当的。

多年前，日本企业在"设身处地，以义取利"的价值观驱动下，在产品和服务质量上精益求精地追求，收获了大片市场。华为一直提倡要学习日本、德国等企业认真做事的精神，就是要让自己和客户都享受到创造价值带来的利益。

在"深淘滩，低作堰"的经营思想下，华为恪尽职守，加强内部管理，不断优化组织结构，与合作伙伴、客户共享利益，与同行一起打造良好的产业环境，这些都使得华为有更强的能力为客户创造价值。华为就是要让客户对自己的服务质量感到满意，这样客户才会继续与华为合作。

华为在尼日利亚的本地员工Joyce是一名清关专员，在客户遇到麻烦时，她总能想出办法帮助客户，使华为的专业能力得到了客户认可。

有一次，某项目的物料到达当地的一个港口近两星期后，客户仍然未反馈入库计划。与客户联系后，客户拒绝了项目组的帮助。Joyce意识到可能是清关时出现了问题。于是，在第二天她前去拜访了客户的物流经理，希望能够协助他们清关，又遭到客户拒绝。在与项目经理沟通后，她得到了项目组的支持，并通过与客户侧项目经理和客户物流高级经理沟通，提出了加快清关的要求。在沟通中，客户告知她，目前存在海关质疑，代理正在解决，但进度缓慢。经过反复沟通，客户同意Joyce参与进来，共同解决问题。

Joyce在海关做初步澄清后，立即联系中方产品经理，拿到产品手册，学习产品知识，结合多年的清关经验，制定了一套说服海关的解决方案，并邀请本地清关专家针对质疑与客户代理进行详细讨论，完善了解决方案。十多天后，Joyce在项目工程师的协作下，终于说服海关放行。

事后，客户评价华为说，华为团队能在这么短的时间内，以非常负责和专业的态度帮助他们解决问题，是非常难得的，他们也相信华为能够以高质量的服务交付创造出更多的价值。

在工作中，华为员工勇于担责，急客户之所急，主动帮助客户制定解决方案。为了能够用专业能力，并结合自己的经验帮助到客户，华为用20多年的时间建设了一套全球市场体系，落实了组织建设，完善了流程。这些都让在一线的华为人，能够通过有效的跨部门沟通及协作，及时帮助客户解决问题。

华为人之所以能够做到这一点，就在于以客户为中心的服务理念深深影响着他们的行为，使他们能够在做任何事情时，都能考虑到客户利益，不管客户如何拒绝，都坚持帮助客户。

第2章 保护客户投资

华为的追求是实现客户的梦想。历史证明，这已成为华为人共同的使命。以客户需求为导向，保护客户的投资，提高了客户竞争力和盈利能力。

——任正非

1. 帮助客户降低设备成本

企业要让客户感觉所花的每一分钱都是值得的，企业是真心想帮助客户降低成本，为客户节约资源，这样客户才会认为企业是在设身处地为他们着想。因此，企业要在客户采购设备时，就帮助客户做好规划，降低客户的采购成本。

1.1 聚焦客户需求，降低软硬件成本

华为在客户购买产品时，深入了解客户的业务需求，会从不同的方面分析客户的需求，为客户推荐合适且经济实用的产品。有些客户购买的产品技术含量高，客户购买的成本也会偏高。遇到这样的情况，华为则会想办法改进产品，在能够充分满足客户需求的前提下，提高产品的使用寿命，帮助客户节省更新产品所需的成本。

中国电力科学研究院具有目前世界上功能最完整、试验能力最强、技术水平最高的特高压、大电网试验研究体系。作为国家电网的科研核心，中国电力科学研究院承担着对全国电路传输线路进行模拟规划的重任。由于中国电力科学研究院现有的仿真平台计算量小，难以完成较复杂的运算，制约了其研究进展。中国电力科学研究院认识到，必须建立一个具有强大计算能力、易扩展的高性能仿真平台，以支撑日常的研究设计以及满足国家电网的要求。

得知中国电力科学研究院的需求后，华为对其业务需求进行了深入的了解，并提出了满足中国电力科学研究院需求的高性能仿真解决方案。在方案中，华为采用了融合架构刀片的服务器 E9000，配置 20 个 CH121 计算节点组成计算集群，采用华为 RH2288 V2 服务器和 S2600T 存储作为仿真平台的共享存储等。在软件层面，华为采用自研的高性能集群管理和调度软件 FusionCluster，作为仿真平台的集群管理软件，并提供高速互联的 Infiniband 网络为节点之间提供高速、低延时的通讯。

华为以模块化的方式构建的高性能仿真平台，辅以高性能集群管理软件，可实现系统的平滑扩容的目的，快速完成集群搭建，灵活安装部署新增节点，还能实现应用环境的快速部署，做到对计算需求的快速适应。此外，仿真效率也得到极大提升，并大大节约了软硬件成本，使软硬件设备的使用率提高了数倍。

虽然有些客户更在意产品的质量，但价格始终是竞争中的一个重要因素。这也是华为在提升产品质量的同时，又要不断降低成本的原因。很多客户购买华为的产品，并实现商用后，受益良多，华为也因此推进了自身技术的发展，并改善了服务。

有些客户提出要求后，华为很多时候也能够为客户提供超出标准的产品。这就在于华为人能够全面地考虑问题，始终聚焦客户需求。华为也愿意帮助客户，给客户有力的支持，并最终从客户的角度考虑，该如何帮助客户盈利。

Criteo 是一家成立于 2005 年的科技公司，其业务主要是通过在全球范围内进行个性化宣传，为广告客户带来更多的销售。这家公司自行研发了一套预测算法，能够在正确的时间向正确的用户提供相关产品的广告。随着在线零售业的不断普及，Criteo 解决方案的需求和处理数据的需求也不断增加，于是他们开始考虑构建一个新的 Hadoop 集群。

Criteo 将请求提案发送给了六家公司，华为就是其中之一。经过一轮筛选，华为进入了 Criteo 选择的三个候选解决方案名单。华为之所以能够入选，是因为客户发现华为事先做足了功课，对客户的需求有了深入的了解，华为给出的解决方案紧密贴合客户的业务。在后来的评估中，Criteo 分别从三家供应商中购买了十台服务器，进行性能对比。在对服务器多个功能的评估过程中，华为得分超过其他供应商，华为也因此成为了 Criteo 的首选。

与其他厂商的产品相比，华为提供的产品不仅性能更好，功耗也比其他厂商低。更重要的是，华为的产品价格合适。所以 Criteo 从 2016 年开始，就在美国、欧洲和亚太地区持续采购华为服务器。

要想成为客户的首选，就要在客户关心的点上突出优势。华为始终能够站在客户的角度，考虑他们的需要，甚至是考虑客户的客户的需要，从而使客户能够在节省成本的情况下为自己的客户服务，所以华为的产品在市场上大受欢迎。

1.2 采用新技术帮助客户节省费用

技术改造是降低生产成本的重要途径，一项新技术或新工艺的出现，很大程度上能够减少原材料的消耗和人工费用，满足客户在节省成本投入的情况下更换新设备的需求。

华为时刻关注着行业内技术的更新，并且在某些领域努力保持领先，时刻为满足客户的新需求准备着。华为的技术更新也为其节省了不少成本，使华为在与其他企业的竞争中更具优势。任正非也多次表示，虽然华为有成本上的优势，但坚决不参加价格战。因为在他看来，只有脚踏实地地改善服务，改善功能，不断更新产品的技术，才能具有比其他企业更强的竞争力，客户也才能从新产品中获得收益。

法国电视一台不仅仅是普通的电视频道，而是集多媒体、多渠道和多平台于一身的电视网络，在法国的收视率是最高的，他们也希望能保持这一地位。考虑到现在的年轻观众更喜欢数字化的业务，法国电视一台希望能够在移动网络和社交网络的数字平台建设领域保持领先水平，并希望利用技术实现这一目的。

在改变传统的媒体工具，使用数字媒体和服务器后，法国电视一台已经大大改善了团队的工作能力，并提升了内容分享效率。经过一系列准备后，法国电视一台又希望能够在广播电视基础设施上运用行业最先进的云技术，以解决计算能力和图形处理能力、记者办公地点等问题。但经过很长时间的尝试，他们都没能达到要求。之后，法国电视一台想以一个不同的方式进行革新，从而以更高的效益为记者们提供支撑。

最后，法国电视一台选择了华为作为合作对象。在华为的帮助下，法国电视一台建立了一个云架构，并采用了华为的 Fusion Cloud 云桌面，使最终用户能够使用瘦终端来访问虚拟的个人电脑。华为提出的端到端的解决方案使法国电视一台不再需要同时拥有强大的客户端设备和基于高性能网络的强大的后台支持能力，就能够为客户端带来高清视频流，并实现资源共享。因为出色的技术能力，法国电视一台购买了 60 台主机来提供共享资源，其购买成本远远低于购买高端工作站的费用。

华为在发展早期看到那些国际巨头的产品技术时羡慕不已，所以在之后的发展中，华为都会将一部分利润投入研发中，发展先进的技术，以为更多客户提供更好的服务。如今，华为的技术不仅能够满足不同行业大客户的要求，在帮助客户节省成本方面也取得了很大的成就。

1.3 持续创新，助力客户提升投资效率

华为多年来一直坚持创新，在华为人看来，如果停止创新，企业就不能进步，从而无法跟上市场发展的步伐。对此，任正非就曾表示："要生存，只有不断创新和艰苦奋斗。而创新也需要奋斗，是思想上的艰苦奋斗。华为由于'不幸地'进入信息产业，我们又'不幸'学习了电子工程，随着潮流的波逐，被逼上了'不归路'。一天不进步，就可能出局；三天不学习，就赶不上业界巨头，这是严酷的事实。"华为经常说要为客户提供帮助，使客户实现商业成功，持续创新就是华为做到这一点的重要保证。

与此同时，任正非也反对无价值的盲目创新。在他看来，刻意为创新而创新，甚至是为标新立异而创新，是非常幼稚的，对公司的发展无多大意义，有时还会造成资源浪费。华为大力倡导创新的目的，在于所创新的产品的高技术、高质量、高效率、高效益，能使客户的投资得到安全保障。

所以，华为在创新上也坚持要以客户需求为导向，在了解客户需求的基础上，选择对已有的产品进行创新，或创造出一种全新的技术。对此，任正非就曾说过，"华为在公司的行政组织结构中，建立了战略与Marketing体系，专注于客户需求的理解、分析，并基于客户需求确定产品投资计划和开发计划，以确保客户需求来驱动华为公司战略的实施。"任正非还要求一线人员贴近客户，倾听客户需求，并确保能够将客户需求快速反馈到公司的产品研发中。

随着移动宽带业务的迅猛发展和网络的持续演进，很多的运营商意识到杆站对于吸收热点流量和深度覆盖的重要作用。由于在部署杆站过程中，运营商面临着配套基建成本高、光纤资源有限等挑战，所以都希望能够找到合适的企业一起突破这些困难。

杭州移动在杭州市中心一处密集居民区规划站点时，就遇到过以上问题。这处居民区人口多，人均流量需求大，由于以上一些原因，使规划站点一直无法部署，导致该小区覆盖差、容量不足，频频遭到投诉。为了解决上述问题，杭州移动找到华为，希望通过华为的帮助，解决投诉问题，提升用户满意度。

合作开始后，双方结合小区现有条件，采用汇聚站创新站点解决方案，充分

利用小区现有资源，部署了华为的某款新型基站，实现了“多、快、好、省”超密组网。这意味着，汇聚站可以一次引电支持多个杆站，实现批量部署，并同时支持华为的多款设备，满足不同区域的场景应用，还能支持未来面向5G演进。整个小区12个杆站部署也只需5天，加快了部署速度。聚站采用的高效供配电、高密散热等技术，也能够满足乡村级噪音标准，实现高安全性，对环境的适应能力也很强。从逐站获取到一次获取引电且支持批量部署，整体配套成本能节省30%以上。此外，实现的统一网管和运维，还有效提升了网络的维护效率，降低运维成本。

解决方案实施后，杭州移动在该地区的网络性能得到大幅改善，大大提升了用户满意度。

华为所有业务规划的逻辑原点，都是在考虑客户的痛点在哪里，自己能为客户做些什么。华为通过关注不同行业客户的诉求，采用多种创新技术手段帮助客户降低成本，从而形成双方之间良好的合作关系。

2. 向能耗要收益，降低客户运营成本

企业的成就越大，对社会的责任就越大。在环境问题日益严峻的情况下，很多企业都在提倡节能减耗，发展绿色经济，减少生产对环境的破坏。低耗能的生产也能降低企业的成本投入，树立良好的企业形象。

2.1 做绿色世界的使能者，打造绿色ICT技术

华为每年都会发布可持续发展报告，在报告中，多次提出要做绿色世界的使能者。因为华为经过研究发现，随着互联网技术的高速发展，很多企业的能耗增长速度要远超其收入的增长。这也促使华为必须采取有效的节能措施，通过高效、节能、环保的产品和解决方案，帮助各行各业降低能耗，提高运营效率。

作为ICT（信息和通信技术）行业的佼佼者，华为也在不断更新ICT技术，希望能够为社会、企业以及个人创造新的价值。在2016年发布的《华为可持续发展报告》中，华为着重提出了打造绿色ICT技术，实现可持续发展的理念，

其中写道："作为全球领先的ICT解决方案供应商，华为始终践行'绿色管道、绿色运营、绿色伙伴、绿色世界'的战略理念，通过创新不断提升产品的资源使用效率、公司运营效率，降低自身的碳足迹和负面环境影响。"

华为很早就在产品研发中注意绿色环保，节约能源，也一直坚持将绿色ICT技术运用到产品研发、生产、销售的各环节中去，并取得了不错的成绩。

柳志国（化名）加入华为后就进入多业务传送平台，研发一个盒式设备。当时，主管告诉他，这个产品要想达到业界最高水平，在"绿色环保，节约能源"这一点上，就要力争超越友商一大截。参与研发的人都觉得这不太可能，毕竟友商是一个延续近百年的企业，技术实力雄厚，要在不到一年的时间里，让产品在功能和节能上超越友商，其难度可想而知。

但是主管的鼓励和华为的雄心，也提高了研发团队的热情，大家都沉下心来，做好自己的事。为了让产品更省电，柳志国一点一点地修改设计，一毫瓦一毫瓦地抠。为了产品的一个配件能够省电 25%，他花了两周的时间做分析。因为产品试产成本高，所以每次试产前改动设计，他都会进行非常充分的模拟测试。

在极大的压力下，经过大半年的努力，研发团队的产品最终一版成功，并以高性价比走入市场。产品因为节能的优势，吸引了很多客户，在市场上大获成功，成为了华为的明星产品。这款产品的质量也经受住了时间的考验，不仅可以在极端环境下正常运行，在友商的同类产品被淘汰后，华为的产品仍然在市场上受到欢迎。

华为在产品节能与开发、利用新能源方面所作的努力，得到了行业的认可，也让华为的产品越来越受到客户的欢迎。如今，绿色环保的技术和产品已是很多同行共同追求的，因为这也是未来发展的趋势。

为了能够在绿色技术创新方面取得更大的成功，保持此项技术的领先，华为也积极与业界合作，并与不少高校共同建立研发点。华为还积极参与相关技术标准和规范的制定，以推动绿色ICT技术的创新和发展，争取在节能减排等技术上提高竞争力。比如，在2016年，华为提出的站点能效指标就被国际电信联盟（ITU）所采纳，正式成为国际标准。这一标准的建立，更能适应电信运营商和铁塔运营商运维组织，并且有利于节能减排工作的量化管理。

2.2 绿色节能，缓解客户的能耗压力

华为在发展绿色技术上取得的成绩，对其客户来说同样是好消息。各行各业的客户同样需要紧跟节能降耗的时代节奏，华为在某些技术上的领先优势，可以为客户提供有力的保障，降低客户的能耗压力。

在满足客户的节能减排要求上，华为在产品与解决方案领域做了不少创新。在最近几年，华为就通过低功耗芯片、高效供电散热、动态节能管理等技术，使核心路由器能效和无线基站能效都提升了不少。在5G节能方面，华为积极与各高校及研究机构合作，在提高能源效率等方面也取得了不小的进展。华为还与客户展开紧密合作，以帮助客户达成节能和碳减排目标。此外，华为还通过对组网特点、设备、基础设施的功耗等方面有针对性进行设计，在保障网络服务质量的前提下，帮助客户实现了存量网络节能降耗。华为在其他方面也做了很多尝试，并在实践中设身处地为客户着想，帮助客户实现了绿色节能的目的。

国家电网的数据中心，作为整个国家电网正常运行的信息枢纽和调度核心，对保障整个业务运行起着关键作用。国家电网为了奠定信息化建设的基础，最终选择了华为作为其西安灾备数据中心建设的合作伙伴。

为了能够完成国家电网的任务，华为联合了具有高级专业工程技术人才和专业施工队伍的一家企业共同对国家电网西安灾备数据中心的机房环境，进行了详细的工勘和方案设计。根据工勘和讨论结果，最终采用了华为集群式数据中心解决方案。当时预计按照此方案建设完成后，与传统机房相比，客户的数据中心每年可节省 40% 到 50% 的电量。方案中采用的高可靠的机柜和“密闭通道”技术，与传统的房间级方案相比，也能够节省能源和降低成本，最后实现了绿色数据中心的建设。模块化机房和消防系统的联动也实现了“一窗而多能”的效果，在保证了机房消防安全的同时，还达到了绿色节能的目的。

华为用绿色节能的产品和解决方案，帮助客户提高了能源的利用率，满足了客户的需求。华为准确判断出了行业的发展趋势，也把握住了机会，在这方面做出了成绩。

随着节能减排的观念在世界各国逐渐受到欢迎，华为在拓展市场时，其绿色技术也受到了不同地区的客户的欢迎。不仅在传统的通信领域，在其他行

业，客户也看到了华为在技术上的创新成果，积极与华为展开合作。在合作中，华为也将自己的技术带到了世界各地，通过与不同地区客户的合作，推广了绿色节能的消费观念，也拓展了自身的视野，促进了技术发展。

如今，很多国家对环境保护很重视，在建筑领域，为了降低社会的碳排放量，绿色建筑也逐渐流行起来。重新建造新建筑更有可能采用新技术，但是对于那些已经投入使用很长时间且庞大的建筑，按照新的要求重新规划就显得困难许多。因为一些传统的建筑能效改造方案，会涉及建筑电系统的重新规划设计，工程量巨大，又难以操作。

比如，世界顶级物业公司DTZ所服务的墨尔本大学，为了执行澳大利亚政府推广的“绿色之星”计划，就对校园建筑能耗提出了极高的要求。这些建筑已经被使用了数十年甚至上百年，将其改造成为符合五星级节能标准的智慧建筑，成为了墨尔本大学和DTZ的难题。

在经过挑选后，墨尔本大学看中了华为的解决方案。在华为与DTZ的帮助下，墨尔本大学在校园内成功地部署了建筑能效解决方案。经过改造后的建筑，可对各楼宇楼层的灯光和空调终端实现远程智能控制，最大化提高能源利用率。通过集中式对所有楼宇等统一管理、新增楼宇灵活接入集中系统等措施，这些建筑达到了“绿色之星”计划规定的五星级标准，可帮助客户节约30%的能源成本。

新技术的发展为很多企业提供了无限的创新机遇，华为就是如此，原本很多不相关的客户，通过技术的发展将彼此联系在一起，就像案例中的一样。所以，华为积极拥抱新技术，不仅因为这能够帮助客户降低能源消耗，还因为如果能够让更多行业的人认识到节能所能带来的效益，以及对社会的贡献，就能够激发出更多的商业机会。

2.3 践行环保理念，实现可持续发展

在全球人口日益增多、资源缺乏，以及环境及生态逐渐恶化的时代，实现可持续发展已成为人类所共同追求的目标。华为一直以来都积极履行环境保护的责任，不断提高对产品的要求，在新技术的支撑下，减少资源消耗和生产对环境和生态的影响。2016年发布的《华为可持续发展报告》中，华为就表示：“华为将循环经济理念纳入产品设计要素，采取各种创新方式提高资源利用效

率，开展‘摇篮到摇篮’的回收处理实践，落实循环经济政策、要求和激励，实现资源可持续利用。”

华为将在报告中的承诺落实到了实践中，在产品研发到交付的各个环节，严格遵守相关国际标准，达到环保的要求。经过多年的努力，华为的不少产品得到了权威机构的绿色认证，真正成为绿色环保企业的践行者。

产品水足迹，是指用于生产该产品的整个供应链中直接或间接消耗的淡水总量，可以反映出一款产品消耗的水量、水源类型以及污染量和污染类型的多层面的指标。产品水足迹评估也可以看作是水资源占用的综合评价指标。

华为率先在手机产品上开展了水足迹评估，关注水资源的管理与保护等工作。2014 年，华为就与南德意志集团展开合作，参照行业标准建立了终端产品水足迹分析能力，在之后成功完成了 2 款手机产品的水足迹评估。这对培养消费者的环保意识、引导环保消费等意义重大。产品水足迹的结果对提高后续产品在设计、生产上的水资源利用率同样作用很大，并能为减少水污染提供参考。

华为表示会继续采用领先的可持续评估方法和工具运用于产品的各环节中，为消费者提供满足环保需求的产品。2016 年，华为的多款手机产品，如 9 系列、Mate9 系列就通过了 UL110 铂金级绿色认证。同年，在华为全联接大会上，TUV 莱茵也为华为 S5320 系列两款交换机产品颁发了绿色认证证书。这些都是华为近年来在绿色产品上取得的成就。

华为一直以来都秉承着为客户提供绿色产品的理念，对产品的整个生命周期严加管控，希望能将产品对环境的影响降至最低，这也是华为的诸多产品能够在国际上获得绿色认证的原因。

华为不仅让自己的产品变得越来越绿色环保，还通过帮助客户，或者与客户展开密切的合作，将可持续发展的影响进一步扩大。在这期间，华为也因此收获了巨大的成功。

华为网络能源经过研究发现，虽然大家都提倡环保，但目前的通信网络中有 40% 的能耗并没有发挥效能。很多数据中心能耗占到数据中心十年周期总成本的 50% 到 60%，光伏电站端到端发电效率不超过 80%，这些都造成了极大的能源浪费。因此，华为网络能源致力于打造一个简单、高效、可靠的绿色全联接世界。他们采用数字化、网络化、智能化等手段，实施基础设施数字化转型，将目标放在通信能源、数据中心能源和光伏电站领域，推出一系列相关解决方案，以推动ICT基础设施绿色节能的发展。与此同时，华为还积极与客户合作，一起打造绿色智能的全联接世界。

经过多年的努力，华为在全球170多个国家和地区部署了数百万套通信能源系统以及多个数据中心，并与全球排名前50的客户都建立了全面合作关系。

客户愿意与华为合作，说明华为在践行环保方面确实有很多可取之处。可以说，华为凭借对市场的敏锐嗅觉，以及对社会的责任感，赢得了客户。华为所作的努力是顺应市场发展的需要，也是为未来的发展铺好路。

3. 为客户提供安全可靠的产品和服务

产品安全直接关系到客户的安全及客户满意度，一旦出现事故，将会造成非常不利的社会影响。所以，华为坚持以优质、可靠的产品回报客户，严格按照产品的各项标准进行生产和交付，并且坚持在产品安全领域创新，提高产品的安全性。

3.1 以质优先，支撑客户业务发展

华为刚起步的那几年，没有先进的技术，产品质量也不是上乘，只能依靠遍布在全国各地的维修点来进行弥补。这让华为意识到，要想争取市场，就必须有高质量的产品和周到的服务。在之后的发展中，华为的产品也一步步通过了相关机构的质量认证，上门维修的工作量大大减少，降低了成本。

在那段时期，任正非多次带领华为人去国外参观考察，学习国外企业的管理经验。任正非发现，有些外国公司的人才流动性很大，但是却能保证质量。因为这些公司的工作计划和流程都是很规范的，新来的员工只需接受短时间的培训就能上岗。在这之后，在任正非的领导下，华为十分重视管理制度的建设和对员工的培训，将工作水平提高到国际水平，让产品的质量也能够达到国际质量标准。

为了整顿业务，提高工作质量，减少客户抱怨，2000年，华为研发系统在深圳市体育馆专门举办了一场“呆死料”大会。任正非将员工在工作中因疏忽

造成的大量废料，以及去客户处抢修的往返机票，包装成特殊的奖品，发给相关人员。这场大会使华为人重新认识到了质量的重要性，并坚定了提高产品质量的决心。近年，虽然质量问题也时有发生，但华为凭着毫不姑息的态度赢回了客户的信任。

近些年，华为的产品和服务有了质的提升，已经得到大部分客户的认可。2016年，华为还获得了中国质量领域最高政府性荣誉“中国质量奖”颁奖中制造领域的第一名。但在工作中也难免有些问题出现，好在华为人能够始终坚持自我批判的精神，调整好自身，重新赢得客户的信任。

2015 年，华为在泰国 TRUE 核心网的某产品出现故障，造成客户的千万用户要拨打两三次才能接通电话。在此次事故还没有找出原因时，又因为两名本地工程师在操作时的失误，再次引起链路的中断和呼叫成功率的下降，业务影响持续 40 分钟，造成了极为恶劣的影响。

在不到一个月内，接连发生两起网络事故，客户高层十分愤怒，并向华为正式发出了投诉信，对华为产品的稳定性、运维管理等方面表示出严重的不满。这并不是客户对华为产品交付的第一次投诉，早在 2014 年，因在交付中重大事故频发，就曾导致客户满意度降至冰点。

为了挽回客户的信任，每次事故发生后，华为都会派拥有丰富经验的专业人士前往现场解决问题，并通过高层拜访、道歉等方式暂时稳住客户。最后，在各项目迅速改进、实现优质交付的情况下，使客户满意度在 2016 年慢慢回升，重新赢回客户的信任和尊重。

在 2016 年的复盘总结中，华为意识到有些员工在工作中对待质量的意识及态度还存在一些问题。比如，有些到一线参与问题处理的部分机关主管，就表示产品有时候出问题是不可避免的。在总结中，华为人就认为，正是因为有这样的想法，才让有些人认为犯错理所当然，犯错后也不会意识到问题的严重性，导致相同的错误一犯再犯，严重影响了工作质量。而每一次的质量问题，就是一次对客户信任的慢慢消耗，这是很危险的。

此后，华为还在内部刊物《管理优化》刊发了文章，揭示泰国 TRUE 核心网发生多起网上问题和事故，进而引起客户投诉的原因。在文章中华为还表示：“质量是华为的生存之本，没有高质量的产品，就无法支撑华为持续赢得客户信任。”

华为在行业内所占的市场份额越来越多，地位也越来越高，因此面临的挑战也更大。在新发展形势下，华为不再单纯地追求速度，而是更加注重质量。当有重大质量问题出现，华为的反应将直接影响客户感知，所以华为才会坚持第一时间解决问题，并在事后进行反思。华为也经常告诫员工，不要养成事后补救的惯性思维，而是要在工作中摆正心态，朝着零缺陷的产品和服务方向努力。

3.2 做厚供应商，排除低质量供应商

为了保证质量，华为不仅加强自身的建设，对供应链也提出了可持续发展的目标，这意味着华为对供应商的要求也越来越高。与供应商合作，并加强对供应商可持续发展的评估是华为供应链管理的重要组成部分。华为充分向供应商传达了这些要求，并与供应商一起参加行业活动，坚持推动供应商改善。

为了使供应商能够达到华为的要求，保证华为服务的质量，华为还会对新引入的供应商进行全面的体系认证。若新的供应商认证合格，华为则会要求其依据可持续发展协议，制定持续改善计划，并且定期开展内部审核，以确保供应商能持续符合华为的发展要求。

在2014年的《华为可持续发展报告》中，华为就提出了15个对供应商可持续发展绩效评估指标。根据供应商的表现，华为为其打分，评分体系分为A、B、C、D档。评分结果会在公司内部公布，并传递给供应商高层，促使供应商改进（见表2-1）。对于得分高的供应商，华为会优先提供合作机会；表现不佳，又长期无法改善的供应商，华为也可能取消合作关系。

表2-1 华为供应商可持续发展绩效评估

等级	标准	评价等级
A	90≤得分≤100	优秀
B	80≤得分＜90	良好
C	70≤得分＜80	合格
D	＜70，或有严重红线问题	不合格

华为对供应商可持续发展的严格要求，使供应商能够跟得上华为的步伐，共同为客户提供高质量的服务。华为高层也多次公开对各合作伙伴、供应商表

示，在未来的竞争中要以质取胜，因此会对供应商提出更高的要求。

在2014年华为核心伙伴供应商大会上，时任华为轮值CEO的徐直军在讲话中指出，华为面向未来确定了“让HUAWEI成为ICT行业高质量的代名词”的质量目标，并确立了“以质取胜”的质量方针。他表示，华为的成功离不开对产品质量和服务质量的重视，但在之前的多年里，华为还未真正做到以质取胜，更多的时候都是以性价比取胜，所以质量建设仍然是以后工作的重点目标。

基于这个目标，华为提高了对合作伙伴和供应商在质量及可持续发展方面的要求，华为希望能够与他们共同努力提升质量，构建可持续发展能力。为了实现这个目标，华为在采购政策上也会坚持“质量优先”的原则。

2016年，在华为的核心合作伙伴大会上，徐直军在发表的主题演讲中，与参会的合作伙伴分享了华为在质量管理上的新进展，并表示，在供应商的绩效考核上，华为进一步强调了质量的重要性。华为这么做，都是希望能与所有的合作伙伴、所有的供应商不断地改进质量、不断地提升质量。

华为对供应链管理的重视，折射出了华为对待产品和服务质量的态度。华为多次提过要帮助供应商提高能力，这也是在帮助自己提高能力。因为行业合作是供应链可持续发展管理的关键一环，只有与合作伙伴、供应商共同进步，共同应对未来的挑战，才能在为客户服务上保持一致，形成合力，从而提高整体竞争力。

3.3 全面领先，构建网络安全体系

如今网络无处不在，早已成为人们生活的一部分。网络在方便生活的同时，又带来了安全威胁。华为作为通信行业中的一员，在为客户提供网络设备的同时，也有责任为保护网络安全尽一份力。因此，华为将构筑并全面实施端到端的全球网络安全保障体系作为其重要发展战略之一，并秉承开放、透明的态度，积极寻求与供应商、客户、政府之间的合作。为了在华为内部树立起保护网络安全的意识，华为还组建了全球网络安全与用户隐私保护委员会，并由高层领导管理，成员包括主要的董事会成员。

华为高层也曾多次在各种场合传达过华为在网络安全上的立场和承诺。任正非在2011年就签署并发布了《关于构筑全球网络安全保障体系的声明》。华

为轮值董事长胡厚崑则表示："无论遇到什么挑战，我们都要竭尽所能为客户网络的安全稳定运行提供保障支持。华为在网络安全和用户隐私保护方面要对公众、政府、客户做出重要承诺，承担企业责任。"

在实践中，华为也一直致力于帮助客户建立安全、高质量的网络系统，帮助客户提升网络安全等级和网络保护水平。华为为客户构筑的网络安全程度也经受住了考验，得到了客户的信赖。

广东电网是南方电网中最大的省级电网，供电客户数超过 2 700 万户。结合广东省电力业务的实际情况和中长期发展目标，广东电网对智能电网的各方面都进行了深入的研究，并合理制定了广东智能电网的演进目标以及具体方案。但随着广东电网信息化程度的不断加深，来自互联网的安全威胁日渐增多。因此，广东智能电网通信系统需要建立一个全面、高质量、高性能、高可靠的安全防护，并且还要易于管理和使用，才能满足日益增长的业务需求。

经过几轮考察，广东电网最终选择了华为 USG6000 产品来实现网络边界的安全防护。因为华为的这款产品在软硬件设计上，性能、可靠性都很高，可以满足智能电网通信系统的基本要求，而且产品开启全部防御功能后，整机性能下降不超过 50%，是所有参与竞争的厂商的产品中下降幅度最小的。USG6000 还引入了全新的管理理念，可以实现简单又安全的管理。此外，USG6000 系列下一代防火墙在广东电网的测试中，各方面都表现优异，所以被广东电网构建智能电网信息安全基础架构所选中。广东电网高级安全专家也认为，华为的下一代防火墙在安全能力、性能方面的测试中表现都是最出色的。

USG6000 交付使用后，帮助广东电网全面提升了电力信息系统安全等级保护上的能力与水平，广东电网也因此在 2013 年底全国电力系统的网络安全专项巡检中表现最为出色。华为的 USG6000 下一代防火墙的成功运用，得到广东电网公司的认可与信任，为双方进一步合作奠定了基础。

华为用实际行动证明了自己参与网络安全建设并不是一句空话，在相关技术领域，华为始终坚持研发和创新，以持续为客户提升网络安全等级。与此同时，华为积极与同行共同探讨网络安全问题、分享经验。为了分享在网络安全上的实践经验和教训，从2012年到2014年，华为连续发布了3本网络安全白皮书，并在2016年又发布了一本。此举得到业界的一致赞许，也获得了不少地区政府和客户的认可。

4. 实现产品运营维护的简易化

华为不仅注重产品的实用性和安全性，也希望产品实现商用后，能够为客户的运营和维护提供方便。因此，华为在产品设计、研发、测试的各个环节都考虑了用户场景，使产品安装和维护更加方便。

4.1 深入现场，做出最佳方案

要想产品能够运营顺畅，并且易于维护，首先要保证产品的质量。华为在提升产品质量后，维护工作就减轻了许多，成本也因此大大下降。因为产品质量过硬，在运行时出现大问题的机会要小得多，有些产品甚至可以做到免维护。任正非也说："要把可制造、易交付、免维护或少维护融入产品开发的源头去。"如果华为的产品卖出去后再也不用管了，就不愁没有市场和利润了，这既可以提升华为的竞争力，也能减少客户因为产品维护而遭受的损失，使客户用得安心。

有了高质量的产品，还要有一个全面的解决方案，才能为客户提供最需要的服务，并且确保各环节的正常运行。而要想解决方案做得全面而仔细，最好的方法莫过于深入客户现场，进行实地勘察和研究。华为人在为客户提供解决方案时，就强调要贴近客户，亲临一线了解客户的需求，这也是不少客户选择与华为合作的重要原因。

华为在与客户 Stuart 合作期间，为了给客户制定出最佳的解决方案，坚持深入现场勘查。有一部分站点在荒漠中，虽然客户再三表示荒漠里不可能有频段干扰，华为项目组还是坚持对分布在荒漠里的每个站点做 360 度背景扫频测试，确保频段干净可用。

深入荒漠勘察期间，项目组事无巨细，把设备的安装位置、路径、每组电源线的粗细等都详细记录下来。在勘察过程中，项目组优化了之前制定的交付方案。项目组发现客户现有的模拟信号系统，由于系统老化，维护非常困难。根据原来的交付方案，客户想对 1 200 余油气井设备逐一改造，但这使得维护更加复杂，而且更容易出错。项目组和客户深入了解现有系统后，大胆提出了新的交付方案，既可以保证所有油气井业务在交付中不受影响，又不需要长时间维护两套系统，可有效控制交付风险，降低成本。

对此，客户感慨万分地表示，如果不是项目组深入现场，很难拿出这样合适的解决方案；如果项目组没有到现场收集到充分的数据，自己也难以被说服。客户还表示，他们对华为严谨的工作态度和快速解决问题的能力印象深刻。在现场遇到其他工作人员时，客户都会热情地向他们介绍华为的工程师。

很多华为人到客户现场进行细致的检查后，才发现只有亲自深入业务的最前线，才能看到业务的真实模样，通过在一线感受现场，才能收集到最准确的资料，并找出最适合它的方案，为客户提供最需要的服务。

4.2 利用人机工程实现简易安装和维护

为了使生产的所有产品都符合可持续发展的要求，华为想了很多办法来改进产品和解决方案。基于这样的目标，华为成立了人机工程设计团队，以使华为为客户提供的产品都符合人类的健康和安全要求。这个设计团队将产品安全设计的理念贯穿于产品规范到测试的各个环节，除了降低安全风险，还可使产品更加符合客户方的使用习惯和技术要求。华为运用人机工程学设计的产品，在不同的国家和地区已经积累了不少运营经验。实践证明，这些产品的实用性更高，更容易安装和维护。

华为还会根据各行业不同的需要进行开发，使人机工程能运用到更多的客户项目上。比如，华为设计了Easy Macro解决方案。此方案可有效减少网络建设对站点空间的需求，对环境的适应性强，安装方式简易，可实现快捷部署。此外，Easy Macro解决方案还能减少安装工人的劳动强度，提高安装过程的安全性。这些优势，使得华为的此款解决方案在市场上大受欢迎，也为华为的人机工程项目添加了更多的成功案例。

华为与泰国运营商 H 的合作，是 Easy Macro 的一次成功运用。在现场安装中，华为发现在光纤到户的最后 100 米盒式光纤接入设备部署中，某款产品安装的几个环节，施工时间长，安装人员工作量大。为解决这些问题，华为从客户角度出发，开发出预连接解决方案。

在此方案中，华为采用了航空连接器技术及盲插技术，使现场操作工作效率提高了 50% 以上。免工具简易化安装设计，也使得安装更加简单，并且更加高效。归一化的部件设计，也可使产品在多个场景中灵活部署，并且能够适应不同的环境。

开放式盒体设计，有效扩展了操作空间，大幅提升现场安装的便捷性和操作感知。整个解决方案实施后，极大地缩短了施工工时及劳动强度，能够快速实现用户高速光纤接入的需求，用户体验良好。

华为在为客户提供解决方案时，已经充分考虑到了客户在使用时的方便性，在这过程中，华为的工作量也因此减少了，工作效率更高。这对华为和客户来说都是有利的。

4.3 为客户打造一个统一管理的平台

随着互联网的发展，客户的管理方式也出现了一定的变化。客户的业务越多，管理也越复杂，如果能帮助他们建立一个统一的管理平台，合理分配资源，对提高客户的管理效率是很有作用的。

华为在这方面有过较深入的探索，在自身的内部管理中也积累了丰富的经验，这使得华为能够针对不同类型的客户，为他们打造合适的管理平台。为了帮助客户建立有效的管理平台，华为在实践中，摸索出不少解决方案。比如说，华为的分布式云数据中心解决方案。此方案通过分布式云数据中心的统一运营管理平台，可以实现对数据中心资源进行统一运营，还能提供全方位的管理、业务自动化能力，使用户通过自助式服务，按需自助申请所需的计算、存储、网络的资源。华为的解决方案在实践中经受住了检验，帮助不少客户解决了管理分散这一难题。

中国地质调查局的地质数据库体系和地质信息服务体系虽已初步形成，但因为地质调查人员获得的地质数据在不断增加，很多地质调查信息化中的新问题也暴露出来。这些问题包括在不同的地质调查部门，有不同的软件系统类型，但在系统维护上存在较大技术障碍；很多数据库分布在中国地质调查局所属各单位中，缺乏共享机制；服务站点分散，无法最大限度地盘活、用活各类数据，没有形成规模化的服务。

华为在经过一番分析后，发现中国地质调查局的需求是，要利用云计算、大数据等技术，构建地质调查云环境，实现地质调查存储资源、网络资源、计算资源和数据资源等统筹管理和协同应用，为地质大数据与信息服务提供支撑平台。华为还结合中国地质调查局发布的《地质调查信息化“十三五”规划》中提出的在 2017 年实现地质云 1.0 版本上线运行的目标，制定了一套解决方案。

在解决方案中，"地质云 1.0"采用的是华为分布式云数据中心架构，能够整合和汇聚大量地质数据与产品资源，使各节点地质数据分布存储、统一发布、集中服务，可实现数据共享。在数据安全保障、运营运维等方面，华为也给出了不同的方案。

"地质云 1.0"正式上线后，使中国野外地质调查工作人员可以通过"地质云"的智能终端，获得野外环境地质数据的实时推送，实现对部分矿物岩石的"刷脸"识别。"地质云"还实现了中国地质调查局各直属单位数据共享及服务系统集成，破除了各单位间数据鸿沟，集成了各单位各类地质信息服务，形成统一、有序、规模、权威的统一信息服务平台，使地质调查工作的速度和质量得到极大提升。

帮助客户建立高质量的管理平台是保证客户实现成功的重要基础，华为在这方面早就投入了一些精力做研发，才使得华为在面对以上案例中的复杂情况时，能够为客户提出全面的解决方案。

为客户提供实现统一管理的解决方案时，华为往往还会仔细调查客户的客户是怎样想的。因为很多客户完善管理，就是为了使自己的客户有更好体验。华为的做法，不仅解决了客户的管理问题，也让客户的投资得到了回报。

Hotusa 集团在全球 48 个国家拥有超过 2 500 家酒店，是欧洲最大的酒店联盟。其建立的初衷是为小型酒店和集团提供统一的平台，帮助他们提升竞争力。所以，集团要建立统一的营销体系、代理体系、会员制度、质量体系，以及统一的供应用品。

为支撑平台的运营，需要良好的网络环境。但 Hotusa 集团的酒店里面，还有部分地方没有覆盖 Wi-Fi，有些酒店客房内信号不好，网速慢，经常遭到客户投诉。现在的网络质量，也难以支撑 Hotusa 集团统一平台的建设目标。为了改善 Wi-Fi 体验，提升客户满意度，Hotusa 集团决定对旗下酒店的无线网络进行全面的升级改造。

华为经过调查发现，Hotusa 酒店客房密度大、隔音的墙体材料，导致了网络信号的减弱，于是提出了敏捷分布式 Wi-Fi 解决方案。采用远端单元 RU 入室部署，可实现室内信号高质量全覆盖，还能使管理工作大量简化，为客户节省管理和建网成本。本套解决方案在为酒店顾客提供良好 Wi-Fi 体验的同时，还提供了全方位的安全防护，既可保证酒店信息资产安全，又能保证顾客上网的安全。

网络升级重建后，Hotusa 酒店的网管人员可轻松实现网络的统一管理和运维，顾客在酒店的任何一个角落都能安全上网。此方案还保证了 Hotusa 酒店最低的投入及最高的IT投资回报。

对客户来说，统一管理的平台，不仅能够降低管理和运营成本，对产品的维护也能提供不少方便。高质量的管理平台能够减少事故的发生，使客户能够及时发现问题。华为为客户提供的服务，就帮助客户实现了这些目标，华为的产品和解决方案也因此更具竞争力了。

5. 通过资本运作，优化客户经营难点

华为经常发现有些客户想与自己合作，但碍于没有资金，或者暂时资金周转困难，经常陷入两难的境地。所以当华为发现这些客户是有潜力的服务对象时，就会通过自身的关系，为他们解决资本问题，并促成合作。

5.1 与银行建立良好的关系，积累资源

与银行建立良好的关系，不仅可以为企业提供必要的周转资金，还能帮助客户实现融资。华为在发展中经历过困难时期，明白这一点的重要性。华为内部有专门负责融资的人员，他们不仅与中资银行保持密切的合作关系，也积极开拓海外的银行，与他们建立长期合作关系。华为也利用自身与银行的良好合作关系，帮助不少客户成功融资，并在双方的合作下实现了商业成功。

华为与不同的银行的合作也经历了一个漫长的过程，从最初华为人到处找银行融资，到如今很多银行主动找上门，是华为在多年里不断积累的信誉产生了重要影响力。当华为找银行合作时，银行也要承担很大的风险，华为用艰苦奋斗的精神，对银行信守承诺，才有了如今的相互信任。当一些银行合作伙伴遇到困难时，华为也会伸出援手，也因此与不少银行结下了深厚的友谊。

2006年，国家开发银行（以下简称“开行”）工作组初到阿尔及利亚开展业务。工作组成员对当地很不熟悉，在当地的华为人知道后，主动请他们吃饭，协助他们找办公室、招聘员工等，开行在本地的业务也逐渐展开。

在这期间，华为与开行建立了合作关系，双方合作的第一单保理业务，就是阿尔及利亚电信数万美元的单子。在几年间，开行往全球派了八十多个工作组，

每到一处新地方，开行的人员都会找华为。开行刚走出去时，在海外没有多少客户，而华为有大量的海外客户资源，华为与开行共享资源，共同打造了一条强健的销售融资产业链。华为与开行的合作越来越深，建立了深厚的友谊，华为大量的海外融资项目都是与开行合作的。比如，开行在印度就是华为主要的销售融资合作伙伴之一。

华为与一些银行在合作中共赢，一起成长，加深了双方的友谊，也是华为这么多年来积累的资本，为华为在海内外的业务提供了极大的便利。

随着华为的发展，融资渠道也越来越广，慢慢学会了利用多种国际渠道进行融资。华为不仅注重与那些大银行搞好业务关系，对于一些小众的银行也是保持良好的合作关系。因为华为在全球的业务形态多样化，融资场景复杂，小众银行在某些关键时刻，也能发挥巨大的作用，而华为不会放过任何一个机会。

有一年，华为与B国某客户合作，由于B国政局不稳定，很多大银行不愿对该国的客户进行融资。在伦敦深耕多年的华为，知道在伦敦不仅有那些银行巨头，也有不少小众银行。这些银行想与大银行错开竞争策略，就可能会与B国客户合作。

于是，华为开始在伦敦通过各种关系找相关银行，最终发掘出两家有B国央行背景的小银行。这两家银行坐落在伦敦金融街上，很不起眼。最初前去拜访的华为员工也有些怀疑，但很快他们就发现，对方的专业性非常强，清楚地列出可以接受B国哪几家银行开的信用证，并说明具体原因。经过几轮谈判，华为促成了B国客户与这两家银行的合作，之后三方又合作了几起业务，都很成功。

与小众银行合作，使华为的融资渠道更加宽阔了。华为有效利用国际金融资本的能力在不断提高，这也使得华为有资本与更多不同类型的客户展开合作。为了能够更好地与银行打交道，支撑业务的发展，华为还吸收了一大批专业的财经管理人才，以加强对资产经营的管理和控制能力，并且使华为的发展更加国际化。

5.2 理性评估市场，满足客户的融资需求

有些客户有迫切的融资需求，如果能帮助客户成功融资，就能顺利与客户

达成合作。虽然华为非常重视客户的融资需求，但也会评估融资项目的风险，力求在银行、客户和华为之间平衡风险和成本。为了规避风险，华为还坚持从财经的视角去管理融资，在融资方案上尽可能地考虑周全，做到风险量化、风险可控，为业务部门之后的工作打好基础。在融资的过程中，华为也非常重视客户所在地的法律法规，熟悉当地的金融市场监管机制，确保融资顺利进行。

有些客户的融资要求非常高，华为也会持续与客户沟通，找到合适的融资模式，既能满足客户苛刻的商务要求，又能保证华为的回款利益，实现双赢。比如，华为在印度市场发展时，当地的客户要求各不相同，而且都很挑剔。为了满足不同客户的融资需求，华为会根据客户的特点以及需求，独创一些融资模式，促进了华为在印度业务的发展。面对其他地区的客户时，华为同样注重对客户实力、当地融资环境等进行分析。

2006年，波兰新网新牌移动运营商P4诞生，作为波兰第四牌，P4当时并不被波兰电信市场看好，但P4却希望利用3G转型之机，打开一条生路。当时欧洲的无线业务，3G刚刚起步，华为也需要几个机会在欧洲树立3G样板点，而P4的战略与华为不谋而合。所以，在欧美厂商不看好P4时，华为和P4先搭上了线。

面对P4一穷二白的情况，华为除了需要提供技术方案之外，也需要提供融资方案，融资甚至起着决定性的作用。接到融资需求时，波兰融资团队都感觉到了这个融资里的潜藏机会和可能存在的风险。因为刚刚起步，许多商业银行都不愿意为P4进行融资，当时正好华为和国家开发银行签订了一个战略合作协议，在华为看来，这是一个为P4提供融资的机会。于是，P4、华为、国家开发银行三方的战略诉求碰撞到了一起。

由于P4不确定的因素太多，风险非常高，海外金融机构很难直接提供融资，使华为面临的压力大大增加了。为了对市场有一个准确的评估，华为波兰融资团队开始从宏观经济、市场空间、政策环境等各个方面进行理性的考察和评估。华为融资人员与客户经理到各地进行访谈，不断与客户沟通。通过深入挖掘和分析，融资团队发现，从经济、市场环境来看，这次合作还是有比较好的发展前景的，而且为P4融资也是可行的。经过公司高层的判断，认为可以承担风险，并支持P4发展，融资正式开始了。

2006年10月，华为、国家开发银行、P4三方签署了首期商务合同以及融资协议，开始快速布网。2007年3月，P4网络投入商用，在一年时间内，就获得超过3%的市场份额，华为也因此实现了在欧洲3G市场“零”的突破。2008年6月，三方又签署了第二期商务合同和融资协议。

融资评估和分析是融资顺利进行的保障，华为在每次融资前都会认真做这项工作，并向公司高层汇报，这也使得华为从客户那里获取了应有的条件保障。在与客户以及融资方进行融资谈判时，对融资市场的调查，也为华为说服客户、消除分歧，提供了重要的依据。

5.3 用沟通联接客户与客户之间的商业机会

在与各金融机构以及客户的交往中，华为发现很多金融机构的高层都背负着沉重的业绩压力，不少客户也有潜在的融资需求。如果能将二者聚集在一起，增进了解，对业务发展是十分有利的。于是，华为积极奔走在客户与金融机构之间，使三方能建立密切的联系。为此，华为专门举办过ICT金融论坛。这一方面是为了树立华为在金融领域的品牌，另一方面也是为了在金融机构与客户之间搭建一座桥梁，方便三方沟通，为今后的合作打下基础。

为了能够使客户、金融机构以及华为坐在一起相互了解，在举办金融论坛前，华为还会向客户和各金融机构高层对金融论坛的定位和价值做一番解释，以吸引更多的人前来参加，扩大客户之间的交流。随着相关活动的陆续举办，华为在金融领域的影响力也越来越大，并为华为的业务发展提供了不小的帮助。

2012 年，华为财经体系在新加坡第一次举办了“华为（亚太）电信金融论坛”。在论坛期间，华为组织了 30 多场双边和三边会谈，有些客户和银行在现场就达成了合作意向。论坛的成功举办，也打消了客户的疑虑。

由于新加坡论坛的成功，2013 年，华为在迪拜又举办了一场聚焦中东非洲的论坛。这些论坛的影响力渐渐扩大，华为也收获颇丰。有些金融机构在此前拒绝与华为合作，在论坛期间通过沟通，他们深入地了解了华为的业绩情况和未来的发展战略，坚定了与华为合作的信心。

华为金融论坛给客户、银行和华为带来的合作共赢，吸引了越来越多的人参加，合作的面也更加宽阔了。比如在纽约 ICT 金融论坛时，就吸引了来自全球 80 多家机构的 100 多位客户以及 46 家金融机构的 147 名金融高管参与。在会上，华为邀请了欧洲央行前行长特里谢、美联储前主席本伯南克、哈佛大学前校长萨默斯等，论坛汇聚了从银行到评级机构、从ICT客户到主流媒体等不同行业的人才。华为与客户在论坛中，与来自金融领域最高层的人士交流，获取了更多“养分”。

华为的ICT金融论坛就像是一座桥，用沟通联接着各种商业机会，参与的人都能从中受益。任正非说，多元化的融资结构及资源，是华为持续稳定经营的保障。华为花费这么多心思联接客户与金融机构，既帮助客户解决了经营难题，又实现了自身的发展。

6. 提供设备试用，降低客户风险

华为在与客户交往过程中，发现大多数客户不会轻易听信营销人员的推销。客户只有亲眼见到和体验到产品的可靠性后，才会放下心中的防备。因此，为了降低客户需要承担的风险，并让客户安心购买和使用华为的产品，华为常常主动为客户提供设备试用或检测机会，因而赢得了众多客户的信任。

6.1 提供测试机会，验证客户需求满足度

在客户对产品进行测试的过程中，华为会耐心地为客户答疑解惑，并根据应用场景，对产品进行适当改进，直到能够最大限度满足客户需求。有时候，华为在前期测试中，产品在性能上可能与友商还存在差距，也不能完全满足客户的需求。但是华为能够凭借快速的反应能力，以及华为人艰苦奋斗的精神，迅速赶超。在这过程中，华为和客户也从最初的相互不了解，到慢慢彼此信任，为合作创造一个良好的开端。

在测试前，有些客户并不会明确告诉华为测试的标准，华为会按照行业的高标准接受客户的测试。在开拓海外客户时，有些客户对中国的发展认识不足，对华为这样一个来自中国的企业也缺乏信任，华为就在一次次应对客户的测试中，让客户感受了华为产品的质量和服务水平。

在土耳其的发展一直未取得进展的华为，在2005年终于争取到一个机会，但客户提出在15天内到华为总部测试产品。华为当地代表处接到通知后马上派人回国组织测试。

在到华为总部之前，客户就提了很多要求，如他们明确表示要在宽敞明亮的环境中测试，不直接测试人员不能留在测试现场。华为认识到这次测试将关乎公司在当地今后的发展，所以也非常重视。客户到华为总部后，第一天上午从一块块拔单板和线路开始，检查单板和环境，下午加电，拔单板和连线。每次配置好业务后，客户会要求华为人都出去，第一天客户没有找出任何问题。

到了检测的第三天下午，客户以为发现了一个小问题，在场的华为人员也感受到了一丝紧张。仔细检查后，才发现是点鼠标时把屏幕锁定了，产品并没有什么问题。在接下来的两天里，所有功能测试都正常。在最后的满负荷测试中，虽然华为不知道客户的标准是多少，但是按照电信级的要求来做准备。在测试中，虽然出现一些小插曲，但都不影响产品的质量。最后，当华为人问客户还有什么地方需要改进时，客户也不得不承认华为产品在性能和质量上的高水平。经过这次测试，客户方的人员都迅速地知道了华为设备的优秀。

华为能够主动接受客户的测试要求，说明他们有底气通过客户的测试，或者说有决心根据客户的意见改进。正因为华为能够做到这一点，所以在面对严格的日本、欧洲等地的客户时，才能够取得他们的信任。从客户对细节的严格要求中，华为人也学会了如何进一步改善产品和服务。

6.2 提供厂验，让客户提前熟悉设备

很多客户对企业有严格的要求，希望企业能够在产品质量和其他一些管理体系上达到一定的标准。这些客户会在下单前，派自己的员工或者委托第三方人员对企业的生产工厂进行审核或评估。在确认企业的工厂没有严重问题存在后，才会将企业视为合格的供应商，并与企业签下订单。

厂验对华为人来说再熟悉不过，为了能够通过客户的认证，华为人会提前掌握客户对产品的规格需求和厂验流程，并且让工厂的员工密切配合，给客户留下深刻的印象。有些客户会提出一些意见，华为也会从客户身上学习新的东西，提升对产品的要求。

2012 年，韩国 LG 集团下属通信运营商 LG U+，首次决定采用华为无线微基站产品，并要求对华为微基站产品进行两次厂验，作为准入认证。进入韩国高端市场，是华为无线产品期待已久的事，当时友商也在进行认真细致的准备，所以

能否通过这次厂验，对华为意义重大。

客户方派来厂验的人员严谨的工作作风享誉业内，华为为此做了充分的准备，在客户到来之前就多次找客户了解其厂验流程，但都未能从客户口中得知消息。应对厂验的华为人员只得加班加点，讨论新装备测试需求、物料变化与提拉。

经过2个月的准备和演练后，华为松山湖工厂迎来了客户的检验。厂验开始后，客户拿出自带的检查工具，一个一个地检查产品的细节，并不时提出一些相关问题。在此期间，华为人员也因回答不当而惹怒客户，但都能及时调整思路，为客户继续讲解。在客户极为细致的检视下，各种问题被无情地暴露出来，不管客户如何挑剔，华为人员都一再提醒自己这次厂验的重要性，避免与客户发生冲突。

为了挽救准入厂验，华为针对客户提出的问题建立了快速响应功能组，以应对突发的要求。经过华为人的不懈努力，客户彻底被感动了，也给前来厂验的客户留下了很深的印象。1个月后，准入认证厂验总算通过。几个月之后，华为又迎来了首次量产厂验，由于没有真正理解客户的诉求，还是出现了一些问题，客户很不满意。之后经过与客户的深入交谈，华为明白了客户挑剔的原因所在，并从客户身上学习到了认真细致的质量管理理念。通过不断的倾听、学习和持续改进，在2013年2月，华为LTE微基站准入认证厂验通过。

厂验是改善产品的好机会，也是近距离向客户学习的好时机。华为产品的质量就是在客户的挑剔中成长起来的。从问题百出到质量零缺陷，华为也经历过痛苦的过程。华为从中积攒了大量经验，对整个生产流程有了很深的认识，检验水平也逐渐达到国际水准。

6.3 提供设备试用机会，验证产品可靠性

华为在拓展客户时，会抓住一切机会与客户沟通，并通过分析，准确抓住各层级客户的痛点和需求，据此与客户反复讨论，制定出合适的解决方案。即便这样，由于某些原因，客户也不一定会愿意采购华为的产品，所以如果有机会，华为还会提供产品试用的机会，让客户看到华为的产品能够帮助他们实现成功。

产品试用的成功与否对客户最后的决定起着关键作用，因此在客户接受试用请求后，华为都会非常重视，做好周全的准备，甚至会根据客户场景，提前制定仿真场景进行演练。在这过程中，华为能够看到产品在实际运行中的问

题，找出更适合客户场景的解决方案。在产品试用期间，华为也经常能够帮助客户诊断出不少问题，这些问题通常是客户不曾发现的，因而也使华为的能力得到了验证。在华为的精心准备下，很多产品和解决方案都从小规模试用走到了大规模实施。

2013 年，华为在云南无线市场经历几年的空窗期后，迎来了 X 运营商 4G 一期集采。当时，华为占客户 2G 和 3G 无线市场份额不足 15%，在工程交付、优化与运维等方面也缺乏深入合作。在发标前，客户也质疑华为有没有能力为他们带去一张有竞争力的 4G 网络。

为了消除客户的质疑，代表处抓住一切机会与客户沟通互动，分析客户痛点与诉求，针对目标地州与客户反复进行研讨，客户被打动，华为终于获得了一次机会。客户决定在 TDS 上让华为来搬迁“试水”，并允许华为的设备在昆明主城区进行小规模试用。代表处明白胜败在此一举，立即组建项目组，从机关请来公司解决方案及网规专家到现场支援，针对昆明主城区进行了大量的仿真、规划和测试。项目组还对前期的网络性能以及指标做了全面的摸底和分析，找出了客户现网存在的一些问题。

在实际搬迁工程中，因昆明主城区无线环境复杂、用户集中话务量高、投诉增加等问题，项目组邀请了公司交付专家与客户成立联合项目组，最后通过合理的措施平滑完成了昆明城区设备的搬迁。搬迁的全过程中，没有出现一次通信事故，搬迁后网络质量、容量等均得到改善。华为在产品试用期间的表现，让客户看到了其在解决方案、精品网规的出色设计及 TDS 搬迁的交付能力，赢得了客户的充分信任，此后客户给了华为大规模商用的机会。

产品试用是证明企业能力的机会，在感受到企业的能力后，客户为自身利益着想，也会抛开此前的偏见，重新审视企业。华为在开展业务过程中，也曾因为失败而给客户留下了不佳的印象，但是华为人有足够的耐心等待下一次机会，并在产品试用中再次证明自己，因而挽回了客户。

每过一段时间，市场上就会有新的技术和产品推出，在产品和技术被大规模使用前，都有一个实验性使用的阶段。华为在新技术的研发上，也投入了巨大的资金和人才，但要推出这些技术和产品，并想抢得市场先机，华为也会加强与客户的沟通，说服客户试用自身的新产品和技术。

2018年年初，媒体就报道，华为已经与电信运营商签定25份试用5G设备的谅解备忘录，这意味着华为与分布在欧洲和亚洲的大型电信运营商的商业联系更加密切了。

5G网络是未来发展的趋势，华为也已经研发多时，投入了数十亿美元在开发。虽然现在无法确定世界各地的运营商何时会采用这种新技术，但在未来5G技术无疑将充当一系列行业的关键基础设施。在签署5G产品实用谅解备忘录之前，华为就有很多铺垫，比如说截至2016年，在全球90个4.5G网络中，有59个就由华为提供，而4.5G是5G应用的过渡技术。这25份试用5G设备的谅解备忘录的签署，让华为可以提前验证产品的可靠性，并有时间进行优化，为未来大规模使用做好准备。

提供产品试用，避免了产品大规模产出后出现大问题，导致企业无法在新的市场上分一杯羹。华为的做法，就是在为未来铺路，这也加深了与客户的合作关系。

第3章 帮助客户成长

华为要实现对客户的长远承诺，对优良供应商的真诚合作与尊重。客户的利益就是华为的利益。通过使客户的利益实现，进行客户、企业、供应商在利益链条上的合理分解，各得其所，形成利益共同体。

——任正非

1. 实现对客户战略规划的牵引

近几年，为了适应市场的变化，华为在改变营销作战思想。华为更加注重与客户高层的交流，在了解客户预算流程和采购流程的基础上，也对客户的战略规划流程更为关心，以实现对客户战略规划的牵引。

1.1 对准市场，帮助客户做经营规划

为了能够对客户的发展战略有进一步的了解，华为在与客户接触时，也从传统的以客户技术总监等人为中心，转为以客户CEO为中心。因为在客户组织中，客户CEO才是战略的第一责任人，与他们经过深入交流，更容易站在客户的视角找到与客户战略诉求和发展阶段相适应的商业解决方案，从而达到牵引客户战略的目的。

为了增加与客户高层的互动，华为与不少客户高层都有互访的习惯，并在行业内的各大会议上加强交流。华为也积极召开战略峰会，增加与客户高层进行有效交流的机会。实践证明，这也是影响客户战略制定的重要平台。在与客户召开战略峰会前，华为会进行周密的计划，收集相关客户数据，深刻理解客户经营。这些都是为了明确要通过峰会如何牵引客户战略、改变客户认知，以及要达到的预期目标。华为注重峰会的内容和形式，以激发客户高层的兴趣，加速客户高层商业决策，协助客户完善经营规划。

华为在索马里的H客户经过几年的投资，网络规模越做越大，市场份额慢慢增多。而华为占据客户整体份额的较大部分，客户因此对华为出现了顾虑，再加上受当地安全形势的影响，客户业务发展受到严重的制约，未来发展前景不明朗。客户因此对与华为的进一步合作持犹豫和观望的态度，客户内部甚至有人建议将从电信网络中赚取的利润投入到其他领域，以获取更高的投资回报率。

华为意识到如果不能打消客户的顾虑，帮助客户找到发展方向，对华为在当地的后续业务开展将产生很大的不利影响。所以，华为必须针对客户的痛点，找到解决问题的思路。当时，正值华为与客户合作十周年之际，华为特意邀请客户到公司总部参观，并组织了高层峰会和战略峰会。在峰会上，华为高层与客户高层进行了战略对标，初步达成了战略合作伙伴协议，华为承诺会优先在索马里帮助客户实现未来的商业成功，初步打消了客户与华为进一步合作的担心。在之后的2年里，华为又多次邀请客户参加公司的展会、论坛，保持高层对话，最终完全打消了客户与华为合作的顾虑。

针对客户的业务痛点，华为也通过深入分析，利用一定的交流手段，直观地向客户展示了未来网络发展的规划，并与客户达成统一的建网方案。经过2年多的发展，客户的用户发展迅速，极大地提升了客户的收入和市场份额，为客户创造了新的价值增长点。

华为对客户痛点深入分析，洞察客户所不知，帮助客户明确发展方向。在华为的帮助下，很多客户从发展瓶颈中走了出来，找到了新的出路。华为在帮助客户实现商业成功的同时，也保持了自身的业务增长。这些成功的实践也让华为人更加坚信，理解客户战略需求，协助客户做发展规划，才能提升作战效能，获得更多市场份额。

1.2 聚焦客户，构筑新的合作模式

在未来的业务发展中，客户面临着更多的不确定性，如何帮助客户实现业务转型，牵引客户战略，并不断发掘与客户之间新的合作模式，是华为要认真思考的问题。

在探索中，华为发现，只有深度匹配客户的业务发展，才能找到恰当的合作模式。为此，华为在设计了通过“看体验、讲故事、做方案”完整的“三朵云”协同作战新模式，可以让客户亲身体验业务，激发客户的合作意愿。在这方面，华为也进行过实践，通过对客户战略的深入解读，取得了不错的成绩，使华为找到了合适的方式与一些战略方向不确定的客户合作。

A集团是亚洲最大的通信集团之一，该集团的战略与子网的执行之间，在组织、流程等定位方面存在差异，A集团想通过C子网的打压来建立集团的权威，加强

对各子网的控制力。但各子网对于A集团在战略牵引上的不足感到不满，认为集团战略不清晰。如何在集团与子网之间进行衔接并达成共识，成为了华为要面对的问题。

在A集团的战略峰会上，华为看到了解决此事的契机。在传统的战略峰会上，华为会避免引爆客户内部的矛盾，但有了“三朵云”的作战模式之后，华为在此次战略峰会反其道而行之。通过解码数字化转型四阶段以及A集团各子网的发展现状，华为说明了客户所面临的问题，并阐释了自己的观点。华为还依托客户方案云，从多个维度深度解读了C子网的商业和网络面向未来转型面临的问题，并提出了解决方案。

经过华为的分析，A集团及其子网高层都高度认可华为的战略洞察力和执行力。A集团CEO也通过与子网高层召开了几次内部讨论会，缓解了双方的矛盾，促成了此次峰会的成功举办。有了这次成功的经验，华为南太地区部面向所有铁三角进行了“三朵云”系列赋能培训，并通过内部比武，将“三朵云”先进装备作为了地区部的赋能训战平台，改变一线解决方案营销作战模式。

华为“三朵云”作战平台之所以能成功，并促成与客户的合作，关键在于华为能够深入挖掘客户面对的真实问题，并且通过梳理和演绎，对客户有了正确的认知，因而才能引导客户化解内部矛盾，与华为达成合作，并为华为的一线团队提供新的合作模式。

2. 优化客户产品性能，增强竞争力

华为一直在努力提高自身产品的质量，并通过制定一个好的解决方案，让这些产品能为客户吸引更多关注和创造更多效益。华为在为客户设计产品时，也会对市场做一番深入的分析，使产品能够为客户打开市场，持续保持竞争力。

2.1 简化网络架构，满足客户业务需求

为客户建立良好的网络架构是华为的主要业务之一，华为在多年里一直坚持优化网络。现在由于市场上新需求的出现，华为的很多客户都处在转型期，

满足客户的转型需求成为了重点。任正非早就意识到，在未来“网络将变得越来越扁平，越来越简单，宽带很宽，接入网络会像接自来水管一样简便”。因此，华为加快了简化网络架构的速度，不断创新网络技术，以满足客户发展的业务需求，并通过与客户联合创新，缓解了客户的经营压力。

2016年，任正非在与爱尔兰研究所专家及爱尔兰大学科学家座谈纪要会上讲道：“现在整个网络都在从传统网络向数据网络再到大流量的视频网络进行转变，未来的世界将转向大视频。大视频网络的要害是宽带的低成本，智能社会最根本的要害是网络的低时延。”为迎接这些挑战，华为一直在寻找大架构师、突出人才，不断优化网络架构，从而在软硬件上都保持领先。

近年来，山东联通IDC业务发展迅猛。2017年，为了应对快速增长的流量，山东联通与华为联手在济南IDC出口部署了业界领先的NE5000E 1T平台核心路由器，大大提升了客户接入和大带宽业务处理能力，并简化了网络架构，满足了山东联通云业务的快速发展需求。NE5000E 1T平台路由器还兼容原有的400G线卡，实现平滑扩容，为山东联通节省投资，采用的先进芯片节能技术和散热技术降低功耗，也满足了山东联通高效节能的诉求。在华为的帮助下，山东联通还成功部署了SDN IP网络优化方案，以应对网络突发流量，同时也提高了网络的投资效益。

通过山东联通和华为的联合创新解决方案的实施，满足了山东联通在未来5年内的带宽发展需求，提升了管道价值和使用效率，使山东联通快速实现了面向云时代的成功转型。

简化网络架构，不仅能够提高资源的使用效率，而且能在满足客户业务需求之余，帮助客户提高网络运维管理效率，节约投资成本。华为在帮助客户优化网络架构时，不只考虑当下的客户需求，还会考虑客户在未来发展中的需求，让客户在未来几年内都能满足业务需求。所以，如以上案例中的一般，华为为客户提供的解决方案通常能满足客户未来几年的需求。

华为在为客户进行网络架构优化时，也会在实施前对客户现有网络做一个全面的诊断，通过采取相关措施使优化方案对现有网络的影响降至最低，确保在交付中能够做到零事故。

随着互联网技术在能源行业的广泛应用以及信息化技术的发展，中国石油的业务带宽需求呈现爆发式增长，传统的SDH网络系统已经不再能满足其发展需求。

为此，华为向客户提供了传输服务解决方案。华为通过对中国石油现网进行评估分析、对目标网络的设计进行模拟验证等措施，快速识别出改造优化过程的各种风险和隐患。随后，华为派出了拥有丰富重大项目交付经验的交付团队实施方案。在站点改造优化实施前，交付团队从多方面进行了充分的准备，制定出完备的优化改造实施方案，在实施过程中将对现网业务的影响降到最低。经过优化改造后的传输网络，业务抗中断风险能力和网络安全得到显著提升。

华为不仅重视创新，在对现有产品的优化上也进行了大量投资，这让华为有能力帮助客户持续优化网络，提高客户网络的安全性。客户愿意与华为合作，也是因为华为考虑问题周全，能够顾及客户投资、成本等问题，这也体现了华为一贯坚持的以客户为中心的价值观。

2.2 扩容升级网络，增强可靠性

随着互联网技术的进步，网络用户也在快速增加，促进了客户业务的迅速增长。在这样的背景下，很多客户的现有网络容量以及版本已经无法支撑更多的用户，客户们都急于寻找一个合适的方案进行网络升级改造。华为在这一领域耕耘多年，帮助很多客户完成了扩容升级的目标，在业界受到广泛赞誉。

在帮助客户进行网络扩容时，华为会从网络估算、设计核查等方方面面进行合理规划，不仅让网络达到扩容升级的目的，还帮助客户实现可持续发展，为后续的扩容打下基础。同时，华为也非常重视客户网络系统的可靠性，采用先进的技术和完善的解决方案，保证客户网络稳定运行。

H 宽带网络服务商在中国是推行互联网宽带接入的先驱企业，其分支机构遍布全国 50 多个城市。随着移动互联网技术、物联网技术、云计算技术等产业的发展，以及极清机顶盒的问世，H 客户的宽带网络业务需求呈现爆发式的增长，其骨干网波分 10G 系统显然已经不能满足企业业务的急速发展需求。

随后，H 客户看中了华为提供的解决方案。华为为其进行了全网的软硬件升级扩容，在原 10G 波分网络基础上平滑部署了最新 100G 二代软判单板，建设成了 10G&100G 混传非相干 OTN 系统。华为对客户现有网络进行了仔细分析，在 10G 和 100G 系统混传下，确保了系统各项指标都符合要求。

网络扩容升级改造完成后，客户网络系统容量从 800G 迅速提升到 8 000G，网络业务带宽增长了 1 000%，使每带宽的成本大幅降低。经过其他措施，网络业务抗中断风险能力进一步提升，使网络更加可靠。

华为一直在打破自己的优势，形成新的优势，在帮助客户完成网络建设一段时间后，就会更新自身的技术，以持续为客户服务。每一次的技术提升，都使华为更加有能力帮助客户继续进行网络升级，华为在竞争中也才能不断形成新的优势。

2.3 提升网络性能，实现考核达标

因为客户对华为网络部署的要求很高，所以华为必须把产品的性能做到最好，质量最高，成本最低，服务最优，否则就很难销售。也正是在这样的自我要求下，华为一步步把自己做成了一流的设备供应商。

为了能够使华为网络性能跟上市场发展，任正非也表示，华为无线网络要"通过机器学习，人工智能，不断地学习改进，这样解决方案才更加贴合客户的需要"，以应对未来巨大的复杂性。

大秦线是一条 2 万吨货运电气化铁路，全长 686 公里，对晋煤东运起着巨大的作用，年运载量多达 4 亿吨。大秦线全线地形复杂，其中经过的地区 60% 为山区，隧道就有 33 处，加上线路运输繁忙，沿路煤尘严重，导致电磁环境复杂。该铁路网络运行多年，网络性能已经跟不上发展需要，增加了列车控制与调度的风险。

经过挑选，客户最终选择了华为的 GSM-R 网络评估优化服务来改善网络运行情况。随后，华为对全网进行了评估，找出了网络问题点，并给出针对性的优化建议。通过网络核查，华为进一步明确了网络中存在的问题，提出了合理化的整改与优化建议。

经过一系列优化措施，客户网络性能明显。比如，通过系统性优化，AN 中断次数下降了 50%，在沿线成功定位出 30 多个干扰源，改善枢纽区域网络问题后，枢纽区域严重拥塞问题大大缓解。最后，所有考核指标均实现了线路建设要求，并达到铁道部的考核标准，这对大秦线来说是这么多年来的首次达标。

华为能够帮助客户解决积压已久的问题，在于他们能够透彻地分析问题，为客户提供先进的技术。华为帮助客户提升网络性能，不仅帮助客户完成考

核，更重要的是从根本上找出了客户存在的问题，并进行了改善。

3. 着眼价值，为客户打造良好品牌

华为在国内外市场上的打拼，让其体会到了品牌效应的力量，尤其是进入消费者业务领域后，华为的品牌宣传也变得更为积极。通过自身的经验，华为也明白客户同样需要树立品牌来获得成功。因此，为了帮助客户实现成功，华为在提高自身品牌影响力的同时，还努力帮助客户打造良好的品牌形象。

3.1 从小事做起，帮助客户塑造品牌形象

帮助客户塑造形象，企业最需要做的就是，通过为客户提供高质量的服务，帮助客户成功和吸引更多关注。华为在为客户提供服务时，就曾根据客户的用户的喜好，设计一些特色服务，提高用户的体验感，帮助客户在市场上实现服务差异化，并开拓新的业务领域，以此来加深用户对客户品牌的认同感。

华为在S省J市的客户，希望在高铁站项目这个品牌高地上高质量地完成任务，并突出自身形象。这个高铁站的规模和服务在当时都是亚洲第一大，客流量非常大，但客户现有的网络配置已不能完全满足4G时代下的用户使用需求，导致网络容量压力大，尤其在节假日网络异常拥堵。

为此，华为根据项目特点制定了高铁站室内系统改造工程的解决方案。经过一段时间的实践，2017年12月，新系统正式上线，整体覆盖提升了10%，用户上网业务感知提升50%，用户速率提升了5倍，J市高铁站的手机网速也成为了亚洲第一快。

除了提高网速，华为为客户提供的系统中还配备了先进的SVA系统，可以通过APP开发为用户提供室内导航、信息精准推送等特色服务，提升了用户体验，并因此极大提高了客户品牌形象。

在市场竞争中，谁能真正做到为客户分忧，谁就能获得为客户服务的最大份额，成为客户最值得信赖的合作伙伴。华为在各方面都为客户考虑，帮助他们提高产品性能、品牌形象等，也因此与很多客户建立了战略合作伙伴关系。

华为在发展中也意识到，要树立鲜明的企业形象，不仅要做大做强，更要有突出的亮点，在产品和服务中有创新。所以，华为在为客户服务时，也尽力帮助客户发掘亮点，提高客户的创新意识。

S 市客户很严格，使华为的交付遇到了不小的困难。在一次交流中，华为项目组得知，客户之所以挑剔，是因为其面临着很大的业务压力。客户表示，虽然 S 市在省内是“老大”，但是大而不强，在市场上也没有什么突出的卖点，急需通过创新来改变这一现状。

搞清楚客户的想法后，华为采取积极的措施来提高效率和加强质量。项目组发现，平时很少会注意到的一些小的创新，看似小，但往往能起到意想不到的大作用。比如，通过把 BBU、RRU 和天线集中安装在小推车里，做成了“小推车基站”，在应急通信保障中能够发挥很大的作用。为了发掘更多这样的案例，项目组找客户要来创新申报模板及历年优秀案例，收集日常优化工作中的小改进、新方案，以及提高工作效率的流程优化等课题，最后挑选出了 10 个课题。

项目组将这些创新案例汇报给客户后，客户凭此获得了好几个年度创新大奖，有些还申请了专利。这使得客户的压力骤减，在市场上的形象和影响力也得到很大提升。

客户经常因为业务所限，难以发现一些能够为自己赢得荣誉的小亮点，而华为在这方面有丰富的经验，因而也更加能够帮助客户找出这些亮点，为客户树立良好的品牌形象提供支持。

3.2 引导客户向精细化转型，共创价值

有些客户在业务快速增长时期，由于没有过多的精力去做管理，因而采取的是粗放式发展。这能够使客户承受更多的业务，但同时也会带来很多问题。比如，因管理不善等原因，造成成本增加。当客户的业务发展放缓，需要进行业务升级时，客户就必须向精细化发展转型。随着经济全球化，客户面临的是国际竞争，如不能在适当的时候转型，就会失去竞争力。

作为一家国际化的企业，华为在这方面做得不错，并从中获益良多。为了促进客户的发展，并发掘更多的业务机会，华为也积极引导客户转型。一般来说，华为会从引导客户转变观念，并向客户展示未来的发展趋势开始。因为只

有当客户意识到完成向精细化转型才能适应未来的发展，理解其中的价值后，才会付诸行动。

华为在与K省客户合作时，经过一段时间的接触，发现客户系统建维优工作界面较模糊，在网建的长期主导下，粗放式发展使客户网络积累了很多问题。华为认为随着客户建设步伐的放缓，网络建设优化向精细化转型迫在眉睫。

为了说服客户进行转型，项目组首先想在观念上影响客户。针对客户室内用户投诉的响应力度不够的问题，项目组向客户展示室内才是未来，并申请公司专家组就新形势下网规网优发展方向，向客户高层汇报，让客户看到网规网优在精细化转型中的价值。

此举成功打动了K省客户，其网络发展的聚焦点，也从大面积的覆盖拼图转向了价值区纵深覆盖。为了达成目标，华为利用专业分析工具，对客户深度覆盖的问题进行了识别，精准定位深度覆盖问题集中区域。光识别问题还不够，还得落实解决方案，而在深度覆盖的情形中，基站落地的难度倍增。为此，华为提出了多维覆盖方案，并用加小微设备的灵活配合，协助客户解决了难题，成功帮助客户实现转型。

客户高层对华为的工作很满意，在一次汇报后指出，华为规划工具精度高，能从多维度评估，后续K省的规划都要按照这个方案，确保规划方案精准，提高投资收益，这是对华为解决方案的极大认可。

不管客户有没有意识到向精细化转型的重要性，华为都会做好与客户的对接和沟通工作，这是业务顺利展开的基本保障。华为凭借良好的沟通技巧，也成功说服不少客户开始转型，并且与客户一起创造了新的价值。

3.3 守住承诺，彰显客户品牌

客户购买产品和服务后，将自己的品牌推向市场，才能扩大市场影响力。华为既然答应了帮助客户实现成功，就会发扬艰苦奋斗的精神，努力做到。当客户品牌在市场上获得成功时，为其服务的华为也能体现自己的价值。所以华为和客户是处在同一利益链上的，信守承诺，帮助客户，也就是帮助自己。

在很多客户面临重大困难甚至是灾难的情况下，华为都守住了承诺，与客户共渡难关。在帮助客户提升品牌影响力上，华为也是不遗余力。

华为与M客户有过一次成功合作的经历，所以当客户决定部署VoLTE时，义无反顾选择了华为。华为仅用3个月时间，就完成了现网改造、设备安装、业务测试等所有工作，比原定计划提前2个月完工。

2015年底，VoLTE正式商用，客户并不是第一家发布此项目的，没有抢得先机，所以客户高层寄希望通过发布会打响品牌。客户决定在发布会上，采用全国三地跨省VoLTE视频通话，届时国内各大媒体都会进行现场直播，以提高关注度。

而发布会的保障工作就交到了华为手上。为了确保发布会的成功召开，彰显客户品牌以及华为的独家价值，项目组在7天时间里，搭建完成了VoLTE发布会的网络端到端保障方案。为了短短3分钟的发布会，项目组就发布会现场与远端模拟演练了30多次，并验证了备用方案。发布会当天，客户总经理拨通了Y市的VoLTE视频电话，第一通VoLTE视频电话成功。在随后的第二拨视频电话连接中，虽然出现了一个小小的问题，所幸有惊无险，视频电话成功接通。到第三个电话时，就接通得非常顺畅了。三通测试电话全部打通，发布会圆满成功，华为的工作也得到了客户的一致赞赏。

客户彰显自己的品牌，可以使自己的用户在看到品牌时就能产生信赖感，华为成功帮助客户打响品牌，对自己的品牌也是一次成功的宣传。信守承诺，帮助客户成功，体现了华为不是只顾赚钱和个人利益的企业，而是一个能够为客户提供全力支持的企业。

4. 帮助改善终端环境，提升用户体验

现在华为的客户普遍关心的问题，是如何实现网络价值最大化和高效运营。这就需要客户不仅要关注前端环境建设，还要不断优化后端的网络、运维及基础设施，从而有效管理终端用户体验。华为发掘了客户的这一转变，并积极帮助客户改善终端环境。

4.1 消除数字鸿沟，实现世界的紧密互联

随着互联网技术的发展，网络极大地推动了人类创新、社会包容等。尽管网络为人们提供了诸多方便，但是网络接入不平等的问题造成了数字鸿沟，导

致不公平现象出现。国际电信联盟调查发现，如今在全球仍然有超过半数的人口无法连接互联网，数亿人口生活在没有移动信号覆盖的地区，大部分是发展中国家。在未来，生活在这些地区的人口如果无法适应新型数字经济，将面临更加落后的风险。

在消除数字鸿沟方面，华为有着强烈的责任感，并采取了很多措施来推动需求。华为在30多年里，一直与客户保持密切合作，在全球170多个国家和地区部署了1 000多张网络，为消除全球数字鸿沟作出了重要贡献。同时，在推动基础网络和数字基础设施建设方面，华为也面临着一些挑战。比如说，在有些偏远地区，虽然手机开始普及，但是在新兴国家中仍然只有少数人能接入宽带服务。华为要想在这些地区推动网络建设，就必须提高当地人的ICT技能和数字素养。

为了应对这些挑战，华为积极与政府、运营商、设备提供商等合作，期望通过全球合作，让更多人享受到数字世界的好处。很多地区无法消除数字鸿沟，很大程度是因为经济落后，所以华为加强了与客户的合作，提供端到端的服务，最大化降低网络成本，并坚持创新网络技术，以适应新兴经济体和偏远地区的发展需求。

缅甸是一个地形复杂、森林茂密的国家，很多地区的交通不便，再加上每年长达 7 个月的雨季，导致道路状况更坏，能源供应也不稳定。缅甸经济也不发达，这些原因造成其成为了亚洲最后被开发的电信市场之一。

华为为推动缅甸电信市场的发展做出了很多努力，因为复杂的地形和气候条件，也使华为在网络质量和效率上面临着不小的挑战。为了满足缅甸某地区的客户需求，华为对整个网络进行了全面的设计，内容涵盖了固定与移动网络技术、能源发电设备、数千座基站，以及高质量的网络安全保障技术等。华为还使用了 20 种基站塔设计方案、7 种无线解决方案、18 种能源发电设备以及 26 种微波解决方案。最后，经过华为项目组 26 个月的艰苦奋斗，项目顺利交付，成功帮助该地区 1 000 多万人口第一次进入网络世界。

华为人不会在艰苦的环境中选择退缩，这让他们在帮助不发达地区接入网络上，更加有责任心。华为在这些地区所作的努力，使当地人能够加强与外界人沟通，并为他们带来更加便捷的生活，也因此推动了华为业务的发展。

数字鸿沟不仅存在于那些贫困、不发达的地区，即便在发达国家，城市与乡村的通信也有很大的差距。华为通过技术创新和优质的服务，也在加强与发达国家乡村地区的合作。

新西兰拥有广阔的森林和牧场，农牧业和旅游业发达，这两项也是新西兰的支柱产业以及GDP的重要来源。特殊的地理环境也为新西兰电信带来了巨大挑战。新西兰想让先进的移动互联技术覆盖到广阔的郊区和乡下，让野外和偏僻区域的网络也能像城市一样顺畅，并提升农产品产量及效能。

为此，新西兰电信着手在部分农场试点网络技术，为农场提供网络覆盖，让农场的人能享受网络联接，并且实现牛和农场的联接。为了快速实现这个目标，新西兰电信选择了与华为合作，利用华为的LTE APT700商用网络，帮助新西兰农村地区实现互联网联接。华为为客户提供的产品，可有效提供足够广的覆盖和足够深的穿透效果，信号也不受建筑物、地形影响，可进行长距离传播，非常适合客户的需求，还能帮助客户降低初期建网成本。

产品商用后，华为成功为新西兰远郊和乡村覆盖上了4G网络，上网体验不亚于城市的网络，消除了城乡间的数字鸿沟。乡间的用户使用网络，还可以了解到农产品的产地及运输记录，游客也能随时随地与外界分享见闻。

华为帮助世界各地的人们建设网络，不仅方便了当地人的生活，促进了社会的公平，还催生出各种可能，为很多人创造了商业机会，使这个世界更加紧密地联系在一起。

4.2 优化网络覆盖，解决网络世界的盲点

随着信息技术的发展，网络不仅是交流的工具，还能为社会生活的方方面面提供便利。有些在大城市很容易解决的问题，在偏远地区甚至是小城市，尽管网络也早已覆盖，生活仍然不便利。华为在多年里，一直在利用网络技术，帮助人们解决上网、生活、交流等方面的问题。

比如说，很多地区都有看病难的问题，无论是在国内，还是在非洲等不发达地区，人们都希望能享有好的医疗服务，华为在改善医疗环境上做出过很多努力，努力推动信息化成为医疗卫生行业实现战略转变的重要力量。华为领先的远程医疗解决方案，通过良好的用户体验，就帮助很多地区消除了医疗资源分布不均衡和效率低下等问题。

医疗卫生事业是各国都非常重视的，随着ICT技术的创新，信息化技术在医疗中发挥的作用也越来越明显。位于中国西北的新疆克拉玛依市，地处偏远，医疗环境有限，当地人希望不用去大城市，就能享有和大城市相同的医疗服务，节省外出就诊时间，提高就诊效率。

为此，华为推出了远程医疗解决方案。此方案在智真系统基础上，帮助克拉玛依市的医疗系统实现了与主流医疗仪器生产商及医院信息系统的无缝对接，可实时对病人数据进行采集、传送与共享，便于在大城市的专家通过信息技术进行远程会诊、应急救护等。华为建设的远程医疗平台覆盖克拉玛依市的4家医院近百个科室，以及多个社区卫生服务中心和乡镇卫生所。该平台可连接北京、上海、武汉等多个大城市的多家协作医院，将新疆本地的医疗资源往下级医院覆盖，并能灵活引入新疆之外的多家医院，为当地人带来了便捷的医疗服务，解决了看病难的问题。

华为的远程医疗解决方案，对维持社会稳定和发展，以及创造良好的商业环境作出了一定的贡献。华为在其他网络难点上也做出了不少尝试，也因此获得了各界的赞誉，就像华为在医疗领域作出的贡献，就得到了联合国儿童基金会的赞赏。

4.3 以用户为中心，打造最佳体验网络

华为一直关心如何帮助客户吸引用户，因为客户给其用户提供良好的网络体验和更有价值的特性，才能实现预期的目标。华为要想帮助客户取得成功，就要了解用户的需求是什么，并提供优秀的用户感知和网络质量。

华为在近些年，根据用户需求，帮助不少客户打造了属于自己的精品网络，对客户网络进行了现代化改造，大大提高了客户的网络数据流量，有效提升了用户满意度。因为华为为用户打造了极佳的体验，也因此加深了与客户的合作，很多客户表示会与华为继续在提高用户体验上进行探讨与合作。

西班牙电信想将运营从以网络为中心转向以业务和客户为中心。如果能实现这一目的，西班牙电信将会具备了解、管理和保障客户体验的能力，从而提高运营效率和客户满意度。业务运营中心还可以分析网络上匿名汇总的信息，预测可能发生的事件，使西班牙电信能够采取主动措施，保证业务质量，并能提高响应

客户的速度、效率和精准度。

为此，西班牙电信选择了华为的 SmartCare® SOC 解决方案来实现向以业务和客户为中心的转变。随后，西班牙电信在阿根廷、智利和德国三国子网部署了业务运营中心，这是其以客户为中心运营战略的一部分。华为的 SmartCare® SOC 解决方案，完全能够支撑以客户和业务为中心的运营能力，在提供最佳的客户体验和运营效率的同时，还能帮助西班牙电信提升收入和利润。这款解决方案提供可视的"每用户每业务"的客户体验，能提前识别网络运行中的问题，并快速解决问题，减少客户投诉，使离网率大大降低。华为在此次合作中，不仅会给西班牙电信交付一流的客户体验管理平台，还提供包含流程定义和一年运营的运营转型服务。

对于这次的合作，西班牙电信集团也信心十足，认为这些业务运营中心是将客户体验提升到一个新台阶的第一步。华为西班牙电信全球客户总裁邓涛也表示，华为的 SmartCare® SOC 解决方案一直是华为重要的战略投资之一，这个项目也会增进彼此之间的合作伙伴关系，华为也有信心以最高质量提供西班牙电信要求的端到端解决方案。

以客户为中心这一原则得到了很多企业的认可，也说明客户体验越来越受重视。华为在这方面创新解决方案，就是为了保证客户网络良好的连接性和性能，使用户能随时随地享受到最佳服务，还能帮助客户提前发现问题，在用户发现之前解决问题，并消除任何潜在的风险。

5. 实现客户的利润增长，强化满意度

客户能否实现商业成功，是检验华为成功与否的重要标准。为此，华为在满足客户需求的同时，也在思考如何帮助客户挣钱和省钱，使客户能实现利润增长，并通过增加客户满意度，提高客户忠诚度，为华为创造更多的合作基础。

5.1 构建核心能力，与客户共发展

帮助客户提高利润增长，华为首先要增强自身实力，构建核心竞争力。因

此，华为一直在寻找合适的方法，帮助客户理解和设计合适的盈利模式，并协助客户算出投入产出，让客户的钱都能用到该用的地方，并能扩大利润。

华为创立的"三朵云"协同作战模式，不仅开创了与客户新的合作模式，还能够有效引导客户的投资预算，帮助客户实现商业成功。为了让客户体验到华为解决方案的好处，任正非还建议一线人员要利用"三朵云"中的体验云，让客户直接去体验，并向客户传递华为愿意与他们共同成功的决心，促进双方的合作。

华为与客户达成合作后，还会对自身和客户的经营痛点进行分析，帮助客户找到出现收入增长困境的原因，并通过监管支撑业务的有效运作，让业务能顺利完成，多产生收入。

华为负责的G国Y运营商的代维项目经营报告显示，项目从2012年到2015年期间，累计亏损高达3 000万美元。李林（化名）作为项目的监管人员，通过数据分析、现场验证等稽查手段，找到了项目亏损的根本问题所在。主要为维护成本居高不下，以及客户收入增长乏力，导致华为无法获取预期收益。

李林对准问题，开始深入分析，找出根源。在数据分析中，李林发现，该项目的维护成本中，电费占比超过90%，而电费主要由空调耗电和主设备耗电组成。于是，他对站点能源成本是否合理进行了调查，通过对同城H运营商站点能源成本进行横向对比分析，以及对客户现网老旧站点网络性能进行分析，他发现客户网络拥塞、业务故障等问题时常发生，导致用户及业务增长乏力，收入难增长。经过到站点现场勘查验证，李林更确认了造成项目经营困难的根本原因。

找到问题根源所在后，项目组、系统部、解决方案等部门组织了多次研讨，为客户网络设计了"室外化"+"现代化"的改造方案。通过与客户多次沟通，方案最终获得了客户认可。改造完成后，预期客户每年可以节省1 100万美元运营成本，华为也能节省400万美元维护成本。此外，改造后网络质量也会大幅提升，还有助于客户业务增长。

华为对实践很重视，也希望工作人员能多下一线历练。因为只有这样，才能看到自己和客户的问题所在，找出解决问题的根本方法，提高华为和客户的业务能力。通过对业务经营的改善，成本的降低，华为也达到了促进客户业务增长的目的。

5.2 发挥优势，助力客户创造更多价值

企业要懂得为自己创造机会，打造属于自己的竞争优势，并在适当的时候让客户看到自己的优势。华为就很善于发挥自己的优势去帮助客户创造价值，华为人员经常在与客户的交流中发掘客户需求，并且适时推荐自己的产品，再通过产品试用、检测等方式证明产品的优越性。正因为华为看到了客户的迫切需求，才能利用自身优势帮助客户在竞争中持续保持领先，从而赢得客户信任和尊重。

当初，华为在南非的T客户网出现频谱短缺、无线站点资源不足等问题，导致现网2G、3G容量同时存在瓶颈，客户迫切需要提升单站容量。周华（化名）在华为曾担任过版本经理的职位，经验告诉他这是典型的AAU应用场景，华为有能力帮助客户解决问题。于是，他开始寻求与客户合作。

刚开始时，周华及团队与客户组织了多次谈论，为客户识别问题，并推荐解决方案，但客户并没有想合作的意思。正当华为不知从何处实现突破时，机会出现了。一个关键客户听说周华从事过射频研发，于是，双方兴奋地聊起射频模块多载波技术与高效功放、介质滤波器工艺与波束赋行特性关系等技术问题，周华对客户提出的问题逐一解答，谈完后双方仍意犹未尽。周华借机向客户提出，如果南非子网能率先应用AAU高效技术，不仅能缓解站址资源及网络容量瓶颈问题，还能在客户集团树立标杆。客户听后，承诺帮助周华推动该项目的测试。

经过艰难的实验局测试，华为AAU高效技术凭借完美的表现征服了客户。该项目不仅能帮助客户节省站址租金，提升单站流量，还能增加收入。随后，客户启动了网络老旧设备现代化改造，南非子网在客户集团也成为了商用规模第一的网络。

华为在30多年的发展中积累了雄厚的技术实力以及丰富的经验，在很多方面都具有优势，只要找到正确的道路，抓住机会，是能够获得客户认可的。华为深知这一点，所以不放过任何一个能够发挥自身优势的机会。

5.3 匹配客户目标，帮助客户成功

企业只有在帮助客户成功的情况下，才能实现自己的成功。客户生存与

发展的境况，会直接影响企业的发展。在市场的变化中，很多客户无法独自面对困难与挑战，需要企业的帮助。如果企业在客户急需帮助时无所作为，客户就可能会在竞争中衰落，若客户成功应对挑战，也不会再购买企业的产品。所以，企业要与客户共谋发展，共同分享利益。

华为的运营商业务是面向全球的，更加清楚客户现在面临的挑战。华为人也认为自己有责任和使命去帮助客户生存和发展得更好。因为运营商客户发展得不好，保持继续增长和盈利就十分困难。2016年，时任华为轮值CEO的徐直军在运营商BG年度工作会议上就说道："华为走到今天，必须要站在全球、站在更高的层面去帮助运营商转型、帮助运营商增加收入、帮助运营商发展得更好，这是我们在新的时期必然的战略选择，这件事情我们不去做，就没有人愿意做，我们也最有能力最有实力做这件事情，做好了，我们也是最大的受益者。"

因此，华为一直在致力于帮助客户实现成功，为匹配客户的发展目标而不断改进自己，并用自身的经验和能力帮助客户解决难题，提升客户的业务能力，帮助客户创造更大的价值。

印度 Supreme 公司作为印度最大的塑料处理公司，是印度塑料业公认的领导厂商，每年会向印度市场提供品种最齐全的塑料产品。这家公司技术实力雄厚，产品和设备一流，年销售额超过 100 亿美元。庞大的业务网络，使 Supreme 公司在印度各地部署了 30 多个办事处，每个办事处人员几人到几十人不等，PC 设备和网络设备种类繁多，无法做到统一的管理和运维，难以管控。PC 个人数据管理和维护复杂、数据和信息安全等问题都是客户急需解决的。

经过几番考察，Supreme 公司最终选择了华为的解决方案。华为在对客户办公场景进行实地调研和分析后，针对其需求和痛点，结合华为桌面云解决方案，采用集中式方案进行部署，使桌面云系统及所有服务器等相关硬件资源全部部署在总部数据中心，由总部数据中心统一集中管理运维，各分支机构用户通过 TC 等接入设备远程接入访问总部数据中心服务器硬件上的虚拟桌面。最后，实现了资源的共享和弹性伸缩，降低了硬件资源需求。集中化的管理方式，也为分布在各地的办公人员设定了相应的权限和灵活的数据访问策略，使信息安全风险得到极大降低，运维成本也能减少。

解决方案实施后，客户实现了高效率的统一管理，并能保证业务的连续性，实现了信息安全管理，数据损坏及信息泄露事件至今没有发生过，促进了客户业务持续增长，华为的桌面云解决方案也在印度市场获得认可。

华为能够走到今天，离不开他们不断根据市场的变化，改变原有的思维方式，努力在更高的层面思考和帮助客户发展得更好。基于这样的思考，华为才有能力不断帮助客户解决痛点问题，使客户走出发展困境。

6. 让利给客户，深淘滩、低作堰

任正非一直对华为人强调，不要追求利润最大化，要学会分享，要“深淘滩、低作堰”。只要赚到必要的利润，保证华为能生存下去即可。多余的钱要让给客户、合作伙伴，甚至是竞争对手，这样华为才会越来越强大，多年来华为始终坚持这一发展原则。

6.1 赚小钱，不赚大钱

在“深淘滩、低作堰”思想的影响下，华为人坚持赚小钱，而不是赚大钱。即便华为如今已经很强大，市场份额不断提升，影响力也今非昔比，但还是坚持继续赚小钱。关于这个问题，华为内部也曾有过争论，有些人认为有些产品赚钱快、赚钱多，就应该做这些，而任正非坚持带领华为在主航道上开拓，发挥自己的优势持续做下去。

在任正非看来，只有耐得住寂寞，赚小钱，才能持久赚钱。如果一个行业能赚大钱，势必会吸引更多的企业进入，甚至造成恶性竞争，企业在这个行业中也难以持续保持利润增长。赚小钱，才能让华为人长期保持饥饿感，有奋斗的动力，这有利于华为获取长期利益。所以，华为坚持以产品的薄利和规模来取胜。

华为赚小钱的理念引起了很多人的注意，多年前，时任欧盟副主席问任正非，世界经济萧条，很多企业都在裁员，华为为什么却加大发展力度。任正非回答说，华为的消费是小额消费，受经济危机影响不大，华为的毛利率也不高，所以垮不了，这就是华为坚持赚小钱的原因。

任正非也经常鼓励华为人，给他们以信心，让华为人在赚小钱的道路上保持可持续发展。任正非在视察华为2012实验室时，就对实验室里的人说过，当全世界都在摇摆，都人心惶惶的时候，华为没有慌，仍然继续坚持改革。华为人的收入也没有因此受到影响，在这些年里还不断上涨。华为之所以能够保持稳定，就是因为长期赚小钱。

任正非将华为获得丰厚利润的原因归结于赚小钱，这也是他的经营哲学之一。任正非始终明白，只有替客户、替合作伙伴的利益着想，华为的事业才能繁荣，从而为更多人带来利益。华为拒绝追求利润最大化的做法，使得华为始终都能够贴近客户，关注客户需求，为客户着想。在华为人看来，追求利润最大化，不顾他人利益，就是在榨干未来，最终伤害的是自身战略地位，只会让客户逐渐远离自己。

6.2 与客户分享利益，平衡产业链

华为知道要想在市场上保持竞争力，就需要带动产业链的发展，与客户、合作伙伴共同进步，分享利益，才能提高整个产业链的实力。就像任正非说的："华为还是深淘滩，低作堰，就是我们不想赚很多的钱，我们只要薄薄的利润，多余的水留给客户与供应商。多余的'水'留给客户，客户和供应商就可以养更多的'鱼'，从而赚取更多的利润。客户的利益链保证了，华为就有赚不完的钱。"

在任正非看来，华为和客户是利益共同体，面对优质客户，华为要能够在保证产品和交付质量的前提下，适当让利给客户，让客户获得更多利润，从而加强双方的合作，促进产业链的发展。任正非还提醒华为人，不能因为华为的壮大而变得傲慢，而是要时刻为客户考虑，多主动提供一些服务，回馈客户，不要将自己推向了客户的对立面。他还表示，华为要将与客户分享利益体现在行动上，落实到KPI指标和内部利益分配上来。

华为轮值董事长郭平就在一次大会上阐述过华为在云时代的三大生态理念，即"做大蛋糕"、"管理合作"和"利益分享"。

在华为看来，做大蛋糕、做大产业、做大市场，比做大华为的市场份额更加重要，这是华为构建未来生态优势的必经之路，也是作为产业引领者的责任。管理合作也比管理竞争更重要，合作必须面向客户，发挥各自优势。华为也会坚持

管道战略，不与合作伙伴争利，要与合作伙伴共同为客户服务，并保证合作伙伴和客户的利益都不受损耗。关于利益分享，华为认为面对未来，华为的战略就是“团结一切可以团结的人”，而团结人依靠的就是利益分享。

在利益分享这一点上，华为已经有过多年的实践。在华为发展的初期，就通过构建员工利益分享机制，极大激发了全体员工的持续奋斗热情，造就了强大的组织能力。现在华为也早已经将这一分享机制向战略客户、战略供应商扩展。郭平在会上表示，面向未来的生态圈建设，华为还将继续扩大利益分享。

华为早就学会了要给盟友分蛋糕，并用开阔的心胸看世界，不能独霸世界。在利益分享上，任正非也告诫华为人不要在乎一城一地的得失，华为要的是整个世界。这也是华为为什么坚持帮助自己的客户成功的重要原因，因为这是华为发展的重要支撑点。

6.3 利他经营，共建商业生态

亚当·斯密曾说：“每个人虽然都是从利己的目的出发，却通过利他的手段达到了利己的目的。”在商业活动中，这种思维方式是企业常用的。在很多企业看来，以利他来利己，就是最大的利己，越是满足客户需求，帮助客户创造更大价值，企业的成就也越大。

华为对利他经营也早已熟知，并且很善于利用此优势来帮助自己、客户、合作伙伴获得利益。比如说，华为经常召开供应商合作分享大会，与供应商一起分享发展的经验，促进供应商的进步，并与他们分享利益。华为通过给供应商更大的利益，把最优秀的供应商和相关人才吸引到项目上来，使客户能够享受到更优质的服务，为客户带来价值，华为也会在这个过程中分享到成功。

华为在为摩洛哥F客户交付期间，因为本地分包商的交付技能储备比较差，对其进行多次培训后仍然没有大的进步，所以从2007年初开始，项目组逐步启动切换中方分包商的政策。

项目组经过实地勘察发现，本地分包商在电信领域的能力远低于华为的预期，从设备的安装方式到工艺过程都五花八门。这也让项目组意识到了，对本地分包商的培训都是面向有一定电信经验的人员设计的，没有根据他们的特点进行设计。于是，项目组组织某分包商一起定制了某产品的工作流程文档，详细规定了每一个安装动作，并细化到每一个动作。通过在现场一遍遍沟通改进，分包商的能力迅速提升，从安装到验收都能独立完成。

有了坚定可靠的分包商，华为在摩洛哥的业务也迅速增长，到2011年，地区部一半的收入来自摩洛哥代表处。分包商对华为很是感谢，因为华为愿意与他们分享经验，帮助他们培训，帮助他们成长。与此同时，客户满意度也得到提升，客户对华为的优质服务赞赏不已。

在工作中替别人的利益着想，自己的事业才能因此繁荣。正如案例中的一般，华为在帮助客户实现成功的同时，又培训了合作伙伴，实现了三方共赢，华为也因此赢得了好口碑。华为一直主张要为他人着想，任正非还主张让利给竞争对手，这都是在为建立一个健康有序的商业环境而考虑。在良好的商业环境中，华为才能参与公平竞争，客户也才能放心与华为合作。华为用这样开放的眼光来构建商业生态，对于未来的可持续成长作出了很大的贡献。

第4章 提供咨询培训

我们要关注客户的现实要求，也要关注他们的长远需求。真正理解最终客户的真正需求是什么，帮助客户去适应发展。

——任正非

1. 洞察行业趋势，为客户服务

观察行业的发展趋势，有助于企业把握未来的发展方向，把握未来客户的需求，并据此投入研发和改进服务，以持续为客户提供高质量的服务。所以企业应该积极寻求各方合作，共同应对未来的挑战。

1.1 面向未来，成立云业务部

随着ICT整合时代的到来，云计算已经成为关键的支撑技术，这一领域在未来势必还有大发展，很多科技巨头也在这方面加大投入，以争夺未来机会的战略点。为应对未来的发展，华为在云服务领域也已采取一些措施。华为希望能够以公有云服务为基础，投资打造开放的公有云平台，以适应未来的客户需求。

2017 年 3 月，华为正式宣布成立负责公有云的云 BU，并计划新投入 2 000 人研发。时任华为轮值 CEO 的徐直军在第 14 届华为全球分析师大会上表示，公有云就是未来基本的商业模式，华为一定会坚定地走下去。

事实上，在 2017 年年初，很少公开露面的任正非就开始越来越多地成为各省领导的座上宾，而从华为与各省签约的内容来看，云计算、大数据和智慧城市建设成为重点。如果华为能够赢得云市场话语权，将是云计算、大数据、移动互联的最大受益者之一。

2017 年 8 月 28 日，华为内部发文，表示为了支撑业务发展，云 BU 迁移至华为集团下，成为一层组织。这表示华为云 BU 从宣布成立到二级部门再到一级部门，只用了不到半年的时间。这也说明云业务将成为华为近年来最重要的战略布局，其战略地位已经仅次于华为运营商业务 BG、企业业务 BG 以及消费者业务 BG，足以见得华为的重视。

华为多年里坚持放眼长远目标，注意行业动态。华为对云业务的重视和投入，说明华为及时察觉到了未来行业的发展方向，并想在云计算机领域保持领先。

云业务在未来势必会面临激烈的竞争，为了能够在未来保持优势，华为也积极寻求与在这一领域有很厚根基的企业合作。未来行业化和定制化的趋势，使云服务不可能由少数几家企业包办，这更加坚定了华为与合作伙伴加强合作的决心。华为表示愿意与有实力的企业一起聚合双方的优势，与更多平台和业务领域的合作伙伴共同探索新业务，实现多赢。

现在很多知名企业都在发展云业务，比如微软、阿里巴巴等，这也意味着华为在未来有更多的竞争对手。对此，华为轮值董事长徐直军却表示，希望外部竞争更为激烈一些，以推动运营商加速云业务的转型。

徐直军认为，与目前的国内竞争对手相比，华为的最大优势是运营商的伙伴关系和线下服务行业企业的能力。比如，华为的云技术已被德国电信 T-Systems、中国电信等企业运用在云平台的构建上，这是华为全球公有云服务能力的一部分。华为云 BU 总裁郑叶来还强调，华为在全球有超过 12 000 家合作伙伴，这便于华为利用生态优势发挥在云生态系统中的价值。

华为也积极在各个行业推进云业务的发展，与不同行业的企业建立合作关系。郑叶来表示，因为各行业的需求不同，华为也会因地制宜进行完善，并开放自己 30 年来在 ICT 和高科技制造行业积累的能力，根据客户不同发展阶段提供华为云解决方案。

未来的竞争不是企业与企业的竞争，而是生态的竞争。华为深知这一点，所以团结更多的领先生态合作伙伴，以便在未来分享更多的利益，并且不断超越自我。合作伙伴也会因为与华为这样的优秀企业合作，而得到进一步的发展。

1.2 推进客户的全面云化，实现转型

华为看出客户向数字化转型的趋势已不可逆，这是很多客户未来的目标。为了能够帮助客户实现转型，华为在努力明确数字化转型的目标。华为轮值CEO徐直军在2016年的华为全球分析师大会上就表示，客户数字化转型

的目标就是提供给它的企业客户、消费者的一个ROADS，也就是实时（Real-time）、按需（On-Demand）、全在线（All online）、服务自助（DIY）、社交化（Social）。ROADS体验需要各个环节的协同配合，因此客户必须实现网络、运营系统、业务的全面云化，才能实现目标。

徐直军还认为，数字化应该把企业内的人和物全部联接起来，才能实现企业所有生产活动的自动化和智能化。所以在未来，企业的IT系统，不仅是面向内部员工，还要与客户、合作伙伴联接在一起，才能发挥更大的价值。为了能够在未来支持运营商客户和企业客户实现全面的数字化转型和数字化运营，华为制定了将所有产品和解决方案全面云化的战略。针对运营商、企业、消费者三个不同的客户群，华为也有不同的措施和策略，以真正帮助所有企业和运营商实现数字化转型和数字化运营。在这方面，华为也已经开展不少业务。

广东电信一直是中国电信集团政企业务发展的排头兵，每年企业市场营收高达500亿元人民币。经过多年的发展，其业务范围覆盖广东省超过300万家企业，在网的企业行业业务种类超过50个。

随着移动互联网、ICT产业的不断发展，以及云化Hosting等新技术新模式的出现，广东电信在市场上的传统优势地位受到极大的威胁。比如，运营运维成本高，各业务分散投放，难以形成合力；ICT业务创新能力不足；宽带用户拉动不足，增量获取困难等问题都制约着广东电信的发展。

2015年，中国电信“光纤大会战”获得阶段性的成功。之后，广东电信打算面向政企ICT业务市场打造“政企统一通信”解决方案，即用一根光纤到企业，为企业提供云电话、云呼叫中心、云视频、企业安全组网、企业云应用等具有差异化竞争优势的解决方案。随后，广东电信携手华为开始打造“一根光纤”一站式企业ICT业务解决方案，以灵活满足大、中、小型企业需求，提升用户体验，广东电信开始由企业通信服务商向企业云服务商转型。

方案实施后，华为打造的一站式云平台，一点部署，全网覆盖，解决了业务系统运营困难的问题，提高了ICT业务创新能力和竞争力。通过一根光纤提供多重业务，充分发挥了管道资源优势，减少了客户运营成本，还能满足不同企业业务场景化需求，提升用户体验。

在互联网时代，各行各业的企业都在积极创新，新业务层出不穷，在为企业带来新的商机和挑战时，对于企业的要求也在不断提升。尤其是一些传统企业，要想跟上时代的发展，就必须结合自身优势，采用新的产品和解决方案实现转型。华为大力发展云业务，并且实行全面云化的战略，就是为了能够帮助更多的客户面对未来的挑战。

1.3 携手合作伙伴，共同迎接数字化社会

迎接数字化的挑战，需要各行各业的合作。为了开拓新的领域和市场，很多企业都在积极寻找合作伙伴，华为也不例外。华为已经与国内外多家企业在数字化领域建立了合作，并且积极参加各种行业会议和展览，与其他企业共同探讨数字化转型的实践与方法。

比如，在2017年华为就联手上百家合作伙伴，以“新ICT 迈向数字化转型之路”为主题，参加了汉诺威消费电子、信息及通信博览会。在展览上，华为在商业、技术、生态三大展区展示了创新ICT 技术和解决方案，与全球客户、合作伙伴分享在数字化转型中的经验。华为的实践也引起了很多企业的注意，很多世界500强企业因此选择华为作为其数字化转型的伙伴。

通用电气公司数字部门正向全球多个客户长期提供工业互联网解决方案，帮助不少客户提升了运营业绩和营业利润。为了能够在数字化领域有更好的发展，通用电气公司还与合作伙伴一起开拓新的领域和市场。比如与华为合作，共同为全球领先的电梯、自动扶梯及相关服务的供应商迅达集团提供服务，帮助迅达集团监控电梯性能，并为其设备开发预测性维护服务。

通用电气和华为推出的创新服务，使迅达集团的直梯和扶梯的维护成本降低，停机时间缩短，并能使迅达集团预测到何时何地可能会出现故障，提前采取措施。华为和通用正在为迅达集团推广针对不同市场的电梯管理技术，提供设备边缘连接到云端的解决方案，利用工业互联网的技术优势，进行详细的数据分析。作为合作伙伴，通用同样也将携手华为共同开发物联网、5G 和工业互联网等新兴技术，帮助客户进一步提高业务效率。

华为还与很多其他企业进行了密切的合作。比如，在 2016 年，华为就与中国移动签署了数字化服务领域战略合作框架协议，共同探索新兴业务领域发展新机遇。中国移动与华为分别提出了“大连接”与“全联接世界”战略愿景，双方将在云服务与基础设施、基础通信、物联网等领域进行深入合作，以为不同类型的客户提供数字化服务，共同迎接数字化社会的到来。

数字化时代正在到来，物联网、云服务等数字化正在兴起，社会数字化和智能化的趋势越来越明显。在这样的背景下，企业只有加强合作，与合作伙伴分享经验，共同探索，才能发挥各自的优势，在未来赢得更多的机会。

2. 以客户成功为导向，提供咨询服务

很多成功的企业都会为客户提供专业的咨询服务，引导客户实现转型，提升运营效率。华为就建立了以客户成功为导向的规划咨询与设计实施服务，以帮助客户自上而下梳理业务及信息化需求，解决客户在业务流程、信息安全、技术创新等方面的痛点问题。

2.1 商业咨询，实现价值创新与变现

在移动互联网时代，新的用户有着新的行为习惯。运营商客户不仅要为用户提供更加优质的体验，还要提供差异化的产品与服务，并且不断改进管理和技术，提升综合竞争力。所以，运营商客户能否利用丰富的网络、用户与数据资源，创造新的价值，对未来的发展至关重要。

基于运营商客户的商业诉求，华为根据自身在全球的实践以及强大的创新能力，为不同客户提供商业咨询。运营商客户可以从华为的商业咨询中获得移动、固定、ICT融合及云场景下的商业模式、业务场景设计、用户体验设计、方案开发实施等方面的建议。

华为在争取G客户期间，通过仔细分析其需求和战略，发现客户的痛点和需求是希望依靠4G吸引用户，赶超竞争对手。而当前的语音呼叫方式难以达到原来2G精品网络的用户体验。客户这次建设VoLTE，就是希望能改善用户体验。华为意识到简化VoLTE网络更符合客户的内在诉求。

于是，华为提出建立一个更简化的网络，很快得到了客户高层的共鸣。客户认为华为真正理解了他们的需求，能够为他们的运营和网络规划提供正确的意见，所以接受华为的邀请，去某市的现网试点参观。经过几轮交流、对标，华为的升级改造方案获得了大部分客户的认同并决策通过。但升级改造的建设方案最终要获得集团的批准才行，华为必须让客户坚定地支持自己。通过多次中高层沟通交

流，客户认为 VoLTE 网络复杂，集成难度大。由于客户没有过这方面的实践，更加希望能找到一个能和他们一起为未来的运营和新商业模式实践的合作伙伴。华为要想成为其合作伙伴，就要具备商业咨询和辅助运营的积累和能力。

项目组意识到这点后，立即主动向客户回馈了其感兴趣的商业咨询项目，并通过数据分析、用户调研、渠道访谈等方式对客户 4G 发展存在的问题进行了一次全面的体验。经过 3 个月的努力，华为的咨询结论得到了客户中高层的普遍认可。与此同时，华为还通过举办会议展厅、邀请客户参观 VoLTE 实验室等机会，向客户介绍和展示了华为在 VoLTE 方面的能力，让客户知道华为能够帮助其实现商业成功。

经过华为主动提供咨询和介绍，客户认为华为是其真正的战略合作伙伴，在接下来举办的双方高层战略合作峰会上，双方签署了 VoLTE 方面的合作协议，并允许华为启动试点准入，开始交付。

华为能够为客户提供适合的解决方案，帮助客户实现商业成功，很大原因在于华为始终坚持以客户为中心，分析客户需求和痛点，提出正确的价值主张，从而得到了客户的认可。这也说明，企业在向客户提供咨询方案时，要充分了解客户的需求，并且评估是否能帮助客户实现成功，这样才能助力客户创造新的价值。

2.2 向客户提供可落地的运营咨询解决方案

随着商业环境的变化，很多企业的业务流程和内部管理问题逐渐凸显，对企业的运营转型来说是一大障碍。为匹配行业目标的实现，客户需要通过专业的咨询来降低运营成本，提升运营效率等。为此，华为在技术交付和网络运营处于全球领先的基础之上，建立了运营咨询服务，并在ICT行业组织合作，不断发展完善，为客户提供可落地的运营咨询解决方案，帮助客户价值运营。

在运营咨询中，华为制定了很多服务来解决客户面临的不同问题。比如，ICT规划咨询服务就专注落地的转型节奏与项目组合，帮助客户自上而下梳理业务及信息化需求，解决客户在业务流程、IT建设与管理等方面的问题。又比如，设计实施服务，可以帮助客户实现关键业务与ICT目标，提升客户竞争力。此项服务还能通过为各行各业的客户提供规划设计、评估、验证和实施服务，帮助客户推进网络建设，优化流程，降低成本，实现基础设施云化和业务敏捷。

天津滨海电力网络已覆盖整个滨海开发区，承载天津滨海供电公司多个办公和生产业务。随着电网信息化建设的推进，现网承载的业务越来越多，导致网络的维护变得棘手。

天津滨海电力网络向华为进行咨询，华为对客户网络先是进行了评估与分析。通过对现网的细致调研，华为针对整网的网络架构、网元设备、数据配置、专项业务等方面进行全面量化的评估和分析，找准了客户问题的痛点，并分析出根本原因。依据评估分析结果，结合客户业务发展需要，对现有网络的基础架构、路由协议、数据配置、设备安全等进行了整体的优化设计，并制定了合理的网络演进和实施方案。

通过这次咨询，华为的网络设计服务，帮助客户及时发现了网络隐患，提高了网络可靠性和可扩展性，网络数据和管理得到进一步规范，全网的运行效率提高了许多，并且节省了网络维护成本，提升了网络质量。网络设备的建设与运维成本也大大降低，客户投资回报率得到提高。

华为为确保向客户推荐的咨询解决方案是可以实施的，并且是能够帮助客户解决问题的，会对客户问题进行细致的评估和分析，并通过认真的现场调查，找出客户的根本问题所在，这显示出华为在运营咨询上的专业和敬业。华为人很善于总结经验，并懂得结合自身的优势，使其有能力为客户提供合适的解决方案。

2.3 引入创新产品和服务，应对技术挑战

现在新技术更新的周期比以往任何时代都快，创新产品和服务不断引入，企业也面临着多技术选择、多业务和多系统整合等诸多挑战。只有采用新的技术和服务，企业才能在竞争中不落后于人，满足最新的客户需求。为应对技术挑战，华为基于对业界标杆积累和实际网络部署的经验，为客户提供网络和技术咨询方法论，以帮助客户找到新的商业模式，构建高质量、用户体验佳的网络，规划可靠的IT基础设施。

有时候，客户会对各企业提供的产品进行现场测试。企业的产品有新意，能够准确把握客户需求，才能从中脱颖而出。华为为客户提供技术咨询时，通

过技术创新，设计高性能的产品，常常更加能够匹配客户的需求。

最高人民法院是我国最高审判机关，随着民众的法治意识逐渐增强，司法案件日益增多。如何能快速公正地审结数量如此庞大的案件，考验着最高人民法院。因此，从2013年底开始，最高人民法院着手进行“人民法院数据集中管理平台”的开发工作，实现对法院司法信息资源的海量存储、科学分类、多元检索、深入分析和充分利用，为法院提供信息服务和决策支持。

要保障这个管理平台的稳定运行，需要构建安全、高效、可靠的基础软硬件环境。基础硬件除了要满足管理平台的应用外，还要能满足未来平台升级扩建需求。随着数据的增多，原有的系统已经不能支撑管理平台正常运行。因此，最高人民法院开始接触业界各家IT厂商，听取不同的意见。

各企业为最高人民法院推荐了不同的产品和解决方案，比如就有企业提出将原系统进行升级扩容、用高性能X86服务器替换小型机。但这些方案都不是最高人民法院想要的，因此都被否决掉。最后，最高人民法院采用了新的架构，用融合一体机替代现有的封闭的、传统的系统架构。这就是华为以及合作伙伴共同推荐给最高人民法院的华为Fusion Cube融合一体机。

此方案采用创新的分布式存储系统Fusion Storage，配备了业界领先的华为自研PCIE–SSD卡ES3000，将计算、存储和网络融合在一起，可以同时解决多方面的性能问题。经过测试，Fusion Cube完全体现出来。最终，最高人民法院采用了华为Fusion Cube来支撑起“人民法院数据集中管理平台”的高效运行。解决方案实施后，不仅很好地解决了性能的问题，也很好地适应了后续的业务发展需要。

华为为客户提供的先进的解决方案和产品，很多技术都是自主研发的。华为多年里一直保持创新，尤其是在应对未来的技术发展上投入巨大，所以华为能够更好地支撑起客户业务。

华为的创新并不盲目，在研发全新的产品的同时，也会对原有产品不断升级，降低客户的更新成本。不仅如此，华为还会在交付和保障中，不断优化产品和工具，为客户提供技术保障，使客户的网络得到优化。

2006年到2007年，华为获得客户STC的移动软交换和分组域产品的全部新建份额，这意味着客户网络保障全部采用华为设备。为了使保障工作顺利进行，达到客户预期，项目组进一步优化实时监控工具，并启动了新的话务模型生成工具等开发。通过多个网络操作的保障准备工作的有序开展，项目组逐步摸索出一套基于全网的保障体系和流程。

项目组在保障过程中，发现客户的关注点不再局限于网络保障问题，而是现网整网 IP 化改造、3G 网络如何试点、2G/3G 网络的融合覆盖与互操作应该如何规划等。于是，项目组从 HAJJ 保障团队中抽调网络专家，结合 STC 实际网络、场景和需求，为 STC 提供整网咨询规划服务。保障过程中，有些小问题出现，但都平稳度过。随着产品版本的升级、工具的不断优化，在第四次保障时终于实现了设备业务处理模块的自动化均衡，提高了信息提取分析的准确性、规范性和及时性，以及网络保障的效率。

因为技术和产品的多样化，客户变得很挑剔，企业必须以职业化的精神和能力打动客户。如果创新程度不够，就很容易被客户发现，并失去信誉。创新的目的不仅是帮助客户应对技术挑战，也是在为自己寻找机会。华为的网络和技术咨询方案，既帮助了客户实现成功，又证明了自己的创新能力。

3. 培养专业人才，助力 ICT 产业发展

企业的发展关键要依靠人才，为迎接ICT产业的发展和技术挑战，华为在人才培养上做了很多努力。除了加强自身在ICT领域的人才培养外，华为还积极与合作伙伴合作，共同培养专业人才，甚至帮助客户进行人才培训。

3.1 成立 ICT 学院，实现知识传递

为了加大人才培养，华为在2013年开始实施全球ICT能力培训项目，即华为信息与网络技术学院，简称华为ICT学院。该学院不以营利为目的，面向全球的学校和企业，向全球大学生传递华为的ICT技术与产品知识，为大学和继续教育学院的学生提供华为认证课程。华为希望通过开办这个学院，能够为社会及ICT产业链培养创新型和应用型技术人才，为他们创造发展的机会，从而促进整个ICT产业的可持续发展。

自华为ICT学院成立以来，来自全球几十个国家和地区的数万名学生参加了该项目，数千人获得了认证证书。早在2016年，该项目就覆盖了英国爱丁堡

纳皮尔大学、英国诺森伯兰大学、英国公开大学、英国萨里大学、巴西圣保罗大学、南非约翰内斯堡大学、上海交通大学等教育机构。ICT学院可以为这些教育机构的学生提供路由与交换机、安全、WLAN、云、存储以及大数据6类课程。

华为 ICT 学院覆盖范围在近几年迅速扩大。2015 年，华为就分别与巴基斯坦的两所大学 UET-Lahore 和 FAST 签署了协议，在巴基斯坦建立了两家华为 ICT 学院。华为为这两所大学提供云计算和大数据课程，并给学生提供云计算相关职业培训和实习机会等。

到 2015 年底，该项目在巴基斯坦运作近一年后，就有一百多名学生参加了项目，很多学生还参加了实习，超过 30 名学生成功找到工作。有些学生因表现出色，在华为的实习结束后，还顺利加入华为。FAST 大学的学生认为，与华为的这种合作越来越有必要。

华为ICT学院不仅帮助各地的学生提升了知识和技能，还激发了他们对技术创新的兴趣和投入度，这不仅有助于为不同地区打造ICT人才生态链，还带动了当地的就业。

自2016年起，华为启动了新的年度ICT技能竞赛，活动陆续在世界各地举办。在不同国家和地区举办活动时，参加者一致认为ICT人才是未来发展的关键。华为与院校合作共同培养ICT人才，也得到很多国家和地区的人的赞赏和支持。

2017 年 12 月 25 日，华为在深圳总部举行了首届华为中东 ICT 人才培养峰会暨华为 ICT 技能大赛中东区域决赛的颁奖仪式。参加大会的有来自中东 8 个国家的大使和总领事、中国教育部官员、联合国教科文组织国际高等教育创新中心官员，以及来自中东地区 10 个国家的 13 支代表队的学生和老师。

华为董事、高级副总裁陈黎芳在大会上致开幕词，阐述了华为人才培养，打造人才生态，推进数字化转型的政策。参与大会的各国家和地区的官员也参加了题为“ICT 人才，未来发展的关键”的高端论坛，对数字化转型如何助力中东实现国家计划和愿景中拟定的目标、培养本地人才等进行了讨论。

大会还为刚刚结束的华为 ICT 大赛中东决赛举行了颁奖典礼，颁发了一、二、三等奖，以及多个优胜队、优胜个人、优秀讲师和优秀华为 ICT 学院奖，并对获奖人进行了奖励。

华为在世界各地举办的ICT竞赛活动，使华为更加了解不同国家和地区的人才需求和面临的挑战，并与来自不同地域的人探讨了相应的策略和实施，也为这些国家和地区的人才培养提供了一个好的平台。华为还一直致力于帮助所在国发展ICT产业，带动当地的经济、社会和环境的发展。为此，华为还在全球范围内建立了多个培训中心和联合教学点。

3.2 实施“未来种子计划”，助力人才培育

因世界各地发展不平衡，导致ICT技能正成为新的数字鸿沟分界线。为消除数字鸿沟，华为将ICT知识和技能的传递与共享作为战略重点之一。为此，早在2008年，华为就发起了 “未来种子计划”，旨在帮助各国家和地区建立高效的教育体系，培养专业的ICT人才，推动知识传递，提升各个国家及地区的人们建立数字化社区的兴趣，这也是华为要长期持续投入的旗舰项目。

华为也希望通过这个计划，让来自全世界的年轻人共同面对未来的挑战。对此，任正非就表示：“我们主要给他们讲什么叫未来、未来可能是什么、怎么走向未来，给他们一点启发。因此我们把这个计划命名为‘未来种子计划’，我们希望通过我们的发展为各国培养些种子。”华为要让这些学生对未来的发展充满信心，推动未来的人才建设。

2014 年，在尼日利亚阿布贾举行的世界经济论坛非洲峰会闭幕式上，华为副总裁丁少华宣布了华为在非洲 ICT 人才培养计划。他表示，华为计划在未来 5 年要为非洲培训 1 万名的 ICT 专业人才，和非洲一起创造共赢的局面。这也是华为“未来种子计划”的一部分。

在此之前的 2013 年，尼日利亚通信技术部就与华为签订了千名女性 ICT 培训项目。华为为这些尼日利亚女学生提供了 ICT 基础知识培训，提升了她们的 ICT 知识水平，促进了她们的就业，向尼日利亚人民传递了 ICT 技术知识。华为也表示，在将来还会在其他非洲国家陆续展开“未来种子计划”，为非洲持续培养 ICT 人才，促进非洲经济发展。

华为帮助当地人培养ICT专业人才，对社会、对华为自身的发展都是有利

的。比如华为在帮助非洲各国培养人才的同时，也慢慢被他们所接受，加快实现了本地化经营。

经过几年的努力，到2016年底，华为“未来种子计划”已在96个国家和国际组织撒下希望的种子，数万名学生从中受益，不少来自全球各地的优秀大学生还来到华为总部参观和学习。华为的努力也得到了多国政府的高度评价，并且表示愿意长期支持华为。

在中东，华为“未来种子计划”也在顺利进行。2016 年 8 月，沙特阿拉伯通信与信息技术委员会主席就出席了华为在当地举办的“未来种子”项目开班及欢送仪式，此后又专程赶到深圳出席了华为沙特阿拉伯第二届未来种子项目毕业典礼。

在欢送仪式上的讲话中，这位主席高度赞扬了华为未来种子项目对于当地社会的重要意义，对华为积极履行社会责任表示赞赏，并将华为视为沙特在 ICT 领域的战略合作伙伴。

此次未来种子项目，由 CITC 在沙特全境 20 所大学进行选拔，每所大学从 ICT 相关专业挑选一名优秀学员参加，各学院积极响应，项目在高等学府中赢得了良好的赞誉。

华为的“未来种子计划”体现了一个企业强烈的社会责任感，这也是华为能够得到各国尊重和支持的重要原因。当这些计划开展时，华为也不断地为自己积累着客户资源。

3.3 以人为本，完善 ICT 基础设施

培养ICT专业人才，首先要打好基础。在有些国家和地区，人们尚不知道ICT是什么，经过华为等企业的帮助，成功激起了不少人对ICT产业的兴趣。但也因为基础设施跟不上，很多地区的人没有机会在这一领域有所作为。

为了促进未来的ICT产业发展，华为在致力于人才培养的同时，也很重视这些国家和地区的基础ICT设施建设。华为已经和不少地区的政府或企业合作，帮助他们完善网络基础设施。为了加快人才的培养，为人才培养创造一个良好的环境，华为对学校的网络设施建设尤为重视，并帮助一些落后地区的学校建立了适应现代化教育发展的ICT网络。

埃塞俄比亚首都亚的斯亚贝巴技术职业教育和培训部门（AATVET）隶属于埃塞俄比亚教育部，负责监管埃塞俄比亚几百所政府与私人技术与职业学校和培训机构。这个部门设立的宗旨是，通过职业教育及技术培训增长学生的知识和专业技术，促进就业，从而带动经济发展。

随着在线教育等业务兴起，埃塞俄比亚的职业教育现状堪忧。当地所有的职教和培训机构基本无 ICT 网络，知识和技能传递只能靠老师的讲述，传递效率低下。当地各学校和机构讲师教学水平也参差不齐，很多学校的知识和技术无法跟国际接轨。

埃塞俄比亚 AATVET 部门也希望能够借助网络通信技术的发展，改变教育现状，并部署一个基于现代化教育的先进 ICT 网络。为此，AATVET 部门制订了计划，并希望在第一期部署 12 所职业学校的 ICT 网络。AATVET 部门选择了与华为合作，针对埃塞 AATVET 职业学校使用云应用和 VoIP、高清视频会议、监控等高带宽业务比较频繁，华为提出了核心、汇聚、接入三层网络构架，对学校园区办公区统一规划，以简化流量转发流程，提高网络效能。华为决定在核心层使用敏捷 ENP 高带宽交换机 S12708 产品，接入层使用华为下一代千兆接入交换机 S5720LI，Wi-Fi 则采用 AP4030DN 高性价比 802.11ac 标准产品。

在为 AATVET 部门制定解决方案时，华为深入理解了其核心诉求，不仅完全满足了一期计划网络部署的目标，更助力其园区构筑了一个高带宽、易扩容、Wi-Fi 无线覆盖的智慧校园网络，也成功帮助 AATVET 部门打造了当地职业校园网新标杆。

随着信息化时代到来，云计算、大数据分析、在线教学、移动教育等势必会广泛运用于教育行业。学校作为人才培养的摇篮，基础设施必须跟上。华为长期以来致力于帮助各地的教育机构打造优质的信息化互联校园网络，以匹配全球ICT化的发展趋势，而且取得了不错的成绩。

4. 为客户进行技术能力建设

华为在帮助客户培训人才时认识到，“授人以鱼不如授人以渔”。要从根本上提高客户对ICT产业的认识，并促进客户业务发展，就要对客户进行技术培训，这样才能培养出一支具有作战能力的团队。

4.1 进行产品技术培训，提升客户能力

为提升人们适应数字化社会的能力和实现信息技术平民化的目标，华为在全球各地与很多客户进行合作，为客户提供端到端的ICT培训服务。在帮助客户培训出一批掌握技术的师资力量的同时，华为还为客户提供了实习的机会，帮助不少客户训练出一批ICT领域的技术骨干。

为了满足不同地区学生在互联网时代敏捷的学习服务需求，华为还上线了华为学习云服务。这是一款基于公有云技术的在线学习服务，能为客户提供人才发展、学习管理、在线学习、测评等诸多服务。华为在“通过教育创造机会”的企业社会责任战略指导下，陆续开展了很多培训项目，比如华为的“未来种子计划”以及其他培训技术，就为客户培训技术人才提供了很大的帮助。

华为在过去十多年里，一直遵守对西班牙客户的承诺，帮助其培训新技术，而且已经培养出数万名技术人才。华为的“未来种子计划”，就为西班牙学生提供了奖学金，帮助他们到中国参观华为总部，参加新技术知识的培训。自 2013 年举办第一届活动以来，累计向多名西班牙工科学生提供了奖学金。

为了进一步促进西班牙的新技术教育，华为于 2014 年与马德里理工大学合作启动了“引领 LTE 时代”项目，62 名研究生参与了该项目。在前沿技术培训方面，华为与西班牙国立远程教育大学合作推出了“云计算和大数据教授”培训计划，300 多名学生接受了培训。为了能够让西班牙人认识新技术，更好地使用新技术，华为还开展了“智能巴士：教育未来一代”等多个项目，宣传负责任、安全地使用新技术的重要性。“智能巴士：教育未来一代”项目开展的三个月里，就面向 1.3 万名青少年和 6 000 名成年人介绍了青少年人正确使用社交网络或互联网服务的方法。

此外，为了帮助西班牙实现数字化转型，华为于 2015 年与西班牙电信及信息社会国务秘书签署了两份《谅解备忘录》，以加强当地新技术培训。华为对西班牙人才培养作出了重要贡献，也因此得到了西班牙政府的认可。在 2016 年，西班牙国家网络安全局就与华为签署了一份合作协议，双方将共同维护西班牙网络安全。

华为为客户提供技术培训，是为了客户能够将新技术应用到日常生活、工作中，将技术和人才结合起来，为客户、社会发展作出贡献。在帮助客户培训

的同时，华为的产品和技术也广为客户所知，让客户了解到华为深厚的实力，加深了双方的合作。

4.2 提供认证服务，传授技能

ICT产业的发展离不开人才的支撑，技术变革对企业人员的知识和技能提出了更高的要求，企业人员只有符合一定的标准才能支撑业务，因此需要经过权威的认证。华为凭借多年的通信技术人才培养经验以及对行业的深刻认识，基于华为“平台+生态”战略，推出了覆盖ICT全领域的认证体系，是公认的全球领先的ICT技术认证之一。这是一个可按照不同的技术方向，以及客户各类岗位和层次的需求，提供从工程师到技术专家的三级认证体系。

华为的产品和解决方案已经应用于全球100多个国家，服务着全球超过三分之一的人口，在ICT产业中处于领导者地位。华为在行业内的人才培训和课程开发方面积累了超过20年的经验，培训中心覆盖全球100多个国家，可为客户提供严格监控和全球标准统一的计算机考试环境。这些都决定华为认证体系代表了最权威的ICT人才技术能力标准。除此以外，华为还会根据客户面临的问题，提出新的服务认证，以帮助客户提升能力。

云业务正在成为未来运营商客户重要的业务增长点，给运营商客户带来了大量的发展机会，同时也带来了不小的挑战。比如，运营商客户经过一定的积累，在基础设施、网络资源、服务渠道等方面具备了很多独特的优势，使他们在产业升级、互联网 +、云计算、大数据、物联网等行业的发展中获得更多的机会。

但从组织层面看，新业务模式下的运营商客户，在组织管理、面向行业客户应用孵化、行业解决方案制作与销售、ICT 项目交付等方面的能力都有待提升，否则将无法承受大量增长的业务。从人才层面看，运营商客户在新业务模式下的人才布局、人才分层、人才选择与培养等方面还有很多亟待解决的问题。这些都是运营商客户在未来需要面对的挑战。

为了解决运营商客户面对的挑战，华为推出了云服务认证培训，设置了面向工程师、资深工程师、专家三个级别的培训，并匹配华为相应认证，满足运营商客户的人才培养需求。

华为认证服务体系的建立，使华为能够按照这套标准与客户需求匹配人才，并培养出与国际接轨的人才。华为这些年的积累也逐渐发挥作用，不仅能为自己所用，也能为客户所用，使ICT产业发展道路上聚集了越来越多的人才。

4.3 共建联合创新中心，实现互利共赢

华为在帮助客户提高技术能力的同时，也在采取措施促进自身技术不断进步。为了与客户共同发展，华为还会选择与客户共同创建联合创新中心。这种合作方式可以充分借助运营商客户和华为在各自领域内的能力和优势，在商业模式和通信技术领域不断探索和创新。双方均投入优秀的专家，集合好的想法、创意、技术等，形成解决方案后，可以快速投放市场，接受检验，既可以为用户带来更优质的体验，又能提高华为和运营商客户的收益，可谓一举三得。

华为在移动网络、固定网络、IP技术等多个领域都处于领先地位，所以在通信业新的发展趋势中，创新优势更加明显。华为具有的优势，也使得联合创新中心所承担的技术研究领域越来越广泛，从最初的无线接入侧，已经逐渐扩展到网络通信技术、业务支撑系统、能源等领域。华为也因此与越来越多的客户创建了联合创新中心。自2006年与沃达丰在马德里创建了首个移动创新中心后，在10年间，华为分布在全球各地的联合创新中心就增加到了36个，成功合作创新的项目超过100个。

2006 年，华为与沃达丰在马德里创建了移动创新中心，双方创造了多种新技术和新产品并实现规模商用，涵盖了无线所有战略领域。这个创新中心的成功，为华为后续建立更多的联合创新中心打下了基础。

2007 年，华为接着与沃达丰在马德里成立了应用创新中心，共同研究软件和应用。2008 年，华为与沃达丰又创立了核心网创新中心，通过合作，开发出端到端解决方案。2010 年，华为与沃达丰进一步加强合作，成立了固定－移动融合创新中心，并具备了推广端到端技术解决方案的综合能力。2011 年，华为继续与沃达丰在米兰、马德里等地成立传输创新中心，以提高传输能力，减少传输成本。2015 年，华为与沃达丰再次联手，成立了 Open Cloud 联合创新中心，开启了从基础设施、云操作系统等方面端到端的全方位创新合作。

在这几年中，除了与沃达丰合作，华为还与其他企业和机构建立了这种合作

关系。比如，在 2011 年 1 月，华为与贝尔在加拿大成立联合创新中心，合作开发宽带无线网络技术产品及服务，并与加拿大电信运营商 TELUS 成立联合创新中心，共同开发有线以及无线领域的宽带技术。几个月后，华为与 TELUS、卡尔顿大学成立了华为 – TELUS 企业云业务联合创新中心，并建立了云计算实验室，研究企业云的应用。

2014 年 6 月，华为与科威特 Zain 移动公司建立了中东地区第一家联合创新中心，除了帮助 Zain 发展网络服务业务外，还联合建设科威特 4.5G 网络。2014 年 11 月，华为与意大利电信成立联合创新中心，双方一起在固网和移动领域为客户提供多样的新服务和解决方案。2015 年 12 月，华为与 Telkomsel、印度尼西亚大学在雅加达成立全球首个小蜂窝联合创新中心，用于推动室内网络数字化升级与智能业务创新。2016 年，华为与南非邮电部成立了南非邮电部 & 华为联合创新中心，成为华为在非洲的首家信息通信技术创新体验中心。

在国内，华为也成立了多个联合创新中心。比如，早在 2007 年，华为就与中国移动在四川成立无线联合创新中心，共同探讨现网重大问题的解决方案等。随后，双方又成立了核心网联合创新中心、网络产品联合创新中心、业务与应用软件联合创新中心、终端联合创新组。2014 年，华为与上海联通成立大数据联合创新中心。随后，华为又与中国联通成立了骨干网 400G/1T 联合创新中心。2015 年双方还成立了中国联通 – 华为 SDN/NFV 联合创新中心。2010 年，华为与中国电信广东研究院成立联合创新中心。

联合创新中心做出了许多有影响力的创新成果，被业界广泛接受，使华为和客户的创新压力都得到缓解。如今，联合创新中心已经成为华为和客户建立战略伙伴关系的重要载体，也被证明是企业与客户合作实践的最佳模式之一。通过这种方式的合作，华为不仅可以在为客户服务方面取得先机，也可以帮助客户在市场竞争中取得先机。经过多次与客户的联合创新后，华为也从一个设备供应商向成为客户的战略合作伙伴迈进了一步。

虽然华为的联合创新中心主要分布在中国和欧洲，但华为在非洲等地也开始进行尝试，这对新的技术成果通过创新体验中心引进非洲，帮助非洲消除数字鸿沟将发挥重要作用。

5. 案例解读，分享实践经验

人才和技术培训的一个重要方法就是总结经验，并分享经验。任正非经常对华为人表示，要勤总结经验，不管是成功的经验，还是失败的经验，以后的工作都有一定的借鉴作用。很多华为人养成了这一习惯，并且为工作提供了诸多便利。

5.1 建立案例库，总结管控经验

企业不仅要总结经验，还应该将多年的经验汇编成案例库，并按照一定的方式将案例分类，便于工作中查阅。在总结经验时，尤其要注意管理项目、控制成本、防范风险等方面的经验和教训，以确保项目能成功，与客户实现双赢。

很多专家都是在学习、实践、总结的道路上不断努力，才有大的成就的。企业人员不仅要总结和吸收自己的经验，还要学习他人的经验，并乐于分享。因为为客户服务通常要发挥团队协作力才能高质量完成，分享经验才可以提高团队的整体战斗力，使大家共同进步。

2003 年，华为中标阿联酋 ETISALAT 和香港 SUNDAY 的 3G 商用网络，实现了 WCDMA 零的突破。正当项目组欢喜时，却发现没有一套系统的资料能够用来指导 UMTS 网规网优交付。于是，在 2004 年初，方伟（化名）和同事们一边交付香港 SUNDAY 项目，一边把交付流程和问题总结整理成指导书，并不断在项目操作中进行验证和优化，形成了 UMTS 第一版网规网优指导书。这次项目交付也让方伟开始意识到及时总结的重要性。

当方伟进入挪威项目时，已经养成了及时总结的习惯。进入项目后，他就主动寻找能够降低出错概率的流程、方法和工具，并将其纳入技术方案，以技术方案为载体不断总结经验，形成了问题处理的标准动作，大大提升了交付效率。方伟知道只有将自己的经验总结为团队和组织所共有，才能真正被复制和传承下去。因此，他在 3MS 社区创建了一个团队，以和分布在全球的华为网规网优人员分享 GU 搬迁和 LTE 新建等项目交付的技术经验。他还建立了 3 个 espace 技术交流群，以帮助有需要的人及时解决关于技术、工具、资料、流程等方面的问题，极大地方便了各地的项目运作。

总结是找出工作方法和规律的途径，可以让企业在业务操作中减少走弯路的时间。现在很多企业也意识到了案例总结的重要性，正在加强对案例的管理，以开展案例复盘活动等形式让企业总结和吸取经验。

企业不仅要在内部分享和分析经验和案例，还要与客户、合作伙伴共同分享，帮助他们提高能力。企业遇到的很多问题，客户与合作伙伴也会遇到，如果能够相互分享经验，则可以减少许多不必要的失误，既帮助企业节约了时间和投入成本，又能使客户更快实现商业成功。华为经常与合作伙伴召开大会分享经验，在与客户的交流中，也时常共同探讨对一些问题的看法，三方均从中受益良多。

华为非常尊重不同国家和地区的法律法规，有时候因为对当地情况不熟悉，也犯过一些错误，但华为人善于总结，慢慢地就适应了当地的环境。华为还会将这些经验同合作伙伴分享，减少他们在当地的摩擦。在一些国际法规上，华为同样积累了丰富的经验，并且乐于同大家分享。

比如，华为一向将贸易合规和海关遵从置于公司商业利益之上，并遵守 WTO 和 FTA 的规则以支撑全球贸易运作。2014 年在西班牙马德里召开的世界海关组织大会上，华为的一位高端专家就作为唯一一家受到邀请发言的制造商代表，在会上发表了主题演讲，和来自 89 个国家的与会人员分享了华为在贸易合规方面的最佳实践，获得了热烈的掌声。

华为乐于分享的做法使其获得了不少客户的好感。在为客户提供咨询和培训服务时，华为总结的经验也能够给客户更多的启发，并使华为能够从案例解读中及时发现客户的问题。

5.2 展示样板点，打消客户疑虑

企业在为客户提供咨询服务时，为了说服客户，并让客户意识到自己想要什么，通常会邀请客户参观样板点，展现自身的实力，也让客户看清企业的咨询方案优势在哪。

华为在某些新技术或产品大举推入市场之前，会找到合适的地方设立样板点，或者是与有潜力的客户合作，共同树立样板点。当客户对华为的产品或咨询方案存有疑虑时，华为就会想尽办法邀请客户前往样板点参观，仔细为客户讲解。很多客户看到样板点后，就打消了心中的疑虑，并尝试与华为合作。

2015年下半年，欧洲开启了NFV（Network Functions Virtualization，即网络功能虚拟化）交付的新时代。在匈牙利，华为击败了强势的友商，一举获得端到端NFV解决方案中的一个项目。

NFV是通信行业的新趋势，但是标准尚未明确，业界和客户对NFV有不同的理解。与传统交付项目相比，这个项目干系较多，产品特性不明确，需要特殊的定制开发，充满了不确定性。尽管如此，从未接触过这类项目的周新（化名）还是接受了挑战。

接手项目后，周新开始学习项目管理协会中关于这类项目管理的方法论，又与几位有经验者进行交流，明白了要想做好这类项目，主要是应做好客户的期望值和需求管理。刚开始，客户对自己的需求不太清楚，也对华为能做什么更不清楚。于是，周新和技术团队向客户展示了华为NFV业务结构的变化，交付的结构和结果，渐渐帮助客户梳理清楚了自身需求。

为了进一步打消客户的疑虑，让客户亲眼看到华为的交付实力，华为还安排客户高层参观了位于西安的NFV开放实验室和香港PCCW两网融合的NFV样板点，彻底打消了客户对华为交付的疑虑。最后，在项目实施中，华为快速完成了项目，客户满意度也大大提高。

华为对样板点的建设很用心，都是以高质量的轨迹标准来建的。正因为这样，很多客户在参观完样板点后就放心了，这也成为了华为吸引和引导客户的一大法宝。

第5章 客户化解决方案

提升客户满意度是十分综合复杂的，要针对不同的客户群需求，提供实现其业务需要的解决方案，并根据这种解决方案，开发出相应的优质产品和提供良好的售后服务。

——任正非

1. 主动搜集客户信息

为客户制定满足其需求的解决方案，需要收集足够多的客户信息。收集信息的渠道有多种，企业可以通过深入客户现场、多与客户交流、分析市场发展趋势等方式获取。

1.1 实地调研，了解客户发展现状

实地调研是收集第一手客户信息的重要途径。很多问题从理论上看是一回事，经过仔细的现场勘查后，就会发觉现实与理论存在很大差距，这也是要深入客户现场的原因。

在进入新的市场时，华为人也会主动接触当地市场，深入理解当地市场的特点，并分析客户当前所面临的局面，以便准确了解客户需求。这样可以使华为人能够根据当地实际情况，结合以往为其他地区客户提供解决方案的经验，制定出适合当地市场的解决方案。

华为在工作中也遭遇过客户的投诉，到实地勘查后，很多项目组成员才发现问题所在。在这过程中，华为产品和解决方案的不足也表露出来，为项目组完善产品和解决方案提供了现实依据。

华为在巴西的C项目客户要求高，尤其是贝洛奥里藏特（MG）区域的射频部门客户非常挑剔。项目组经常被投诉，导致成员们都很苦恼。

之后，项目组接到任务要做三角洲的Nominal Plan。客户定了覆盖64个城市的219个站点。项目开始后不久，客户对Nominal Plan的执行并不满意，表示项目组做得不细致，仿真结果不统一。经过与客户简单交流，项目组才得知这219个站点是客户总部财务批准的，而这并不是客户所有的站点。

客户很多信息也不明确，比如VIP区域、客户重点关注区域、客户网络市场

策略等信息不完善，客户对这个区域也不了解。为了项目能顺利开展，项目组决定自己到现场收集信息。随后，项目组收集到常规的重点区域，如大学、旅游景点、政府、工厂等地的信息，完成了第一版 Nominal Plan。项目组为了整个项目更好地交付，又决定尽量共享另外一个运营商站点，在两天时间里重新开始做。在项目组的努力下，新一版的包含 248 个站点的 Nominal Plan 面世了。在胶片中，项目组详细写下了每一个新增站点的理由，删除了客户原来规划中不合理的多余站点，并给出理由。

在此后的讨论中，客户就被项目组详尽的信息和专业的分析吸引住，项目组不时给客户指出这个站点所在的地方是干什么的，哪些是需要重点关注的地方，并告诉客户哪些站点的位置更好，有利于吸收话务。客户听完项目组的解释，很是惊讶。第二天，客户主动到了项目组办公室继续讨论，讨论完毕后，客户网规经理对华为的工作表示了极大的认可。此后，项目组的交付也顺利进行。

有付出，才有收获。华为经常不辞辛苦到条件艰苦的地区帮助客户做调研，了解站点详细情况，这不但帮助客户完成了项目，也使得华为在提高客户满意度和内部运作方面不断进步。

1.2 与客户深入交流，挖掘需求信息

如果没有建立一定的互信关系，客户很难对企业透露过多的需求信息。因此，贴近客户，与客户建立互信关系，对企业获取客户需求信息而言显得很重要。在与客户交流时，企业人员也应注意一定的方式方法。要学会多倾听，从客户的话语中了解一些有用的信息，企业人员也要不时与客户进行互动，这样显得更真诚。企业人员还应学会向客户提问，引导客户说出自己的感受以及业务需求。

华为人对于与客户交流十分重视，任正非就曾多次告诫华为人，坐在办公室是无法了解客户需求的，只有不断拜访客户，与客户交流，才能让客户产生信任感，并获取有用的信息。当从未合作过的客户尚未建立对华为的信任时，华为人也会坚持从最基础的客户关系做起，赢得各级客户的好感。

2013 年，运营商 CT 公司发出云计算项目招标函，此时华为正想在香港运营商的 IT 领域寻求突破，所以寄希望于通过该项目在 CT 的 IT 建设中撕开突破口，

也为华为运营商BG参与建设"大IT"的转型提供一次机会。

在争取到参标机会后，华为就在思考怎样才能拿到项目。这是华为首次接触运营商IT项目，很多技术细节重点尚不清晰，对竞争商务水平也不是很了解，而且要实现跨区域交付协调，难度很大。华为想从客户处得知一些消息，但是华为在IT领域没有前期的客户关系基础，必须与关键客户建立互信的关系，才能更加了解客户需求。华为项目组分析曾经与客户打交道的种种过往，认为只要用心与客户沟通，诚恳服务，建立良好的客户关系并不困难。于是，在一个合适的时机，项目组相关人员一起组建了一个微信群，并把客户拉入群组，用更快捷的方式来互通信息。项目组希望在微信群中，通过日常生活不断地与客户沟通，了解客户各方面需求，并用专业的服务和诚恳的态度感动客户。

为了让客户感受到华为的诚意，项目组经过讨论，还认为在运营商做IT项目不能封闭，要以开放、被集成心态来做，有不足之处，可以寻找合作伙伴共同为客户服务。随后，项目组没日没夜寻找最有实力的合作伙伴。白天走访行业各大企业，晚上进行对比分析、整理信息，最终选中了以往与客户有紧密合作关系的一家企业。经过谈判，华为与这家企业达成了在竞争项目中的第一次合作，并在之后顺利完成多地投标、澄清，拿到中标通知书。

商业竞争中，谁能更快、更准确地掌握客户信息，就有可能占据优势。与客户沟通，不仅能了解客户心理，还能帮助企业化解与客户之间的矛盾。华为一向重视客户关系，很多员工在与客户打交道的过程中建立了深厚的友谊，也因此促成了华为和客户之间的长久合作。

1.3 主动获取客户方尚未掌握的资料

有些客户对自身的问题以及市场发展情况等尚不清楚，为了能够更为准确地找到客户需求，并且满足客户需求，企业有必要对客户的工作和市场相关情况了解清楚。在竞争中，企业如果能拿出客户所未掌握且竞争对手也未掌握的资料，就能形成优势，找到打动客户的砝码。

在与友商实力旗鼓相当的情况下，为了在竞争中获得优势，华为会对客户市场认真进行调研，找出客户痛点所在，并且提前了解客户痛点。有时候华为对客户痛点的分析比客户的分析还透彻，从而使客户坚定了与华为合作的决心。

2006 年，在运营商 W 的全网新牌项目中，华为遭遇了强劲的友商。经过对当地市场的调研分析，华为项目组认为客户建设新网最大的"痛点"是站点获取。尽管站点获取是客户该做的工作，但项目组想，如果能够提前获取客户站点信息，说不定就能成为与友商竞争的"杀手锏"，也能成功开启与客户的合作。

于是在项目拓展初期，项目组就组织了勘测人员和网规人员前往各个站点，获取了上百个站点信息。当项目组把整理好的资料放在客户 CEO 的办公桌上时，客户坚定了他们的态度，并表示还是华为了解当地的市场，华为的解决方案至少为他们节约了半年时间。华为也因此一举拿下了一个多亿美元的新网新牌项目。

企业要抓住一切机会，建立自己的竞争优势。帮助客户获取信息容易赢得客户的好感，再加上制定出优秀的解决方案，在客户心中，企业就逐渐会成为首选。华为所做的，既帮助自己掌握了当地的市场信息，又使自己赢得了客户。

有些时候，客户想掌握某些信息，并希望能够得到企业的帮助。所以，当客户向企业抛出某些问题时，企业要引起重视，因为很有可能这些问题就是客户希望了解而暂时未掌握的信息。企业要抓住这样的机会，好好表现，掌握这些资料，一举拿下客户。

2008 年，N 市的无线设备华为和友商各占一半。友商以大量资源赢得客户好感，并努力争取以 N 市为跳板，撬动华为布局，竞争异常激烈。在客户召开的年终总结会议上，N 市客户的一名分管副总向华为和友商询问了好几个关于网络运营效率的问题，把华为和友商的技术人员都问住了。这些问题涉及客户的经营数据，华为和友商都没有准备，因而答不上来。后来华为才了解到，这些信息就连客户的市场和财务人员也没掌握。

经过分析，华为项目组也发现，客户的这位副总思路清晰，提出的几个问题既关乎全局，又直达核心细节处。他们还想到，华为设备占据核心市区，在单站效益上具有差异化优势，如果能成功地回答客户的问题，就能为客户解疑，还可展示华为的实力。于是，项目组骨干连夜整理前期运维和市场材料，获取营业收入和运维成本数据，与现网数据进行核算，快速搭建业务与收入的投资估算指标模型，在次日凌晨 5 时完成初稿。

复核校验完毕后，项目组抢在客户外出开会前进行了单独汇报，得到客户副总的赞赏。此事使得项目组与该副总建立了定期汇报沟通机制，提升了华为在客户心中的品牌地位。

在合作中，客户总是希望企业能多付出，帮其解决更多的问题。如果企业能像案例中的华为项目组一样，积极主动帮助客户答疑解惑，并与客户进行友好沟通，企业在客户心中的分量就会不一样。

2. 整理和分析客户资料

企业要及时对掌握的客户资料进行细致分析，筛选出有用的信息，进行整理。为方便管理客户资料和需求，企业可以在整理时，将客户信息进行分类管理，并将信息的重要性进行排序，以快速找出客户痛点。

2.1 分析信息的及时性和有效性

很多信息只在一定时间内才能发挥作用，尤其是互联网时代，信息更新的速度不断加快，信息的有效期变得越来越短。为此，企业在收集信息时，就应该考虑到信息的时效性，既要过滤掉过期的信息，又要将收集到的信息及时进行分析和反馈，得出有用的信息。

华为在收集信息时，注重信息是否具备全面、及时、准确几个特性，这些都决定了信息是否有效。为了让信息更全面，华为人注意在平时不断进行收集和积累，并且培养对信息的敏锐度。收集客户信息时，华为人还会充分考虑客户所在地的社会、经济、风俗习惯等基础市场信息，这些信息往往具有重要的参考价值。华为还会掌握一定的客户经营信息，比如客户的组织结构、网络现状等。客户对华为和竞争对手的满意度信息也是华为经常收集的，这有助于华为了解竞争对手的策略和客户对华为的态度，便于华为采取针对性的措施。

在收集到有效的客户信息后，华为会想办法在第一时间将信息传递给相关人员，为他们应对客户提供支持。而信息传递的及时性，也成功帮助华为成功解决了不少客户问题。

华为曾经有位客户经理王刚（化名），其接手 F 市客户时，正好遇有一个交换机扩容的大项目。当时，华为与客户的关系还没有达到令人满意的程度，客户对华为产品了解不深，对华为的信任度不够，只有客户项目建设主管对华为比较认可。

正当王刚带领项目组艰难地拓展客户关系时，相邻的E市C&C08机因机房工程师的操作错误而出现了较大的常规故障。王刚得知此消息后，意识到两地距离很近，且两地客户的关系很好，如果被F市客户知道，就算是操作故障，也极有可能引起他们的不信任。

于是，王刚立即联系办事处，要求尽一切努力保证消息不外传，避免客户和竞争对手得到这一消息。他还要求相关人员及时解决好这一问题，再次取得E市客户的信任。最后问题解决了，华为也赢得了F市客户的信任，并拿下订单。

由以上案例可见，信息传递及时对企业赢得客户信任起着重要的作用。不及时的信息，就算是再准确，也是无效的，尤其是在激烈的市场竞争中，稍微耽搁一下，就有可能使所有的付出毁于一旦。

2.2 识别客户关注点，找出客户痛点

特殊的市场环境，会让客户有意想不到的关注点，企业只有深入市场调研，才能找到客户最关注的点是什么，并以此为突破点，渐渐接近客户。成功找出客户关注点，不仅要靠对资料的细致分析、经验的积累，还要依靠敏锐的嗅觉。很多华为人在查看资料时，很快就能识别出客户痛点所在，这与他们长期保持对市场的敏锐度有密切关系。

找出客户痛点后，企业还要据此制定出解决方案，在方案上突出自己的卖点，实现差异化营销，增强方案的竞争力。华为在市场上的经验告诉他们，如果产品和方案太过雷同，对客户而言就没有吸引力，即便产品和方案很好，也不一定能卖得好。

华为印度地区部曾经提出一个非常特殊的交换机形态需求，客户要求交换机必须支持不间断电源供电，在断电情况下能够正常工作。徐莱（化名）开始觉得这个需求简直荒唐至极，认为就算产品做出来，也不一定有市场。因为印度一直是低成本市场，不知道客户会不会为了额外的不间断电源买单。

为了弄清楚客户提出此要求的原因，徐莱向当地的企业业务产品经理打听情况。这位产品经理表示，印度经常停电，每次停电几分钟不等，一般的照明和生

活供电都有不间断电源备份，但很多交换机却没有备份电源，导致经常断网，客户体验很差。印度本地的几家交换机厂商针对这种情况设计了支持不间断电源供电的交换机，每年的销售额高达 1 000 万美元，说明市场空间是很大的。

了解情况后，徐莱针对客户的使用场景和痛点，陆续做了几个方案，并到印度进行市场调研和方案讨论，明确了设备的应用场景和技术细节。当时已经有几个厂商开始尝试这样的设备了，要在竞争中形成优势，就必须超出客户预期，走差异化竞争路线。为此，徐莱联合研发人员，经过客户访谈、实地调研、竞争力分析后，做出了带有内置蓄电池的交换机。相比不间断电源，这款设备的成本更低，还能可视化查询蓄电池的状态，电池的使用寿命更长。这些极具竞争力的专业特性，使这款交换机在印度市场很受欢迎。

一款好的产品，不仅要有精湛的技术，还要能够适应客户的需求，满足客户最迫切的需求。只有深入分析客户需求，洞察市场，才能构建产品的核心竞争力。华为经常能够识别出客户的痛点，根据客户的特殊需求调整产品，因而获得了更多市场份额。

3. 问题梳理、风险评估和预防

企业要做问题的解决者，不断挖掘问题，改进产品和服务。与此同时，企业也应该对项目中可能存在的风险提前做一个评估，并采取有效措施进行预防，保障服务工作的顺利展开，减少客户投诉。

3.1 时刻替客户着想，把握关键事项

企业要聚焦客户，在为客户服务中产生荣誉感和成就感。为保障服务工作，企业要提前做好规划。在重要活动中，如有必要应该提前进行演练，找到方案的不足之处，以及项目执行过程中的高风险点，并制定出备选方案，确保万无一失。

华为人就强调，在执行项目时，要时刻想着以客户为中心，对任何细小的问题都不放过，尤其是在能影响全局的关键问题上，会严格把关，反复进行检查和确认。

2008年，华为在巴西的C项目对客户意义重大，所以客户决定在某酒店举办商用晚会。地点确定后，华为项目组立刻安排工程师进行了详细的测试，并发现晚会举办地的信号覆盖不能满足要求。经过与客户和酒店方交流后，项目组决定加快周边站点的建设来保证商用晚会的需要，并制定了备选方案，设置移动通讯车和直放站。

商用晚会召开前的两周，华为开通了附近两个站点。项目组与客户的射频团队和市场部门的人一起到酒店花了两个小时进行业务演示选点，终于找到了一个效果很好的地点。为了确保商用晚会的成功举办，项目组输出了详细的晚会保障方案，针对可能出现的风险提出了规避方案。项目组还派出一名工程师值守商用晚会，有员工在晚会期间全程待在机房，还做好了CEO保障准备。

当项目组与客户讨论方案的时候，客户认为方案设计得很周到，非常满意。客户工程总监将其CEO的两个号码给了项目组，为项目组提供了相应的信息。商用晚会成功举办的第二天，客户当面感谢了项目组。

在做项目的时候，华为把客户看作是统一战线上的朋友，而不仅仅是合作关系，这样就能使华为人想客户所想，急客户所急。很多客户看到华为人工作的热情和细致、全面的方案后，也把华为人当作自己人看待，认为双方是一个团队，并齐心协力做好项目。

3.2 持续挖掘问题，不断做出改进

企业人员在工作中要培养问题意识，主动发掘问题，并不断改进。在与客户接触和执行项目过程中，不怕有问题出现，而是怕大家都不愿意去找出问题所在。企业人员应该对自己提出一定的要求，并持续提高自我要求，这样才能持续让客户满意。

华为坚持改进自身，不论是大到管理、流程等方面大刀阔斧的改革，还是小到个人工作能力的改进。因为华为人明白，只有持续进步，才能跟上客户需求的变化。有些华为人日复一日、年复一年地在同一个岗位上奋斗着，看似平凡单调的工作，却被他们做得津津有味。原因就在于，他们能够在岗位上持续改进，不断提高做事的效率，发现新的问题，然后解决。

周琪（化名）是华为企业业务BG安捷信商务管理部的商务经理。2011年，

企业业务刚开始BG化运作时，很多方面都处于摸索状态。周琪负责商务评审领域，为了保证输出的评审结果100%正确，评审和复核需要几个人才能完成，效率低。随着业务量的增加，部门人力有限，商务核算成为了合同评审流程的瓶颈。

2011年底，销售冲锋期间，商务核算任务井喷，加班也难以缓解业务压力，周琪就想改进这种情况。在一次例会上，她提出了自己的想法，表示现在问题集中在手工操作上，如果能实现IT化，单量再多也能承担。大家也都知道IT工具的重要，但没有人做过这类开发，还要大资源、大投入。会议后，周琪就在工作之余，开始钻研。经过三个月的艰难开发，当新功能马上要上线的时候，公司的配置器更新了，二者不能兼容，导致新功能无法上线。

经过多番打听，周琪联系到一位IT工具开发方面的专家，她建议双方利用自己的业务优势，进行IT与业务搭配。经过几次与投标办的领导沟通之后，领导对这项工作也表示支持。那段时间，周琪一有时间就开始琢磨，并成功想出解决正常结算价与实际结算价之间的公式转换的办法。

经过初期的磨合之后，周琪和专家配合越来越默契。后又经过近半年的努力，商务核算IT工具和商务存储数据库终于顺利交付，将商务核算效率提高了50%，商务数据的存储效率提高了80%，工具也很快在部门内推广。虽然取得了阶段性成果，但周琪还在不断问自己有没有更多改进的空间。

如果企业有更多的人能够在例行的工作上持续挖掘可改进点，帮助公司业务进步，在平凡的岗位上，贡献着自己的力量，企业的服务能力就会有大的飞跃。在工作岗位上提出问题，持续改进，在帮助企业和客户的同时，也提高了自己的能力。

发掘问题后，要想出解决问题的方法，不能只做问题发掘者，还要成为问题解决者。因为解决问题，才能得到真正的进步。很多员工在华为奋斗者文化的影响下，已经养成了对问题坚持不懈的精神。

刘丽（化名）加入华为后，被派往哈萨克斯坦代表处，在当时成为当地代表处唯一的中方女性。刚投入工作，没有相关工作经验和专业背景，刘丽遇到不懂的地方就及时请教代表处的老员工，遇到困难时，她总是问自己能做什么，该怎么做。

曾有一个中标项目的合同谈判，开始双方分歧很大，陷入僵局，客户表示出不耐烦。当所有人都一筹莫展之际，刘丽找出问题所在，并在谈判间隙对重点客户逐个做起了工作，向客户母公司高层副总裁求助。由于她的努力，项目谈判取得实质进展，最终合同顺利签订。

在2006年，刘丽又成功突破关键项目，2007年成功为片区赢得了一个大项目，并且是在项目三期已丢标的情况下，帮助华为独家中标。对于自己的成功，她说诀窍只有一个，那就是忠于职责，对解决问题的办法锲而不舍的追求。

为客户服务就是不断为客户解决问题的过程，只有通过努力，持续为客户解决问题，企业才有继续存在的价值。华为还因此提出，要把专家放到一线和客户对标，客户有什么问题需要解决，就需要什么样的专家，华为人才能知道要提高什么能力，要使人人争当解决客户问题的专家。

3.3 识别风险类型，制定应急预案

在项目正式实施前，企业人员就应该提前识别风险，提高设备可靠性。如不能及时发现和预防风险，就可能造成项目需要延时交付。很多客户都希望企业通过成功完成项目，帮助他们在某一领域占据先机，因此在合同中规定，如果无法按时交付，企业则要接受巨额罚款。为了保持信誉，并保障客户的利益，企业也应该对风险多加管控。

华为在执行项目时，对风险评估很细致，很多项目都通过识别规避了风险。在较为复杂的项目中，华为还会通过统一的流程、行动、过程监控和确认保障交付平稳进行。华为从很多客户身上学会了办事要严谨，所以在应对风险上，也总结出了一套自己的经验，完成了很多竞争对手在规定时间内无法完成的任务。

2015年，印度市场的传送盒式设备由中心机房和简易机房应用逐渐向全室外柜应用下移。由于室外环境更加复杂，华为面临的网上环境适应性问题频发的压力也更大，客户对全室外柜应用可靠性也存在质疑。为了调研全室外应用环境，作为可靠性工程师的张东（化名）前往布巴内斯瓦尔。

根据对客户网络的了解以及自身的经验，张东花了三天时间，在高温潮湿的天气和糟糕的路况中，走遍了布巴内斯瓦尔所有村落的全室外站点。这种恶劣的环境也正是张东需要调研的环境，所以他一直咬着牙坚持，最终收获了一张客户全室外柜环境应用的风险全景图。

此后，张东又主导成立了专项工作组，根据不同的环境风险和不同级别，梳理并落地了机房级、机柜级、设备级、单板级分层分级的全领域解决方案。与此同时，工作组还形成了公司级环境定义和标准，可用于指导一线销售、工程安装、工程维护等，以预防设备的环境应用问题在网上提前爆发。

通过对现网进行横向拉网式排查和清理，对高风险点进行改善，印度和孟加拉等地区的重大环境应用可靠性网上问题降低了近70%，成功保障了客户网络，华为的解决方案也在该地区受到了极大欢迎。

识别项目中的所有风险类型，并做好预防措施，都是为了按时、高质量地交付，这也是项目成功的关键因素。华为重视总结经验，无数次的风险识别为其积累了丰富的相关经验，再加上专业、系统的工作，使华为在绝大多数时间里能和客户实现双赢。

4. 提供专业化建议和解决方案

很多客户在某些领域的知识和经验积累有限，与企业合作的一个重要目的，就是希望得到企业的专业建议。企业应该在深刻理解客户痛点的基础上，为客户的发展规划、业务实施等提供专业的建议，并且提供最为合适的解决方案。

4.1 对标客户诉求，定制解决方案

对客户来说，最适合自己的解决方案就是最好的。企业的产品质量再高，解决方案再先进，不能匹配客户需求，一切都是没用的。每个客户对产品和技术的要求又不同，这就需要有实力的企业能够根据客户需求，定制解决方案。

华为在为客户提供解决方案时，会根据对市场的调研，找出客户问题出现的根本原因，对需求痛点逐一进行分析，为客户量身打造产品或解决方案，并不断进行优化，努力为客户提供最佳解决方案。在这过程中，华为人虽然辛苦点，需要花费更多的精力，但是得到客户认可后，往往收获也颇大。

华为在印度市场与A客户合作期间，通过对客户现实状况的调研和分析，希

望能为客户量身打造出一套解决方案。通过不断的优化，华为逐渐形成了适用于印度市场的传送承载、移动 IP 承载、行业网超长局传输的三大解决方案和 12 个子方案。华为还针对客户断纤严重的情况，在方案中重点展示了具有抗多次断纤保护的自动交换光网络方案和特性。

客户在听完华为的介绍会后，对这套解决方案十分满意，并表示这才是他们真正需要且最适合的方案和特性。之后，方案逐步在印度多个客户网络成功部署。华为的付出也得到了回报，客户不断给予认可，华为在印度市场也不断突破，销售额迅速上升。2012 年，A 客户再次召开分组业务通用需求标准制定大会，将其全部业务交由华为主导并制定标准初稿。

华为的定制化解决方案也引起了其他客户的注意。2013 年，印度 B 客户计划部署 X 网络，多家友商参与争夺这个规模约数千万美元的项目。当时不少友商主推 IP L3 方案或 L3+L2 方案，而华为用的是 MSTP 的 L2 方案。华为的方案层级低，功能并不强大，业务调度也不太灵活，但对印度市场而言，成本是最重要的，这恰恰是 L2 方案的最大亮点，也是 MSTP 产品最大的竞争力。华为认为只要弥补客户使用 L2 时的不足，帮助客户提升网络指标，就能打造出最适合客户的低成本、高可靠性的解决方案。

随后，华为对客户诉求和指标要求逐一分析，努力做到最优。在某关键指标的方案介绍会议上，其他友商都向客户主张他们的价值点，在一些指标上，友商优于华为 50% 以上，看起来华为并无优势。但华为凭借对客户网络的深刻理解，从容面对竞争，拿出相关标准给客户，为客户讲解每一种业务类型对时延的具体要求，并针对客户的网络布局对延时指标进行合理规划、分解和控制。最后测试结果显示，如果客户采用华为的方案，指标还优于友商 20%。为此，客户对华为非常满意，认为华为真正了解他们的网络和痛点。

华为之所以能够制定出最适合客户需求的解决方案，一方面在于华为肯为客户付出，愿意花时间找出最优化的方案；另一方面在于华为始终能坚持以客户的需求为导向，不管与友商相比，具有哪些优劣势，都能坚持将眼睛盯在客户痛点上。

4.2 专业化解答，消除客户质疑

面对客户的提问或者咨询时，企业专业的回答，会增加客户的好感，并能显示企业的实力。企业只有站在客户的角度，对待客户的业务，用专业打动他们，才会让客户放心地使用企业的设备，并相信企业能够在交付中做到认真负责。

要想说服客户，企业在向客户提出建议前，首先要能想出理由说服自己这样做是可以解决问题的，这样才能在说服客户时，做到有理有据，让人信服。

2010年，林强（化名）负责华为全球首个MSCPOOL改造无线侧项目。当时，MSCPOOL改造对于运营商集团客户来说，意义重大。客户希望能通过这些项目，有效提高核心设备容灾及负荷能力。

D地市被运营商集团公司选中成为第一个试点改造网络，由于网络改造涉及核心网、配套网络、无线等多个专业，规模大，风险高，D地市公司的高层并不愿意成为第一个“吃螃蟹”的人。在方案的澄清阶段，客户就显得十分担忧了。加上涉及的改造环节过多，冗杂的环节让客户无法清晰了解，客户因此不放心让华为开工推进，项目的进度也一度拖延。

作为负责人，林强长期在一线与客户打交道，他理解客户的担心。为了说服客户，他首先在自己并不专业的核心网方面花了好几天时间，弄懂了改造所涉及的所有模块，并说服了自己。然后，他把需要澄清的内容精细地进行拆分，从用户覆盖范围、优化测试，到核心网备份方案、软件模拟测试等多个维度，向客户呈现了一个全流程的割接方案。客户听完林强的介绍后，都觉得方案足够成熟了，有信心开工了。

项目终于开始实施，其间华为与客户一起对网络实施了最缜密细致的操作，23个重大操作被拆分成了41个，每一步操作都做到100%安全，最终提前完成了全球第一个MSCPOOL改造。客户高层对此项目高度赞赏，并对华为的专业与专注表示了感谢。

客户的怀疑多半是由担心引起的，因为对企业没有足够的了解，对方案是否能成功有忧虑，都导致了客户在最初对企业的不信任。华为多次遇到这种情况，但是他们坚持对客户提供专业的建议和讲解，并让客户看到解决方案的可实施性，因此慢慢被客户所了解。

4.3 实战演练，赢得客户认可

华为在多年的交付中，面对过各种各样的有着严格要求的客户。有些客户在项目实施前，就会要求华为一次又一次进行澄清，为他们答疑解惑。经常是一批问题刚回复完，下一批问题就出来了，尤其是面对欧洲、日本等地的客户时，这样的情况比较多。为了让这些客户弄明白整个项目，允许华为开工，华为在紧急关头，会通过实战演练来证明自己。客户相信眼见为实，当他们看到华为在实战演练中的表现时，心中的疑虑也就烟消云散了。

华为在进行实战演练时，为了表示自己不是在敷衍，通常会找到一个或多个最典型的运用场景来进行。有些演练场景还是客户最难实施的场景，华为能够在这样的演练中成功，更加能够表现出能力。

华为在与英国运营商 Talk 合作 4G 家用 Pico 项目交付时，最初客户对华为的安全方案存疑，华为立即组织人员前往曼彻斯特交流澄清。客户问了华为澄清人员，为什么华为设计的方案中证书管理协议一定要基于 https、家用 Pico 对外都开放了的端口有哪些、华为家用 Pico 能否实现只预置中间证书而不预置证书链等多个问题，澄清人员只得一一接招。

三个月的时间里，在不断的组织答疑、提出新问题、再答复等反复中，终于打消了客户的所有疑虑，并使客户完全接受了华为的安全设计。之后，为了验证商用证书可用，华为又进行了异厂商公钥基础设施对接，并完成功能测试。客户相当满意，正式反馈预置证书给华为启动生产。

但很快，客户又表示对家用 Pico 商用模式还没有想明白，想停止这个项目。项目组紧急组织谈判，为了证明技术上的可行性，华为用工具模拟了城区、郊区、农村的话务分布，通过撒点的方式投入家用 Pico，计算能够吸收多少用户。客户请了第三方咨询公司做同样的事情，结果对比数据不一致，客户不知道该相信谁。为了取得客户的信任，华为选择进行实战演练。

客户最终在利物浦、曼彻斯特双城选出了十几所典型居民场景。接近一个月的时间，项目组在曼彻斯特、利物浦来回进行测试，大到农场，小到普通的窄小公寓，都是测试地。最终项目组拿到了室内部署到室外覆盖的宝贵数据，证明华为的方案在各种典型居民场景下都可以应用，并可以做到在居民区内用自建网络吸收承载自身用户而不用漫游。

看到实战结果后，客户选择相信华为的数据，并认可了华为提出的由移动虚拟网络运营商到移动网络运营商的大发展方向，允许继续开展家用 Pico 项目。

实战演练是真枪实战，华为根本做不了一点假，这也是为什么客户看到实战结果后，能够认可华为的重要原因。多年的市场经验，使华为对客户的心理更加了解，当客户犹豫不决时，华为知道在真实的场景中进行尝试不失为获得客户信任的好方式。

华为也曾遇到过在实验局和测试比拼中获胜后，仍无法得到客户认可的情况。因为在客户看来，虽然这些能证明华为的实力，但是他们更注重的是华为的现网部署能力，因为测试和实战还是有差距的，实战面临的不确定因素更多。这时候，实战也是消除客户怀疑的绝佳途径。

华为在开拓墨西哥 Telcel 项目时，当时的友商全部重兵投入，使出各种手段。于是，华为主动给客户推荐了第三方测试仪，并进行性能比拼，被客户接受。两个月下来，华为的测试结果完全符合标准，而且指标领先。项目组的工作态度和华为的整体实力都得到了客户的认可。

然而，实验局和比拼测试毕竟不是现网运作，由于缺乏在客户现网的成功经验，而且华为从未与客户网络实施团队合作过，客户对华为的交付能力表现出了担心。于是，项目组选择了墨西哥城的 Santa Fe 区域作为客户现网网优工程的样板点。该区域网络质量是客户最头疼的问题，而这一区的地位又非常重要。如果华为能够在这一区设立样板点，客户就愿意让华为接手整个项目。

项目组请来非常熟悉本地网络的顾问，并邀请美国一家网优公司加入，提出了合理的网优建议，切合了客户的心理诉求。华为网优实施后，整体区域的网络 KPI 提升了 32%。此后，客户将项目交给了项目组，表示在样板点现场的交付和维护团队，一个都不能走，要全部留下帮他们做好以后的工作。项目组还借此机会，和客户的实施部门一起，把华为的流程匹配到 Telcel 的流程中，大大提升了交付效率。

华为能够在客户不认可的情况下，采取实战演练的方式证明自己，也说明了华为有足够的底气应对挑战。所以，要让客户打消疑虑，企业首先要做的就是提高自身的能力，只要有实力，就不怕客户怀疑。

5. 产品开发过程的一体化

现在的华为，任何产品一经立项就能成立由市场、开发、服务、制造、财务、采购、质量人员组成的专业团队进行开发。在整个开发过程中，团队共同进行管理和决策，使研发、生产、销售达到一体化，使很多产品一经推出，就满足客户需求。

5.1 以市场需求为导向，组建专业化团队

二十多年前，随着华为业务的迅速发展，华为在内部开展了一系列管理变革。其中，建立一个相对稳定、能够适应变化的流程化组织结构就是这项工作的重点之一。经过多年的持续变革，华为已经建立起相对完善的流程组织结构。为了使产品能够更加符合市场需求，华为在完善了流程组织结构的同时，也加强了对整个流程组织的管理，并开始组建更加专业化并适应市场的团队。

在构建流程化组织结构初期，华为也遇到过各部门不配合的情况。华为采取了一系列措施，才成功解决了这些问题。为了使相关组织能够在项目执行中协调各种资源，华为在高层建立了专门的协调机构，负责人由职能部门领导以上职位的人员担任。华为也把项目计划和日常经营计划纳入了统一的综合计划，减少日常的协调工作，避免部门之间的冲突。华为还将项目的完成进度和成果纳入统一的考核体系，避免项目执行中责权利不清的问题。

产品开发团队（PDT）是华为流程组织结构中的动态结构，具体负责华为产品集成开发项目。PDT 的人员来自不同的部门，为了同一个目标而聚集在一起，团队的成员随时可能被其他 PDT 团队抽调或征用。在实际执行过程中，每个 PDT 又可分为多个项目组，每个组的成员也可以不断更替，直接对不同层级、不同时段的工作组负责。PDT 严格按照流程步骤执行，为流程管理提供了很大的方便（见表 5-1）。

表5-1 华为PDT运作流程

步骤	具体动作
一	市场营销工程部从市场获得需求后，由营销工程部系统工程师对需求进行分解分配。
二	分析需求，进入相应产品部门形成方案，上报投资决策委员会，然后通常从市场部选出PDT组长。
三	投资决策委员会审核部门审核立项、确定目标值，迅速架构有利于实现客户需求的技术的组织结构。
四	进入开发部开始开发。PDT组长负责考核研发部提出的每一个方案细节，最终决定“通过”还是“不通过”。项目进行过程中，项目小组也会随时依据市场变化进行调整，以适应工作需求。

华为的 PDT 模式打破了部门墙的限制，使来自不同领域的专业人员可以聚集到同一个团队中，共同进行产品研发。这种开放式的团队，也增强了华为人跨越式作战的能力。一个项目结束后，各 PDT 成员又会回归到自己的组织，并可以帮助其他组织成员实现成长进步。

随着开放式专业团队的建立，华为项目团队的整体素质得到提高，工作效率也迅速提升，促进了华为在全球各地项目的顺利展开，并使华为内部各项资源得到良好的利用。

5.2 前后端协同，保持一致的行动方向

为客户服务不是某一个部门能单独完成的，需要企业内部各部门之间的密切配合才能完成。在一线的前方人员直接面对客户，他们负责洞察客户需求，与客户交流沟通，维护好与客户的关系，并将客户需求反馈给机关。企业的后方平台，则是支持前方人员的资源地。后方平台除了要根据一线需求提供人力、物力、财力支撑，还要不断获取资源，提升配合一线的能力，以便能够准确为一线提供必要的支持。

华为在业务快速发展阶段，曾遇到过前方作战部队与后方平台协调不佳的情况。当时，因为内部组织机构不完善、流程繁杂等问题，华为的前方人员将大量的时间运用在与后方平台的沟通协调上，导致在一线寻找目标的时间减

少。对此，任正非认为："前方要准确清晰地提出并输入需求，后方要能清楚准确地理解前方的需求，按需求提供支持。只要前方的需求没有发生变动，所有的协调工作，应由后方平台之间自行协调完成，而且必须在前方需求的时限内完成。前方的需求变化了，要及时准确提供给后方。"

后来，华为经过多年的内部变革，逐渐提高了前方人员的作战效率，也不断提升了后方平台的服务水平。如今，华为前后端的配合已日渐熟练。

2008年，华为意大利代表处收到瑞士电信下一代全国传输项目的信息邀请书。这个项目的规模很大，华为地区部和代表处的领导都很重视，希望能够一举拿下此项目。

对标书进行分析后，项目组发现客户对网络规划和设计的要求高，而且难度大，这也是该项目的一大特点。地区部的领导派了有一定网络设计经验的人前往瑞士现场作战。

当华为项目组开始参标时，发现该项目的标书非常复杂，有一千多页文档，数千条技术问题。客户对答标的格式、字体、颜色、用语规范等都有细致的规定，答标难度相当大。当时，华为在瑞士还没有注册子公司，也没有成立办事处，在现场除了派去参与投标的几个人之外，没有任何资源可用。而且瑞士也不属于申根国，各地的专家因为签证原因无法及时到达现场，所以前去参与投标的人员可以说是在现场孤军奋战。

虽然现场没有足够的人力支持，但是华为强大的后方平台却给了现场人员极大的支持。凭借后方充足的资源，机关研发、行销等部门为项目组配备了最强的资源，并保证在关键时刻能够24小时不间断运转。

在半年的时间里，华为项目组表现优异，在客户信息邀请书和报价邀请书这两次标书的技术评比中都获得了第一名，并通过后续的努力拿下了订单。

前方的作战部队能够在市场上不断开拓，后方平台的服务和管理能够不断优化，就可以使华为人员不管在世界的哪个角落奋斗，都能得到公司的支持，这对华为在全球市场的发展来说至关重要。随着业务的发展，对前后方的建设又提出了更高的要求，华为也始终在坚持完善，使前后方能够齐心协力打市场。

6. 接口标准化，实现多厂商互联互通

产品接口的标准化问题，不仅关系到客户使用的方便性，还影响着华为与其他企业的合作，以及开拓国际市场。为了让产品更加符合客户的期望，华为努力使产品和服务符合国际标准，以满足不同地区客户的要求。

6.1 对内统一标准，提升作战效率

华为因为研发团队众多，曾经因为没有在公司内部统一产品的标准，导致每个团队研发出的产品，标准都不一样。这样不仅导致了重复研发，浪费人力和时间，也严重影响了客户感知。有些客户被产品五花八门的标准搞得晕头转向，并因此对华为所有产品的质量产生了怀疑。

很多华为人注意到了这个问题，并因此要求公司所有的产品功能开发都要严格遵守标准协议。统一标准后，华为为客户安装设备、提高其他服务的效率大大提高了，客户满意度也得到改善。

产品接口不统一，曾给华为交付人员造成了很大的困扰。有一位交付人员就总结出了他在交付中碰到的相关问题。

比如说，华为的 Fusion Manager 完成配置以后，界面上就会出现一个时间同步成功与否的标志，但是同版本产品的 Fusion Sphere 配置完后，却需要切换到另外一个页面点同步按钮，观察同步结果。FTP、SNMP 界面功能也没有统一。在进行远程备份时，Fusion Sphere 需要手工后台配置 FTP 功能，Fusion Manager 在 WEB 页面上配置后无法删除或者关闭 FTP 功能，只能从后台数据库删除 FTP 配置。

各个研发团队研发出的产品有各自不同的用户密码策略。像 Fusion Sphere 这个产品的密码到期了，会强制要求用户改密码，不改密码不能登录。而像 lanswitch 这个产品密码到期后，只是温柔地提醒需要更改密码，客户选择不改，却也能登录。同版本的产品操作却不一样，无疑给客户造成了困扰。

在主机升级版本上，也因为没有统一的标准而让客户心生怨气。一般情况下，主机升级版本，需要同步升级本地维护客户端，但是华为提供的产品并不能让每个客户都能正常刷新本地客户端。如果刷新本地客户端不成功，主机就会拒绝客户端登录，导致客户必须想尽各种办法完成升级，这种现象在多个产品中存在。

有些产品中的小问题看起来不值一提，但是会对客户造成很大的困扰，严重影响客户满意度。案例中这位交付人员提出以上问题，是希望能够尽快统一公司产品的标准，避免在交付时出现尴尬局面。经过不少人反映问题后，华为也对公司产品的标准采取了更加严格的管理，努力提高研发、生产各环节的严谨度和细致度，以更好地服务客户。

6.2 产品集成化，匹配客户需求

在一个项目中，客户通常有多个需求。有些企业为了满足客户所有的需求，为客户提供众多不同功能的产品，这样会让客户认为这样的组合式解决方案太零碎，有拼凑之嫌。而且不同功能的设备之间有不同的系统，也会让客户产生混乱。为了方便操作，并最大限度满足客户，企业要根据客户需求设计一套集成方案，让多个产品间能够相互对接，拉通各产品的管理。

华为在这方面做了积极的探索，将多个功能集中到一个或少数产品上，为客户提供一套完整的解决方案。虽然华为也走过不少弯路，并且这些问题仍然存在于一些项目中，但华为人勇于找出问题所在，并在内部进行分享，共同改进问题，努力提高华为在某些业务领域的服务能力，而且取得了不小的成绩。

2016年，国内三大运营商相继将视频业务作为基础业务，自营视频用户迅猛增长，他们对视频业务运维支撑系统的需求也愈发强烈。华为随即针对各个运营商客户提出了多个解决方案。看似这些解决方案准备齐全，可以满足各种场景的客户需求，但在实际交付中却出现了不少问题。

A运营商客户在当地的家庭宽带业务快速发展，用户离网率非常高。客户运维部门迫切需要一个能够面向业务和用户，并且可视化、智能化的运维支撑工具，来实现上网和视频业务质量可视、网络性能可视、故障自动定界、用户行为分析等功能，提升运维能力。华为当地代表处针对客户需求，先后向客户演示了CEM、T&D、uTraffic、SIG四个产品的功能。客户听完后很混乱，问代表处到底要给他们部署多少套系统才行。而此时，友商却给出了一套系统的实现方案，界面简洁且功能更完整，获得客户一致好评。

B运营商客户想建设宽带视频端到端质量保障体系，当地一线人员把CEM和uTraffic组合为一套系统呈现给客户，但CEM和uTraffic都需要对接客户某一相同数据源，这使客户感到很困惑，他们不知道华为为什么一套系统还要对接两份相同的数据源。

面对C运营商客户时，当地代表处也向客户介绍了很多的方案，客户都不知道代表处到底想为他们提供哪个产品。

以上问题引起了华为的极大关注。经过分析，华为发现面对以上问题时，没有形成一套有竞争力的整体解决方案。各产品各自为战，都有各自的产品利益，甚至有竞争关系，导致客户需求无以解决。之后，华为人认为各产品只有明确定位，形成合力，才能真正以客户为中心去为客户服务。

面对严峻的市场竞争，很多企业在积极响应客户需求，并且一直在提高定制开发的能力。这也让华为感受到了危机感，经过类似以上案例中的教训后，华为也在产品集成化上投入更多，以保持产品的竞争力。

6.3 制定统一的规范接口，改善客户感知

在项目开发过程中，一般为了增加产品的可靠性，维持产品稳定，并方便后续进行调试和维护，在开发过程中就要统一产品的接口规范。如果接口不统一，容易影响客户感知，并且会降低一线作战人员在交付中的灵活性。

华为也因为想降低成本等原因，而在为客户服务过程中，采用过不规范的产品接口，从而引起客户投诉。为此，任正非多次提及统一接口规范的重要性，他在2016年质量与流程IT管理部员工座谈会上就说过："公司各种数据（如GTS数据、供应链数据、三朵云的数据等）要制定统一的规范接口，拉通互用，才能多维度关联建模分析，提升作战效率，数据资产价值最大化。"

目前，主流的电脑显示器接口有VGA和HDMI两种。而在一次答标中，华为员工肖志（化名）发现公司的桌面云瘦终端设备采用的却是较为冷僻的DVI接口。

随后，他找到研发人员询问原因，研发人员表示这是为了降低成本。由于市面上带DVI接口的显示器款型极少，集成商不得不为每台显示器多花近100美元的成本，为补偿集成商的利润，这些成本最后都算到了华为头上。

由于DVI接口较冷僻，显示器的货期比普通的长，所以很少有企业使用。这次给客户使用后，客户体验差，为此投诉了华为。

不规范的接口往往会造成恶劣的影响，不管企业出于何种目的使用这样的

产品，最后都可能会得不偿失。为了以防再出现类似问题，华为也多次强调，产品线的架构设计规范要统一。

事实上，使用接口不规范的产品，不仅不会降低成本，反而会增加维护所需要的人力和时间，客户的维护成本也会因此增加。产品不规范，在后续的维护与升级中，会导致无法再满足客户需求，要重新解决这个问题势必会花费更多时间，也会因为产品得不到及时升级而蒙受损失。

2011 年，华为通过软件公司销售给中国移动某港 3 套桌面云系统 R2 版。在 2012 年底交付验收时，客户发现版本功能无法满足技术规范书要求。后经研发评估，产品需要升级到 R3 版本才能按照合同交付。在 2013 年底产品新版本出来了，为客户升级到了 R3 版，达到了合同承诺的功能要求。

但问题很快又出来了，由于华为软件版本升级后改变了软件产品 ESN 号，导致原有的 License 文件失效，现场只能重新向产品线接口部门进行申请。在申请的过程中又遭到产品线的拒绝，因为产品一年的服务期已过。后来经核实，当时执行合同下单时，对服务期的要求没能与合同要求对齐，是按照华为默认的一年服务期配置的，与合同中要求的终验后 2 年全系统维护，且软件终身免费升级的服务要求不符。

此时，客户已经很不耐烦了，表示产品满足不了合同要求，又不能立即提供升级，这样做太没诚信。为了提高客户满意度，现场人员开始了漫长的解决问题之旅。在问题出现 3 年多后，才终于通过多次求助和沟通，在各方人员和项目组的配合下，申请了软件服务的商务补货，更新了永久 License，为客户解决了问题。而在此期间，有 2 年多时间里，客户一直使用临时 License，每 3 个月就要更新一次，客户因此多次投诉。

只要产品有一点不符合规范，就有可能引起大问题，对华为和客户都造成难以挽回的损失。华为对产品的要求越来越严格，也是想吸取多次经验中的教训。

第6章 快速交付使用

我们走出国门、走向全世界的时候，什么都不会，不知道什么叫交付，全是请世界各国的工程顾问公司帮助我们。第一步就是认真学习，使公司逐步走向管理规范化。现在我们正在自己往前一步，就想再做得更简单一些、更好一些。

——任正非

1. 满足客户需求，作出交付承诺

交付是很重要的一个环节，产品和解决方案行不行得通，在交付中就可以得到验证。为了让客户放心，企业在获得订单后，就应该做好解决方案和交付计划，并且严格按照合同条款实现交付，兑现对客户的承诺。

1.1 了解客户的商业诉求和市场节奏

企业在分析客户需求时，要注意了解客户期望在商业上达成什么样的目的。有些客户对项目的进度很关心，希望能够尽快完成，企业要找客户着急的原因，比如有的客户是想抢在竞争对手之前实现成功，而有的客户则是希望能够参加某一重要的活动。如果企业能掌握这些信息，就可以顺势找出客户痛点，从而更容易满足客户需求。

2009 年，华为负责 B 客户的 C 网项目，由于工期非常紧张，又面临着前期大量的工程遗留问题，作为一名入职不到一年的新员工，赵力（化名）在技术和经验上都不足，因此面临着严峻的考验。他日以继夜地清理网上问题，督促合作单位工程师上站处理，并亲自到现场解决难题，协调客户和第三方厂家的工作，一个站一个站地攻克，终于把 80 多个直放站问题一一处理掉。

因为客户在当年 8 月份有劳动竞赛，所以项目的紧迫感也越来越强。项目组必须在 8 月 31 日前完成一期项目所有基站 90%入网。但到 8 月 25 日时，527 个基站中只有 130 个基站入网。

客户非常着急，要求不惜一切代价保证工程进度。为了加快入网进度，刚刚做好网优攻关的赵力，立即开始梳理问题，分派工单，监督执行。在坚持了 4 天 4 夜后，到 8 月 31 日午夜，共计完成了一期工程 490 个基站入网，创造了每天入网上百个基站的纪录。客户的劳动竞赛也顺利举行。

不管工作量有多大，任务有多么紧急，华为人都会想办法帮助客户完成项目。因为只有帮助客户及时完成项目，并保证项目的高质量，才能让客户更快地从市场中获利。

有些客户在每个阶段都会有一个经营目标，很多项目执行人员因为在现场与客户缺乏沟通，经常遭到客户投诉，项目组也因此压力重重。这时，项目负责人就应该主动询问客户在每个时期的商业诉求是什么。华为有些项目执行人员，就因为能够及时帮助客户完成目标，而获得了客户深深的信任。在下个阶段的项目开始前，这些华为人员也会主动询问客户的KPI、目标等，以期帮助客户提高市场竞争力，并获得成功。

华为在B国的客户V运营商南部工程总监是个非常严格的人，华为项目组每周都会接到他的投诉电话。项目组经过分析，发现该客户工程总监关注的主要是项目的进度。于是，项目组让客户工程总监给他们一个月的时间搞定，如果完不成，客户便可向华为代表处投诉。

为了实现承诺，项目组争取到了短期发货倾斜政策，搞定了货物，并集中100%的资源，聚焦80%的重点城市。项目组还将自己面临的真实状况、目前的动作和希望采取的策略，全部都告诉了客户工程总监，并表示短期内可以扭转客户内部综合的KPI值。客户工程总监看到了曙光，召集下属和项目组一起修改了实施战略，第一次达成了一致的目标，统一了工程语言。之后，项目组高效交付，创下了区域单周安装170站的记录。三个月后，南部三州的交付进度大大提升，赢得了客户信任。

在之后的另一个激进的3G市场计划开始前，项目组吸取上次的经验，主动问客户总监，这次他们的KPI是什么。客户表示是保持前三的交付进度按时完成网络建设，希望C市成为全网第一个商用的城市。这还是给了项目组不小的压力，需要项目组每一个员工抛开原来的思维方式和工作模式，打破常规，对有限的资源进行“重组”。

随着一个个城市激活数量的上升，网优工作紧锣密鼓地开展着，项目组将网络KPI以双周报的形式呈现给客户。对于第一个商用城市地部署工作也按计划顺利进行着，经过两轮的路测和优化，各项KPI均达到合同要求。客户工程总监在对客户高层的汇报会上骄傲地将C市申请成为全网第一个商用城市。此后，客户投诉减少了，客户工程总监也与项目组建立了友谊。

通过对客户市场目标的掌握，华为人在项目执行过程中，也越来越感受到什么是真正的以客户为中心，怎样做才能真正为客户服务。华为人也更加明白了，要想顺利完成交付，就必须根据客户的实际情况和客户期望来做出适当的承诺。

1.2 借鉴过往经验，承诺交付工期

拥有丰富交付经验的人员在制定项目交付计划、面对项目风险等方面更加得心应手。在交付前，项目组会根据客户的实际情况来确定最终的交付时间，这时以往积累的经验就可发挥重要的作用。因为有类似交付经验的人更容易从项目中发现问题，并且在与客户沟通上也更有经验。当向客户承诺的工期紧张时，交付人员也可以根据以往的处理经验，在某些方面加快速度，缩短工期，以达到客户的要求。

华为的很多交付团队都身经百战，经常是一个项目交付完后，各人员就要投入到另一个项目中去。在关键时刻，以往的交付经验通常能在新的项目中派上大用场。

高伟（化名）与项目组一起成功完成了华为在匈牙利的 NFV 搬迁项目。在 NFV 交付上积累一定的经验后，2016 年底，他被派往奥地利，参与当地 Y 运营商全网 NFV 搬迁的售前介入和售后交付。奥地利的首都维也纳是中东欧的桥头堡，通信市场长期被友商占领，华为希望能够通过此项目在这片市场有所突破。

与以往的交付不同，这次是从投标、订单到交付的端到端模式。借鉴过往经验，高伟认为目前在业界标准不明确的前提下，与客户的标准和交付件对齐是关键，否则交付工期将成为巨大的风险，成本也会居高不下。于是，高伟与研发、解决方案交付技术团队一起根据标书提前做好交付方案，并将交付风险全部量化，与客户逐一澄清。客户则认为他们对现网的需求特别多， NFV 是新技术，他们对华为的版本交付能力也不了解。

关键时刻，高伟在匈牙利的交付经验派上了用场，他像以前一样把版本需求的时间点写进了合同，既管理了客户不断变化的需求，也避免了在交付阶段研发版本无法匹配项目计划的问题。之后，华为与客户顺利签约，项目组也在合同规定的时间内，完成了第一个里程碑的交付件。

华为一向重视经验的总结和分享，在面对重要的项目时，也会派一些有经验的人员去应对。华为也鼓励员工多到一线锻炼，在不同的项目中增长见识和不断积累经验，以更加熟练地应对客户。

正因为华为在过往的工作中积累了大量的经验，使得他们对客户的问题看得更加透彻，更加准确定位客户问题，并且发掘客户在未来的发展中的需求。华为人还凭着艰苦奋斗的精神和对业务的熟练，完成了很多客户认为不可能完成的任务，并因此获得客户后续的大量订单，与客户建立了更加稳固的合作关系。

Telefonica 作为全球最大的跨国运营商之一，在全球多个国家和地区拥有子网，但子网运作相对独立。为了加强对各子网的管控，Telefonica 总部采购变革委员会成立了统一的采购平台，希望通过推广平台实现对子网采购的初步管控。但各子网背景复杂，Telefonica 总部的计划推行一年后，收效甚微，因此他们选择与华为合作，希望能做成此事。

2015 年，郭飞（化名）作为 IT 经理接手 Telefonica 集成对接项目，由于业务量激增，如何快速实现对接成为项目首要任务。为了更多了解客户对接的计划和具体细节，华为拉美大区两位 IT 专家专门去 Telefonica 变革委员会主管 Francisco 的办公室拜访，希望得到客户支持，打通巴西 Telefonica 子网、集团总部、华为采购对接。拜访期间，Francisco 并未给出答复，而是让两位 IT 专家回去等消息。两个月后，他们收到了 Francisco 的邮件，客户表示同意引入巴西子网采购 PO 到集团采购平台，实现华为的订单对接，但是要求华为必须在 9 月初完成，否则将取消无实质进展的采购平台。

一个月完成全新的对接集成、覆盖几十种采购场景梳理、环境软硬件的采购和安装，简直是不可能完成的任务。但华为不想失去这个机会，于是代表处马上做起了相关的业务准备。该项目在代表处早已达成一致，大家都表示会全力支持和配合，并且承诺协调最好的资源保障，力保项目成功落地。其间遇到了不少困难，但项目组凭借对业务的熟练，以及以往工作中处理问题的经验，成功解决了很多突发问题，保障了订单对接项目在 9 月 5 号按时上线。

实现订单对接集成后，Telefonica 大大加速了订单采购效率，这个项目也成为了 Telefonica 总部推行采购平台的成功样板点。Francisco 在给项目组的信中表示，原本认为这是不可能完成的任务，但华为做到了，这说明华为是他们生意上的好伙伴，也是他们变革推进的好搭档。

只有按照客户规定的时间完成交付，实现承诺，才能成为客户的好伙伴。华为与客户的友谊就是通过一个个项目的成功交付建立起来的。

华为人从多年的交付经验中还发现，交付过程中不能为了赶进度、满足客户工期需求而牺牲项目的质量。因为最终项目要通过客户的验收才能算是完成，有些客户在项目实施期间就可能会进行严格的检验，所以华为人都努力将过程做好，以免客户不满意导致返工而耽误整个工期。

2. 用严谨细致的计划换取精确执行

为了保证交付有序进行，制定计划是不可或缺的一个步骤。项目组要根据项目的大小、执行难度、客户需求的排序等来制定详细的、可行的解决方案。在计划中，不仅要做好每一步怎么走，还要安排好相关人员的工作，使项目组团结一致，共同完成交付。

2.1 对各个流程进行端到端的规划

要想做出一个合适的计划，首先要保障项目流程的畅通。项目组边执行计划，边梳理项目流程，提高效率，以加强项目进度监控，避免重复劳动。多年前，华为没有完善的项目流程，给项目执行带来了极大的不便。自从华为开展从功能型组织向流程型组织的转变后，交付能力以及人均效率都得到了极大的提升，后方平台的配合也更加默契了。

华为在组织流程得到优化后，在具体的项目过程中，也更加重视对流程进行端到端的梳理，为项目交付做好准备，并实现职业化交付。

2012 年底，泰国 3G 牌照即将发牌，华为在泰国业务量面临井喷。周成（化名）加入泰国 AIS 系统部，参与 3G 项目。正在项目组准备迎接客户业务时，泰国 3G 牌照突然宣布延期拍卖。在项目的空窗期，周成组织项目组成员端到端仔细地梳理了各个业务流程的每一个细节，并进行了大量的沙盘推演，以使项目流程能适配海量交付，打通从站点物料供应、分包资源、站点建设到商用的全流程。

2013 年初，AIS 系统部成功拍下 3G 牌照，项目开始启动。客户向项目组提出第一个月要交付完成 1 000 个站点和 100% 上站检查的质量要求。而此前，泰国交付历史上的极限是每月交付400多个站点，所以对项目组来说这是个巨大的挑战。在交付前的准备阶段，项目组封闭研讨多次，重新设立了组织架构，成立了4个独立功能的办公室，分别是PMO、TMO、MMO、RMO。

独立的MMO使项目货物有人员端到端负责；本地化的RMO团队，可以与客户无缝对接；TMO团队针对网络商用保障成立了专门的子项目组，多次组织客户研讨商用保障方案，还模拟演练了各种应急预案。细致的规划，使项目组在站点商用过程中，顺利度过爬坡期，没有发生一起客户投诉和事故，所有网络KPI都达到合同要求。PMO团队则拉通了售前售后各个环节，能够快速识别短板和瓶颈，帮助客户实现了商用目标。

项目内部交付流程持续优化的同时，项目组也推动了客户的验收周期等流程改进，使交付效率不断提升，验收周期改进了50%，为项目节省了千万美元成本。

作为项目计划的一部分，流程的梳理可能只占到一小部分时间，却能发挥重大的作用。由以上案例可见，项目流程端到端的优化，不仅有利于提高执行效率，还能够快速帮助客户实现成功，并节省大量成本。

在梳理流程、制定计划时，项目组也要验证计划的可行性，并且不断改进。其中，关键是要提高项目组成员的计划能力。只有这样，在梳理流程时，才会做到细致，计划也才会更加准确。同时，对于客户提供的准备计划，项目组也要进行验证，以便与项目组行动一致。

当初，华为巴西办事处由于本地关键员工流失严重，造成交付人员能力下降。又恰逢巴西LTE项目刚开始交付，项目组站点实施集成计划能力差，项目连续几个月被客户投诉。项目组成员在面见客户时，客户希望项目组能限期整改项目交付进度。

在接下来的两个月，项目组在公司内部四处要资源、寻求支持，并集中到客户处联合办公，制定改进计划，与分包商沟通增加队伍，每周改进一点。终于从第三个季度开始，月度交付达到了客户要求。

项目组明白，必须持续改进才能顺利完成交付，而且提升计划能力是关键中的关键。项目组发现，如果客户提供的站点准备度计划和预测不准和延迟，就会导致前后端所有计划集体失效。所以项目组找到客户的分包商验证，并主动管理站点准备度计划，还找到客户内部系统验证传输状态，开启了办事处站点准备度和传输配合管理方法论。此后，月度交付计划准确率开始有质的飞跃，达到95%

以上。

项目组的流程把握能力和计划能力，是交付能力的重要部分，这些要是做好了，后续的交付就会顺利得多。华为现在越来越重视交付的效率，因此对项目的计划程度也更加精细了，从中也锻炼了交付人员的高效交付能力。

2.2 把握重点分工，并明确责任

人员的安排是交付计划中非常重要的一环。人员安排不当，团队协作不熟练，内部就容易出现问题。所以，企业应该加强团队精神建设，项目的负责人也要多观察各成员的表现，并且与他们多沟通。就像任正非所说的："主管何不妨每月与自己的下属或周边喝喝茶，明确传达一下自己对工作的理解和认识，使上、下都明白如何去操作。不善于沟通的人，是难做好行政主管的。"对成员有足够的了解，才能根据各成员的特长进行工作安排，并且让各成员明白自己该在岗位上干些什么，明确自身的目标。

虽然每位成员的综合能力不同，但是有些成员在某些方面却有特殊才能，只要能够为其安排合适的岗位，做到人尽其才，团队的力量就会大大增强。

曹轩（化名）深知作为一个项目的领导，除了自身技术过硬外，还要管好自己的团队。当时他负责的一个项目团队中，汇聚了不同业务背景、不同年龄阶段的成员。有刚毕业的新人，也有资历比他还深的员工，还有从别的业务模块调过来的成员。

当时一个新模块交到了曹轩手上，这个模块已经延期交付了，并且积攒了几十个问题单，如果按照项目组现在的状态，项目交付肯定会延迟。经过仔细思考，曹轩觉得要先找项目组深入了解项目交付情况，并了解清楚每个成员擅长的领域，这样在分配任务时才能合理分工，提高问题解决效率。

之后，曹轩召集团队成员进行了一次开诚布公的沟通，改变了之前没有明确分工的局面。经过重新梳理规整后，曹轩安排善于交流的"九零后"负责对外接口，精于技术的老员工处理疑难杂症。通过发挥大家的长处，协同作战，项目最终按时交付。

华为的企业文化通常被称之为狼性文化，狼群就是以团队作战的形式获取猎物的，而且每只狼在捕猎时都有自己的任务，通过分工合作，狼群练就了强大的捕食能力。在华为，团队精神经常被强调，并且重视将目标细分到每个个体身上，在不断的熏陶中，华为人在团队中的责任感也得到提升。这也是为什么华为团队成员经常更换，却能保持战斗力的原因之一。

任正非也经常对华为人表示，大家要相互帮助，而不是只顾自己的岗位工作，对周边的工作不闻不问，出现问题后相互推卸责任。华为项目团队也曾出现过类似的情况，在教训中他们也逐渐明白了相互支持、配合对整个项目的重要性。

2009 年，林修（化名）在参与某产品版本的开发及生产支持工作期间，经常听到项目组成员说一句话，那就是“这个不是我的问题”。最热闹的情况是，在环境实验室，设备高、低温情况下出现异常时，一堆人围着温箱轮番上阵，分析现象、查寄存器、改软件设置。然而，他们都不是去找出症结所在的，而是找出“这个不是我的问题”的证据，最后测试部不知道该将问题单给谁，也没人愿意站出来解决问题。

林修还发现，几乎每个功能模块的人都有一套迅速为自己找借口的办法。这种自扫门前雪的做法，在初期给产品开发造成了很多困难，并制造出了许多找不到原因的问题。比如，当时的设备输出功率异常的情况比较多，大家很快就排除了功放、软件造成问题的可能，经过屡次摸索，发现由于是首次使用，盲插连接存在不稳定的可能。于是，之前没解决的很多问题，大家也都将责任推卸在了这上面。

此后，经过项目组内部调整，重新明确责任，产品才终于通过验收，并顺利完成 Y 国重点项目的发货任务。

以上案例的教训说明了一个道理，即只有将工作细化到每个人身上，明确权责利，才不会出现相互推脱责任的问题。企业也要让员工明白，项目失败了，整个团队都要负责任，而不是某一个或几个人负责。只有每个人尽到责任，项目才能按预期完成。

2.3 严格执行计划，认真处理每一个问题

计划要付诸实践才能出成绩，在执行时，项目组应该严格按照事先做好的

计划进行。因为项目涉及大大小小多方面的工作，每项工作都有明确、固定的计划。如果其中有一项计划变动，就可能会影响到整个主计划的实施。如果在执行过程中，发现某项计划有不当之处，相关人员也应该正式提出计划变更，并遵守计划变更流程进行审批，还要在各个岗位之间传递信息，确保整个项目不受影响。

华为的不少项目就因为前期计划准确，在执行过程中又能严格按照计划步骤进行，使项目计划能够被极小偏差或无偏差地执行，客户也被这种严谨的工作态度所打动。

华为负责的德国电信搬迁项目，包含首都区域在内的一牌网络，这个项目是大T德国电信集团的本国子网，同时也是华为第一次进入西欧5大国。因此，华为非常重视这个项目。

项目之初，华为项目组花了近半年的时间和客户一起讨论交付策略、流程、主计划和技术方案，开了上百次技术澄清会。对于不符合要求的文档，客户会要求项目组反复进行修改，每一次的修改过程和原因都会被客户准确地写进版本修改记录列表，保证文档的可追溯性和可读性。最终，双方制定了一个高质量、可持续的搬迁流程和计划。

项目组被德国客户严谨细致的工作态度所打动，也从中学到了很多。因为计划的准确性高，项目计划也被99%的近乎无偏差地精确执行，使总数达1.2万个物理站的搬迁项目，在没有紧急呼唤炮火、没有突发问题的情况下高质量交付。

由于计划准确率非常高，项目运作效率也会大大提高，运作模式也相对简化，项目运作就会因此形成了良性循环。

为了提高计划的准确率，并使项目组成员每天都知道该干什么，项目组在制定计划时也要尽可能地细化。在执行的过程中，项目组负责人也要紧盯整个流程，避免任何一个环节在执行中出现偏差。

2012年初，徐天（化名）担任TIMSWAP项目的项目经理。当时项目由于资源不足、物料问题突出、分包商搬迁经验欠缺、团队磨合度不高等问题，造成交付异常缓慢。客户满意度低，客户还投诉货物供应速度。

作为项目经理，保障货物的供应是第一要务。于是，徐天联合客户从1月份开始锁定全年交付站点、优先级、站点级到货和实施计划，客户也规定了明确的月度发货目标。随后通过拉通供应链经理、产品经理和巴西供应中心计划专员，改变了原来由产品经理负责物料进口计划的运作流程，改为由项目经理牵头，细化发货计划到天。徐天时刻紧盯订单履行各环节，最终实现了连续 6 个月 100% 完成月度发货目标，客户开始认可华为，项目计划能力也大幅提升。

此外，项目组还与客户、分包商、区域项目组制定了集成实施计划，层层细化，6 个月就完成了 1 600 多个站点搬迁，计划完成率接近 100%。客户 CTO 多次发邮件表扬项目组，华为也得到了客户集团高层的高度赞扬，改善了客户关系。

对待工作计划一丝不苟的专业精神是交付团队所要具备的基本素质。只有用严谨细致的态度去规划流程、制定计划，并严格执行，才能让所有人的努力都能得到回报。

3. 协调各方资源，为交付提供保障

在交付时，企业要保证在一线的项目组能够充分调动后方的资源，并且能够及时得到其他团队的支持。企业要让内部团队做到一方有需求，八方支援，将所有资源利用起来，为客户服务。

3.1 建立全球化交付与服务平台

一直以来，华为都坚持加强对全球服务能力的建设，以实现服务交付的全球化、集中化和本地化。比如说，华为在罗马尼亚建成了全球服务能力中心（GSC），在北京建成了全球网络演进和体验中心(GNEEC），在印度、罗马尼亚等地建设了全球网络运维中心（GNOC），还拥有德国、印度及中国三个管理服务能力中心（COE）。这些都是华为为实现全球化交付所作的努力。

华为还积极实行流程变革，加强前后方的工作能力建设。任正非也表示，希望通过全球流程集成，把后方变成系统的支持力量，并且沿着流程授权、行权和监管，实现权力的下放，摆脱中央集权的管理模式下造成的机构臃肿、执行效率低下。任正非这么做，也是希望能够做到让听得见炮火的人来呼唤炮火，让一线人员不管在何处，都能及时得到公司的资源支持。为了更好地完成交付，华为也在积极转变原有的交付模式。

2017 年初，中国电信公有云项目（CTC）局点正式开始大规模建设，全年交付量高达 18 个，这是华为的全球运营商合营公有云项目中，范围最广、数量最大的公有云局点群。当时，项目组经过认真分析，认为如果不改变交付模式，这几乎是一个不可能完成的任务。

如何提升交付效率、降低交付成本，成为 IT 交付团队必须要解决的难题。项目组想到了在 2016 年时阿里巴巴的专家表示，阿里云的建设中，9 个人只用半个月的时间，就完成了 1 000 台服务器的建设。这让项目组坚定了要打破拼体力、拼资源交付方式的决心。项目组想到云计算项目不同于传统通信类项目，软件调测在网络打通后，应该可以通过远程交付，实现交付团队的集中复用，最大程度提升效率。于是，他们试着转变思路，希望探出一条适合 GTS 的 IT 交付转型之路。

GTS 联合研发的专家经过研讨，发现阿里巴巴的远程交付成功，是因为标准化程度高，所有的项目都统一组网、统一方案，再通过一系列工具，可以节省交付人力，最终实现快速又高效的远程交付。于是，GTS 联合研发，快速拉起了一支 50 人组成的远程交付队伍，学习阿里巴巴，通过典型配置、标准化，进一步简化交付方案，提高交付效率。

项目组根据前期客户需求进行提炼，将建设局点所需的服务器、存储、网络、安全设备选型实现典型配置，组网方式采用标准方案，结合市场调研和各省商机反馈，以物理服务器的台数为单位，提出了方案。经过与客户深入交流，客户慎重考虑后，最终采纳了项目组的建议，并确定同一批建设的局点采取相同规模方案交付，保证并行交付局点的经验可复制性。

随后的第 1 批规划 5 个局点、第 2 批规划 7 个局点的公有云交付，是远程化典型配置实施方案出炉后的首次实践。当服务、研发、合作方联合交付团队到达西安远程交付中心时，大家都很紧张。交付团队精心准备，力求保证各局点典型配置标准化，最终发现 5 个局点只需配置 60 人，比传统交付方式可少 65 人。

为了再次提高交付效率，在半年时间里，项目组又陆续开发了 28 个工具和脚本，用于支撑远程交付。随着苏州、郑州、青岛等几个局点陆续部署上线，大家心中的石头才终于落地。之后，通过一系列的改进措施，第 2 批 7 个单局点交付周期仅需投入 10 人、2 个月，半年内交付效率相比 2016 年提升了 3 倍。

华为一直在用实际行动改变着传统的交付模式，比如案例中的远程交付，通过华为的交付平台，可以在多地快速交付成功。新的交付模式不仅提高了交付效率，降低了生产成本，也促进了华为的技术进步。

3.2 解决资源难题，提升交付质量

“巧妇难为无米之炊”，项目交付既要有高素质的交付人员，又要有足够的资源配置。华为在进入新市场之初，由于当地办事处建设不完善，资源还未配齐，曾在项目交付中遭遇过困难，好在华为的后方平台能够有力支援，尽可能调集资源送往前方。在前方的项目组也会提前对所需资源进行调查，想尽办法在正式交付前收集资源，并且充分调动本地的资源，加快本地人才的培养。

2007年12月，周汉（化名）被华为派往牙买加AMX全TK项目，这是华为在当地的战略性项目。牙买加是典型的山区岛国，项目的网规设计难度大，客户KPI要求苛刻。该国也是英属私有制国家，站点获取非常困难，加上漫长的雨季和飓风季节，使交付难上加难。

牙买加是加勒比海岛国，只有200万人口，客户3年才建设了84个站点，而华为项目组却要在10个月内交付609个站点，困难可想而知。周汉带领项目组大胆决策，没有人力资源，他们就边招聘边培训，项目组总计组织培训就达100余次。当地没有物料资源，项目组就尽量提前从美国采购、备货；没有分包资源，项目组就自建队伍来完成，其中80%的站点获取和50%的土建工程都是由自建团队完成的。

项目组凭借着对资源的良好规划，以及迅速调动资源的能力，10天就竖立起了60座铁塔。经过10个月的拼搏，终于完成任务。

资源也是打出来的，虽然华为有良好的后方资源平台为前方源源不断提供支持，但是也要依靠一线人员自身的努力，不断创造和积累资源，才能在艰苦的条件下，满足客户需求。

有时候，在一个大的项目中，有好几个交付项目组在同时运作。如果让每个交付项目组都独立运作，资源配置就有限，无法满足每个项目组的要求。因此，华为各项目组之间经常会选择进行资源共享，使资源复用，从而提高交付效率。

2012年，徐正（化名）进入南非Telkom项目，刚开始是做2G/3G项目的收尾。一个月后LTE项目启动，这样就造成老项目在收尾，新的项目在爬坡。如果两个项目独立运作，对交付资源特别是人力的需求是巨大的。

为了解决资源难题、降低交付成本、提升效率，代表处打算用两个项目融合交付的办法，使项目团队资源共享。也就是说，徐正担任新项目的项目主管，并在老项目中担职，老项目的项目主管也在新项目中担职。采用这种方式后，有效地保证了资源复用以及新老项目的平滑过渡。

LTE 项目启动时，多个项目合同质量和售前方案缺乏可交付性，导致问题频发，于是华为提出交付部门要走到前端。在这个项目的投标期，徐正就和交付专家积极参与方案设计和评审，确保在多场景、多制式、多产品复杂交付场景下，保证服务解决方案的可交付性，并基于服务产品、交付场景等准确测算服务成本，参与方案制定，为项目的成功交付奠定了基础。

最终，项目超额完成全部经营指标，实现了 LTCL5/L6 流程在南非的定制和落地。在此次项目的交付中，还培养出多位优秀的人才，为南非的后续业务提供了人力支持。

不管企业的资源有多么充足，不能得到合理利用，就无法支撑多项目的运行。华为在资源的复用方面，积累了很多经验，这也为支撑华为业务的快速发展提供了强有力的保障。

3.3 优先应对和保障优质项目

像华为这样的大企业，项目遍布全球各地，每天都有很多项目同时在进行。这些项目有大有小，涉及的业务复杂程度不一样，对华为的市场影响度也不一样。当遇到一些意义重大的项目时，华为通常会调集一切能调动的力量来保证成功交付。

不只是华为，在很多企业看来，优质的资源就应该用在优质的项目上。这些项目会为企业贡献更多的利润，也能为企业树立形象加分不少。所以，企业会优先保障这些项目的成功。

2009 年，为了实施长株潭城市群“两型”社会试验区建设的首个配套落实工程，在并网的同时，三个城市的电话号码由 7 位升级到 8 位。华为在竞争中脱颖而出，成为了这个工程的主要电信设备供应商，并全程参与了此次工程。

接到项目后的整整 2 个月时间，华为湖南办事处的领导都在为并网升位的资源发愁。长沙、株洲、湘潭这三个城市涉及了华为智能网、SSP、关口局、NGN、端局，接入网共计 48 个局点，还下挂了数百台小交换机，用户数量涉及了在网用户 210 万，需要升位、并网同步操作，还要能确保网络的正常运行。一般情况下，一个地区完成通信升位或并网就需要 2 至 3 年时间，但长沙、株洲、湘潭三个城市升位并网从启动到完成要在半年多的时间里完成。

与以往的项目不同，本次项目不涉及很多硬件安装工程，但是大量的数据重新制作和定义却是在以往国内项目中所少见的。而这些局点，数据调整需要少则 1 个人、多则 2~3 个人在现场操作，而当地办事处的固网资源显然无法进行有效的支撑。怎么办？办事处最后向公司机关调动资源，向国内其他办事处寻求帮助。

中国区领导经过研究，表示让全国各地的办事处全力支持这个项目。于是，从 2009 年 3 月开始，华为就从深圳、广州、武汉等办事处，调集了多队人马到长沙，最多的时候，湖南办事处汇集了各地来支援的十几个固网工程师，相当于将中国区和机关的资源搜罗一空。在支援长沙项目的间隙，这些工程师还要完成本办事处的工作。很多工程师是晚上在原办事处加完班，白天来长沙支援，然后又回到原办事处继续工作。

在多个办事处工程师的齐心协力下，2009 年 6 月 29 日清晨，长沙、株洲、湘潭三个城市成功实现了并网。

华为能够同时从多个办事处调集优秀的人才支援重要的项目，说明了华为的资源管理平台的优秀。华为人团结一致的企业文化，也使得他们能够在完成本职工作之余，努力支撑他方项目，为华为的成功贡献自己的一分力量。

4. 与客户定期沟通，确保方向一致

在项目执行中，客户的配合非常重要。交付人员要做好客户的沟通管理工作，从根据客户需求制定交付方案，到交付过程，都要和客户进行良好的沟通和互动，以便提升交付效率，赢得客户的认可。

4.1 关注客户沟通，从真诚做起

在保持与客户交流时，要逐步与客户建立正向的关系，并增强双方对项目的信心，尤其要注意与关键客户建立良好的沟通渠道。交付人员可以通过定期

向关键客户汇报工作进展、与客户讨论计划、与客户建立较好的沟通和反馈机制，增进双方的相互了解。一旦取得关键客户以及其他层级客户的信任，交付人员在处理工作时就会轻松很多，在某些方案上，也更加容易获得客户的认可。

华为在G国的P项目，是公司特级TK项目。项目实施阶段，面对站点获取困难、业主频繁变更、串行沟通冗长等问题，项目组主动和客户中的关键人物——客户项目总监T先生沟通，一起优化站点获取流程。项目组还与客户建立了站点获取联合团队，通过与分包商和客户站点获取人员一起到站点和业主协商，大大提高站点获取进度，对后续全面开展TK站点建设奠定了良好的基础，这种互动沟通模式受到T先生的好评。

项目验收阶段，项目组和产品线、客户线一起提前制定了验收方案、标准建议、变更细则，并保持与T先生沟通确认，强调验收对客户工程部门的重要意义。在华为和客户项目组的共同努力下，完成了每一个区域第一个站点的验收和证书，并进行了规模验收，取得回款。

项目商用阶段，项目组每周都会和客户针对下面两周的传输资源需求及时进行沟通。正因为提前考虑了时间差和良好的沟通反馈，使传输迅速到位，站点开通得到极大提速，高峰时单月可以开通250个以上TK站点。

在路测和网络优化环节，项目组又和产品线、客户线一起针对CDMA网络在P国的实际使用需求，定制了测试优化内容和对应KPI，并与客户进行了有效沟通并确认，高峰月可以完成300个站点网优和商用，大大超出客户预期。项目组在汇报时，得到了客户总监T先生极高的赞誉。

项目组在制订每一步计划时都会和客户进行沟通确认，会让客户感受到被尊重，并让客户参与到项目执行中来，使他们对项目的进展状况有了更清晰的了解，再加上细致严谨的计划，客户对项目组的工作也就放心了。

建立和维护良好的客户关系，需要交付人员保持耐心和真心，并注意与客户沟通的技巧。在沟通时，交付人员需要明确自己的策略和意图，将关注点放在提升交付效率和提高客户满意度上（见表6-1）。

表6-1 交付人员与客户沟通的技巧

序号	沟通技巧
1	保持谦虚的态度，认真听取客户观点，从专业角度与客户进行讨论。
2	与客户建立互信。让客户了解交付团队的能力，站在对方的角度分析交付中存在的问题和风险，及时给出解决方案，并与客户确认。
3	对于客户指出项目交付的问题，尤其是细节问题，要仔细分析原因，积极响应，并给出建设性意见。
4	建立与客户沟通的各种渠道，除了例行沟通外，还要定期向客户汇报，并得到反馈意见，还应在一些关键场合和问题上给予客户切实的支持。

很多客户因为前期出现的问题，对交付项目组有意见或是存在怀疑，项目组就应该根据以上沟通方法，贴近客户，改善客户关系，并逐渐与客户建立信任关系。

2015 年 4 月，A 国 X 运营商收购了墨西哥两家运营商，华为争取到了其中的一个项目，客户要求 2015 年底的圣诞节完成墨西哥子网一期两网融合，商用上线。

项目组面对的问题是，两张网络信息不够准确，站点配置信息、传输信息都需要时间去检查梳理，对两网融合的经验也不足，交付风险很大，而且涉及两个客户团队的融合，沟通汇报和技术审批决策效率很低。对于 A 国客户的标准，项目组也没摸清楚。

项目组经过分析，发现最大的挑战是，由于前期站点适配、传输不到位等原因导致设备安装和上线延迟，所有的网络优化冲刺都要在交付的最后一两个月内爆发，资源、质量问题难以得到保证。为了保证后期交付顺利，项目组只能在内部提前做好练兵准备。但因为客户的不信任，对测试工作制定了新的标准，导致培训熟练流程复杂、时间长，分包商也意见很多。

为此，项目组中所有的骨干都带队去了区域城市亲自把关质量，手把手反复培训和实战测试每一支路测队伍。经过一个多月的努力，队伍的质量有了很大的提高，绝大多数可以独立完成测试任务。之后又引入了委内瑞拉的分包商，逐渐把网络优化交付进度赶了上来。

与此同时，在项目组成员坚持一个月每天早上 8 点给客户端咖啡的情况下，客户态度也有了转变。经过几天的交谈，项目组找到了与客户的共同语言，信任也建立了起来，客户也愿意开始倾听华为的声音。经过反复测试对比和与客户沟通，客户最终同意在保证质量的前提下精简测试流程，极大地提高了效率。

2015 年圣诞节前客户网络成功商用，没有出现重大客户投诉，还开拓了一些本不属于华为的城市格局，客户也主动打来问候电话。

与客户保持良好沟通，是为客户服务中重要的一项工作。不管是拿到订单前，还是交付中，这种沟通都能对企业、对项目组产生积极影响。因此，企业人员在提高沟通技能的同时，更要大胆地主动与客户进行交流、探讨。

4.2 项目关键步骤要与客户积极沟通

项目执行的关键步骤对全局有着决定性的影响，所以除了要制定出准确的计划外，还要与客户进行讨论并确认，确保项目的实施是按照客户的要求进行的。尤其是在执行中，因为需要而变更计划的时候，一定要提前与客户商量。有些十分严苛的客户对这样的问题非常在意，因为他们不能确认变更的计划是否可行，并且认为自己对计划的变更有知情权。

华为在多年的交付中，遇到过很多严苛的客户。这些客户对自己的职责和华为在项目中应承担的职责分得很清楚，并且在合同中规定，每一次计划的变更都要得到他们的认可。华为也曾因为不懂得客户的规矩，触碰过客户底线，这让华为人更加懂得了在一些重要的决定上一定要与客户商谈并确认。

2011 年，华为迎来了一次大挑战，那就是自己研发的芯片首次面向英国电信（BT）交付。BT 客户一向严谨、要求高，对待技术规范、质量问题细致严格，对一切疑问都要弄清楚。在华为看来，如果能搞定 BT，在应对其他运营商客户时就显得更有底气了，但如果交付失败，将会面临不小的负面冲击。

为了能顺利实现这次交付，华为派了一名资深测试专家出差英国，项目组则在武汉远程支撑。正当大家认为一切尽在掌握之中时，客户突然发飙了。原因是，在某天夜里，项目组变更了一个节点值，导致客户的工作界面有一些变更，但没有及时告知客户。项目组认为，这次变更可以让界面更方便操作，能提升客户体验，却不曾注意这样会触碰到客户的边界。

随后，项目组召开了紧急沟通会，客户经理在会上很气愤，质问相关人员为什么有变更不跟客户沟通。为了进行补救，项目组立即排查了所有变更点，一一列出来跟客户对齐需求，并再三向客户诚挚道歉。当所有问题闭环时，客户才终于打开心结，给了项目组第二次机会。

在后续的客户验收中，虽然也出现了不少问题，但是项目组都快速解决了。随着BT项目交付的深入，大家发现，和严格的客户打交道虽然艰难，却实实在在促使了华为的进步，让华为的交付变得更加职业化。在巨大的压力中执行半年后，项目组交付了第一个客户认可的版本，赢得了最苛刻客户的信任。

以客户为中心就是要无论何时何地，都要将客户需求放在首位。自以为正确的事，往往是错误的开始。正确的计划一定是建立在理解客户需求以及与客户充分沟通的基础之上的。相互交流才能建立信任感，才能促进项目实现成功，因此交付人员要从始至终保持与客户沟通顺畅。

4.3 敢于与客户沟通，处理紧急情况

在项目交付中，难免会出现一些突发事件，这是考验交付人员临场应变能力的时候。交付人员不要害怕会引起客户抱怨，更重要的是能够及时与客户商量，找出解决问题的办法。如果问题处理及时，并且能够最大限度减轻对整个项目的影响，通常客户不会有很大不满。最坏的情况是，交付人员不敢与客户沟通，等到问题无法挽回时，被客户发现，这时就会引起客户严重不满，甚至投诉。

遇到客户投诉时，交付人员也应该第一时间排查问题，找出问题根源所在。然后就出现问题的原因，提出解救办法，并与客户进行详细沟通，打消客户的疑虑，争取客户对接下来的工作的支持。

华为参与的H国B项目是该国第一大运营商重点项目。由于前期交付缓慢，引起客户高层投诉，尤其是引起客户项目总监I先生的严重不满。当项目组了解到项目实际进展和问题后，提出了项目执行整改计划，并选择一个客户优先放号、相对有把握的区域作为优先重点，集中优势完成。

当项目组向I先生汇报时，I先生显出将信将疑的神情。项目组诚恳地承认进度的延误和局部站点的工程质量问题，并细致地分析了其中原因：主要是由于项目执行计划缺乏清晰目标和优先级、没有集成和滚动，导致虽然投入较多，但交付效率不高。而且项目组织结构不清晰，和客户之间缺乏沟通和问题的升级处理机制，也缺乏专业的检查工具控制项目质量，导致DDF接线得不到质量保证。

当I先生听了项目组的自我分析后，态度有了明显的改变，并问项目组有无应对的策略。项目组拿出了准备好的三张表递交给I先生，包括关键里程碑和单元小区执行计划跟踪表、项目组织结构与客户的对应图和沟通计划、质量监控流程和关键检查点，重点描述了目前客户最关注区域建设目标、计划、质量控制、资源方面的情况。

I先生认真听完项目组的解释后，高兴地表示，自己一直在等这样的表，相信按照这样的项目管理是可以把项目做好的。I先生还主动问项目组还有什么需要配合的，当场指定了与项目组配合的接口人，同意借测试工具给项目组，还答应只要执行中出现的是客户方的问题，他们会在当天解决。

客户总监I先生的态度变化鼓舞了项目组。项目组按照制定的整改计划严格执行，按承诺在第四天完成了优先区域的放号，并得到了客户的表扬。

华为的自我批判精神是难能可贵的，任正非也一直要求华为人坚持自我批判。这使得华为人能够对自己的工作进行反思，并且及时改进，也因此获得了不少客户的好评。在找出自身存在的问题后，明白沟通的重要性的华为人，也能够鼓起勇气向客户承认错误，并且与客户交流，重新树立客户的信心。很多客户重视交付人员服务时的态度，案例中华为的表现，就让客户看到了交付人员应有的敬业精神。

5. 提升交付能力，做好交钥匙工程

交钥匙工程是指全TK（Turnkey）项目，简单地说就是大总包工程。企业在承接业务后，要负责客户方的设计与建造工程，包括设备安装、土建、初步操作等全过程，等到项目完成后，再将项目组的所有权和管理权根据合同规定完整地交给客户。这种工程一般工期较长，需要企业有掌控全局的能力。

5.1 对项目过程和人员进行监督和问责

由于交钥匙工程所包含的工作众多，要想能够顺利完成，并保证过程中不出现大问题，就要对整个项目做好规划，必要时可以进行预演，及时总结问题，以提高项目执行时的效率。同时，交付项目组也要对整个流程进行全面的

监控。很多企业会采取问责制的方法，让每个岗位上的员工能够尽到责任，并且将项目执行过程中的所有资料、文档、动作的执行等形成备忘录，使出现问题时也能够迅速查出根源所在。

华为已经承接过不少TK项目，从最初的没有任何经验，到拿下更多的TK项目，华为的客户满意度也不断提高。在这样重大项目的交付中，华为体会到，要想对全局进行有效监控，就必须协调好项目内部人员、客户、分包商之间的关系，让参与项目的各方人员都有能力尽到责任，并且能够统一意见。

2017 年 4 月，郑斌（化名）作为马来西亚 M 客户群东马区域经理，接到了东马区域的偏远地区小站覆盖项目。此项目是马来西亚电信部（MCMC）主导的项目，旨在为偏远农村地区提供基本的通信保障。

MCMC 希望能够在 2 个月之内完成首批 189 个站点交付，使所有村民能在当地大选前用上无线网络，因此 M 客户面临巨大的工期压力，因为这是一个 TK 项目，范围包括站点获取、土建、能源和无线搬迁。此时恰逢华为与 M 客户进行下一个 5 年框架合同谈判，华为能否对这个项目成功交付，对谈判有很大的影响。

在项目规划阶段，华为系统部和代表处领导给予了项目组全力支持，各方支持人员也陆续到达。团队成员每天聚在一起，各个模块都输出了自己的交付计划、方案和风险预测。项目组还经常召集各种会议，和客户谈、和分包商谈、内部成员进行交谈，使大家对项目的大体轮廓有了概念，并明确了各自的责任，还从中发现了更多细节和风险，为后续交付实施打下了坚实的基础。

正当大家准备妥当时，客户内部相关部门对项目范围存在分歧，导致服务 PO 迟迟不能下发，项目陷入僵局。项目组和分包商都很焦急，不得不协调客户内部，开会澄清，统一各方意见。在最后一次会议上，客户内部终于就工作范围达成了共识，客户还要求项目组能在第二天就开工。面对客户的急迫需求，郑斌只能向客户解释，华为必须收到正式 PO，完成合同注册以及相应的配置才可以启动交付。这让客户对华为有没有做好交付准备产生了怀疑，于是郑斌让供应经理展示货物入库记录，并向客户汇报了分包资源准备情况，这才使客户打消了部分疑虑。最后，通过对各方人员的监督，大家都尽到了自己的责任，完成了任务。

TK项目涉及的人员众多，任何一方出现差错，项目进度都会受到极大影响。所以华为不仅要监督好内部人员，还要督促其他方的人员按照计划完成任务，这就需要华为的项目管理人员能够与他们进行有效沟通。

5.2 改进工具，提升项目节点的工作效率

如果按照传统的交付方法，很多节点的工作需要多名人员共同完成，但能研发出合适的工具的话，则可以有效节省人力和减少成本投入，提升某些工作节点的效率。华为最初很多工作都是由人力完成的，但随着工程量越来越大，他们意识到要想缩短项目时间，并同时执行多个项目，就要在重复劳动中减少人力的投入。

如今，人工智能是个热门的话题，华为也积极在这方面进行探索。任正非表示，人工智能的应用首先要瞄准实现简工勘，实现自动化设计。2017年，他就在人工智能应用GTS研讨会上说道："海量重复动作要运用人工智能技术来替代，实现文档自动生成、质量自动审核、远程验收及自动开票。然后再把人工智能应用的成功经验扩展至网络维护、网规网优等业务场景，把被动问题处理变为主动预警预防，不仅提升了效率还提升了为客户服务的质量。"事实上，华为这些年根据项目需要，也开发出了很多小工具，并因此大大加快了项目进程。

华为项目组在负责 R 国 V 系统部 LTE 项目时，李显（化名）花了 7 个多小时，也未能将物流报价方案弄出来，面对近 3 000 个的无线站点，27 种站型，近万条的配置清单条目，他感到很头疼。

正当李显苦恼时，项目组的一位同事推荐他试试供应链货量预估小工具。这款小工具比正常统计节省至少 4 倍时间，而且准确性比手工 Excel 更高，不用申请权限，全球可通用。在这位同事的指导下，李显花了不到 40 分钟就得到了预估结果，后续匹配整理也花了不到 1 小时，效率提升了 60% 以上，得出的数据也更合理可靠。

这款货量预估工具成为了项目组的得力助手，产品种类覆盖全面，准确性提升到近 90%。使用一段时间后，用户从上线初的 150 多增加到了 1 800 多个，访问量从最初的 1 000 多次 / 月提升至了近 1 万人次 / 月，用户遍布全球 16 个地区部 100 多个国家，上线以来总访问量突破 18 万人次。这类小工具在华为一线也越来越受追捧。

此后，华为 Easy Tools 平台又陆续推出了中国区客户仓库存出库管理工具、中国区大项目管理工具、站点存货闭环核销工具等小工具，每年可以节省成本几千万，平均工作效率提升 50% 以上。

在企业越来越重视成本和效率的今天，各项工具的发明层出不穷，很多也在实践中得到验证。这除了能够使企业按时交付，也能减轻客户的商业压力。

为了能够在工作中多创造出有用的小工具，企业也要培养和鼓励员工积极思考、持续改进的意识。比如，有些员工在重复工作中就会想到可不可以发明一些小工具来减少工作量；有些员工在遇到手工无法解决的问题时，也会主动开发工具。企业应该对这些小工具的发明者给予适当的奖励，以激发大家的热情。

周成（化名）加入华为后，一直从事固定网络软件测试工作。华为研发刚搞敏捷开发的时候，因为版本节奏快，每天测试人员到公司第一件事情就是花半小时给设备加上当天最新版本，然后再进行客户需求验证。这样要耗费大量时间，于是周成就想，这样的重复工作是否可以自动化解决。

于是，他马上行动，分析每种设备加载差异及版本加载流程，然后动手开发了一款工具。由于还要完成本职工作，他只能在晚上10点后加班。该工具终于在一周后完成开发并通过调试。当天晚上周成小心翼翼地把工具全部部署到每台设备上。第二天一大早他就跑到公司检查设备，发现所有设备都自动加载成功了。当时网络研发测试部部长说："这是典型的小改进大收益，这种积极思考、持续改进的意识值得每个测试人员学习。"周成也因此获得了网络研发部长奖。

在工作中的小改进，也能发挥大作用。华为的很多工具开发，甚至是产品改善都是一点点改进的，经过长时间的积累，这些小小的改进，发挥着越来越重要的作用。

5.3 不畏艰难，快速完成交付任务

在TK项目中，巨大的工程量，经常让项目组面对更复杂的情况。华为在很多国家和地区执行TK项目时，就由于当地的环境、社会因素等，遭遇了不小的困难，在华为人的坚持下也完成了很多艰难的项目。

支撑华为人在困难中完成任务的因素，既有利益的吸引，也与华为人长期受其艰苦奋斗的企业文化的熏陶有密切关系。艰苦奋斗的文化使华为在早期的发展中，挺过了很多难关，促进了华为的发展壮大。如今这一企业文化被传承

下来，并受到极大的重视，这也让新一代的华为人能够更加勇敢地面对挑战。

华为在加纳的首个全 Turnkey 项目中，在勘测设计完成、首批路权站点获取、首批设备物料抵达目的港，完成清关入仓再转运各区域后，项目进入施工阶段。

受加纳地形的影响，在施工建设过程中，经常遇到巨石挡道。由于该国公路局考虑到将来扩路的需要，在给项目组的路权中规定，光缆路由在某段公路必须走左边或右边，且要求距离路中线 50 米。这就容易使光缆路由遭遇到复杂多样的地貌地质变化，岩石区就是其中之一。所以，巨石挡道的情况在该国各地都有遇到，北部尤其多。有些岩石可以用空压钻机破除，但碰到大片岩石区或巨石就很难移动。

施工进入第二个月后，大量岩石隔断了缆沟的贯通，导致不能及时放缆回填。当时是雨季，已挖好的沟一夜之间都变成河流或整个淹没变成湖泊。这些都严重影响了项目整体进度。为此，项目组在北部成立了爆破组，出于安全考虑，爆破通常放在深夜进行。

加纳中南部是热带雨林地区，分布着一条重要的河流，项目组的光缆要跨过这条河流。技术上并不难，但在要动工时，却遇到了当地人的阻拦，当地人认为在河上施工会产生不利的影响。项目组对此表示尊重，按照当地的习俗进行祭祀，并以当地礼仪拜访酋长，征得酋长的同意后才开工。

扫清施工的障碍后，项目终于得以顺利进行。之后，项目成功交付，获得了当地通讯部签发的竣工验收证书，华为也在加纳树立了首个全 Turnkcy 项目交付案例。

华为在不同国家和地区执行项目时，都很尊重当地的风俗习惯。因为经验告诉他们，如果不能入乡随俗，就会给项目造成更多的困扰。通过在艰难的条件下多次完成任务，华为也在很多难点问题上积累了丰厚的经验。

交付中的困难不仅来自外部条件，内部的不和谐也是项目组要面临的重大困难。所以，华为也很注重对分包商和客户能力的提升，并且克服各方之间的分歧，在项目中团结一致，相互帮助和支持，共同度过了很多难关。

郭云（化名）是华为在 A 国某 TK 项目的一个区域经理，主要负责该区域的站点整改与验收工作。整改期间，该区域大规模爆发了恐怖的埃博拉病毒。当时项目组的站点就分布在疫区，接到国际卫生组织的紧急通知后，郭云就带着客户和项目组成员紧急转移到了邻近的一个较安全的区域。

遇到突发状况，交付计划也要调整。为了实现年底冲刺目标，郭云说服了客户，让大家坚持在原地继续整改和验收工作。由于当地缺水、缺电，卫生条件极差，项目组在3个月里又极少吃到蔬菜，导致大家缺乏水分，皮肤都非常干燥，有的人皮肤甚至开裂了。

尽管条件艰苦，但所有的人都一心想着完成交付目标。无论是本地员工、中方员工，还是分包商和客户，大家都团结一致，经过整整3个月不间断地整改和验收，该区域104个站点终于全部开通。

完成交付工作，既需要交付团队有足够的能力和资源支撑，又要大家有毅力，能够面对很多不可抗力因素。所以，华为在加强团队建设时，对员工的心理关注也很重视，就是希望能够让团队成员都能以积极健康的心态去战胜困难。

6. 用专业征服客户，完成验收

验收完成，才能成功完成回款，企业也才能获得利润。客户在验收中通常会很严格，交付人员不能掉以轻心，而是要将一切准备妥当，使验收符合客户的各项标准，让客户安心实现商用。

6.1 及时培训，解决客户疑难问题

在验收阶段，客户会对交付人员的工作提出很多疑问，交付人员要用专业的解答让客户信服，消除疑虑，使客户尽快完成验收。如果客户在验收中发现问题，交付人员也要立即找出原因，及时修改。

华为为客户提供的服务一向比较全面，对后续的维护工作也很重视。华为通过总结经验发现，如果不能在验收时取得客户好感，就会让客户对华为的后续维护能力也产生怀疑。所以，华为在客户验收阶段，会向客户展示自己对问题的响应速度和解决问题的专业性，让客户心甘情愿签下项目验证书。

2009年8月，华为为A客户建设的SDR网络即将封网，项目组必须在封网前保证网络没有任何问题。但封网前，突然出现了网络掉话的问题，原因不明。

而且客户工程师向客户高层汇报，表示网络质量不好。对此，项目组都很紧张，因为一旦封网，就不能再做任何改动了。客户要求项目组在一星期之内解决问题并给出问题报告。

现场人员立刻分析话统、日志的数据，对比实际的资源利用情况和原网的规划情况。经过通宵分析，发现是资源不够引起的问题。现场人员立刻通知客户，加了一块单板后就将问题解决了。

一个个问题的解决，让客户看到了华为工程师现场交付的响应速度和专业能力。但是这些问题的出现，也让客户对华为的售后维护服务能力产生了怀疑。项目组与客户相关部门的领导召开了转维会议，详细介绍了维护的流程和响应速度等。但客户坚持要看到实际效果才肯相信，于是项目组就提出现场验证。客户就现场提出了基站瘫痪这个紧急问题让项目组解决。很快问题单就到了华为的问题处理中心，1分钟后，处理中心的电话打到了华为工程师手机上，客户对华为的响应速度非常满意，并表示这太专业了。

此后，项目验收工作顺利进行，9月30日，SDR网络成功正式商用，客户签署了项目终验证书，交付项目组也实现了欧洲无线项目最快的交付纪录。

客户的挑剔来自其承受的压力，所以华为交付人员在验收中，都会替客户着想。华为全球化的服务平台，也让在世界各个角落的华为交付项目组能够及时得到支持，为验收和维护提供有力支持。

为了让客户对专业的技术和知识更为熟悉，能够运用到业务中，并减少对华为的误会，华为还经常在项目实施的过程中和项目验收前，对客户进行专业化的培训，消除客户对华为产品和服务能力的怀疑，增强客户对合作的信心。

2008年，巴西客户投诉HSDPA速率低，并对华为设备能力产生了怀疑。为了消除误会，让客户更加了解华为的设备，华为立刻为客户射频部门、核心网部门组织了一次针对HSDPA的培训。在培训中，华为向客户介绍了HSDPA的相关概念和专业技术，加深了客户对于HSDPA的理解，客户对于培训效果表示满意。

与此同时，华为还组织工程师对设备进行测试，经过分析发现了客户核心网设置问题。几天后，华为针对测试结果与客户进行了讨论分析，并认真向客户介绍了所有可能影响HSDPA速率的因素。有些客户部门对华为的解释仍存在质疑，于是，华为的工程师又和客户进行了一次测试。结果只用半个小时，就定位出了友商的某款产品存在一些问题，成功打消了客户对于华为设备的怀疑。在随后的测试验证中，客户对结果都很满意，并对华为的设备表示了极大的认可。

当客户对华为的产品和服务存在疑问时，华为也不是一味为自己辩解，而是通过事实向客户证明自己的清白，成功完成验收。在这过程中，客户也慢慢见识到了华为专业的工作能力。

6.2 坚持不懈，满足客户严苛要求

验收是一项巨大的工程，其间有很多细节工作要处理。除了要安装好设备，解决技术上的问题，验收还需要做很多文字工作。交付人员要严格按照客户的验收标准和要求去做，提升文档质量。有些客户很严苛，如果不能按照其要求做，在验收中交付人员就可能会遭到拒签。

此外，为了加快验收的速度，交付人员还要不断优化交付流程，在验收前将各项工作准备妥当。如有必要，企业还可以提前请求客户提供验收所需文档的清单，以便减少返工的次数。

华为与C客户合作的某项目中，因为华为收入规则变更，项目收入确认时点由安装报告延后至验收，所以项目交付的难题集中到了验收。刘铮（化名）作为整个项目的验收经理，肩负着数亿美元收入的重担。

当时在项目组内部，区域交付团队的意识尚未转变，重心仍然放在前端，导致组织流程效率低。在外部，分包商提交文档速度慢，文档质量得不到提升。客户十分严苛，要求在验收的文档中，文字描述、图片不能有半点差错，拒签率一度高达50%，导致客户审批进度慢。为了改进文档的质量，项目组请求客户提供检查文档的清单明细，然后一遍一遍与客户进行核对和确认，最终与客户在标准上达成了一致。经过一段时间的改进，客户拒签率很快降至10%。

之后，又经过优化流程，加快了验收速度。经过项目组的共同努力，最终客户验收成功，并超额完成了当年的收入目标。

在交付中，备货周期、运输周期、验收周期等都会对一线能否满足客户对交付周期的要求有着重要的影响。其中任何一个环节拖后腿，都会造成整个运营链条效率低下且形成恶性循环。所以，交付人员要努力做到符合验收标准。为此，华为很早就推行了产品的市场验收标准。任正非在多年前就表示验收要

同时达到日本的低成本、德国的高稳定性、美国的先进水平这三项标准，这样华为才能缩短验收周期，增强在国际上的竞争力。

有时候验收周期长，与客户的拖延也有关系。遇到这样的客户，交付人员要发扬锲而不舍的精神，采取恰当的方法不断催促客户签字验收。华为的交付人员也没少遇到这种情况，他们可以长时间在客户门外等着，甚至上门拜访客户，想尽一切办法让客户尽早验收，好为后续工作的展开争取时间。

2012 年，华为无线首次突破美洲移动在墨西哥本土子网 LTE 项目。2013 年，杨金（化名）加入该项目并重点攻克验收问题。美洲移动的验收需要按照合同中所有功能特性进行，经分析总计条目 634 条，涉及客户 17 个部门，最终要拿到各级别客户的共 87 人次的签字，才能拿到第一批次站点的验收。

通过系统梳理，杨金发现验收共需准备支撑文档 4 568 个。于是，他带领团队仔细准备好每个文档，并走完内部审核、递交客户、沟通确认、签字验收全流程，没有丝毫懈怠。

客户网优主管是验收中的难点，迟迟不肯签字。有一次，杨金和团队约了该客户审核一批文档，客户开会开到下班也没结束，华为团队则一直坚持站在外面等候。客户发现后，也没有要与华为团队审核文档的意思。为了打破僵局，杨金趁客户开会间隙，送了些点心到会议室，有效缓解了气氛。晚上 10 点，客户终于开完会，在会议室外等候 8 个小时后，客户终于答应和华为团队一起把文档快速审核完，完成审核后，客户很快就签了字。在 6 个月的坚持下，项目成功获取验收，在验收突破上也领先于友商。

有经验的交付人员都知道，验收有时候比项目执行更加艰难。也正因为困难，才促使交付人员努力将问题简单化，并提高工作的仔细度，最终缩短了验收的周期，帮助客户快速实现商用。

第7章 日常维护保障

服务承担的责任和压力越来越重，华为现在的网络越来越复杂，越来越危险，容量越来越大，速度越来越快，就像原子弹爆炸一样，说爆就爆。网络无论在世界哪一端，出几个小问题，都会关联起来，这时就需要大量的优秀服务专家参与进来，维护能力不能下降，反而是越来越重要。

——任正非

1. 贴近客户建服务组织

华为在拓展全球市场的同时，也将服务机构带到了当地。这么做，是为了能够更加贴近客户，及时响应客户的需求。如今，华为已在中国30多个省市和300多个地级市都建立了服务机构，在全球100多个国家和地区有服务中心。

1.1 把战壕修到离客户最近的地方

在华为崛起的过程中，华为人在很多艰苦的地区奋斗过，这些经历让华为人明白了，要想赢得客户并与客户保持长久合作，就必须做到友商做不到的一些事情。所以，当西方公司都只在中国的省会城市和其他重要的城市建服务点时，华为坚持将服务点建设到了地级市，甚至是县一级的城市。

对此，任正非表示，华为公司的价值观不一样，很多华为人能够在条件极差的地方辛苦工作、不退缩，而“没有一个人会为西方公司卖命而到一个偏远的地方去守阵地甚至守上几年而不回家”。在华为人看来，只有在距离和心理上都贴近客户，才能够知道客户需要什么；为客户提供产品和服务后，才知道在哪些方面需要改进，并及时帮助客户解决问题。

2000年，中国电信业再次分拆，中国电信运营商由原来的1个变成了7个。华为针对这7个运营商成立了7个运营商系统部，一对一地服务于这些新的运营商。这7个运营商系统部从运营商总部到各个省分公司都有自己的分支机构和自己的KPI。这样，华为就将所有大小运营商一网打尽，全在自己的服务范围之内。

中国电信分家后，地县市公司基本没有采购权了，省级公司的部分采购权也上收。以前，华为的竞争优势在于，外资公司只做客户总部和客户省级公司的关系，而华为的网络遍布各地市。中国电信分家后，由于地县级市失去了采购权，很多人就认为华为丧失了原有的优势，并认为华为的管理层会收缩地市公司的销售服务网络，将人力投入到扩展国际市场上去。然而，华为不仅保留了原有的服务网络，还在每个地市建立了客户服务中心，加强在地市一级城市的营销服务网络，并且将以前的华为销售经理转变为客户代表来监督和提高华为的服务水平。对此，任正非表示每层每级都贴近客户，不放弃对华为有利的任何一票。

由于华为的服务中心靠近客户，所以当客户一有问题，就会找华为的工程师沟通，华为因此与各层级客户都保持了良好的关系。而且每当省级以上公司集中采购时，往往需要地市公司这些使用单位提出需求和意见，这时华为就争取到了更多的支持。

这么多年来，华为坚持不放过任何一个客户，他们舍得投入人力、资源到客户需要他们的地方提供服务，让客户很是信赖。即便与当地的潜在客户暂时没有业务往来，华为驻扎在当地的人也会经常与客户交流，培养感情，久而久之，双方合作的时机就慢慢成熟了。

在华为发展的这些年里，也没有停止过加强对客户需求的挖掘和管理。在多年前，华为就不局限于在全球各地建服务中心，还在公司的行政组织结构中，建立了战略与Marketing体系，专注于客户需求的理解、分析，并基于客户需求确定产品投资计划和开发计划。此后，在各产品线、各地区部华为也建立了Marketing组织，以贴近客户，倾听客户需求，并确保客户需求能快速地反馈到公司，融入产品的开发路标中。

在任正非看来，这些都是基于客户需求导向的组织，对推动华为的发展起着重要作用，因此他说道："明确贴近客户的组织是公司的'领导阶级'，是推动公司流程优化与组织改进的原动力。"

1.2 流程的最终目的是服务客户

华为在与很多知名企业打交道的时候发现，业界的研发流程经过多年的实践后，已经没有大的区别了。现在各行业关心的是要以客户为中心来优化流程，围绕客户创造价值。可见，流程改革和优化的落脚点都在客户身上。

因此，华为现在的流程完善，更加关注客户。比如在对客户问题进行定级时，起初华为的很多部门都有不同的意见，忽略了所有的问题都是客户那里发出来的。所以，后来华为对ITR流程（网上问题处理流程）和IT系统进行了改善，并以客户对故障的定级来定级。此后，所有的IT和流程都会围绕快速知道网上发生的问题、快速解决网上问题进行，以支持华为快速响应客户的需求。华为的其他很多流程也都是围绕节省为客户服务的时间、改善服务质量而展开的，真正做到了以客户为中心。

2013 年 7 月初，时任华为轮值 CEO 的徐直军来到华为中东地区部，给地区部提出了流程工作要从客户界面入手，不能光在内部折腾的要求。他还要求地区部对准客户痛点、代表处和系统部的经营指标，通过梳理客户界面预算、采购、交付验收、回款四大流程来解决问题。

2013 年下半年，地区部抓住“客户界面流程适配”这一关键任务，通过打开 TOP25 系统部的预算、采购、验收、回款等环节的关键问题入手，在流程质量工作中挖出了收益。这也使得 2013 年地区部运营资产效率同比改进了 21.7%；在系统部和客户组织召开的关于流程优化的研讨中，客户也因此受益，客户认为华为这是在帮他们解决问题。

因为在流程上的改进，中东地区部流程质量团队被华为评为了 2013 年度金牌团队，他们还被邀请在 2014 年年初的市场大会上分享了客户界面流程适配的方法和实践。

疏通流程管理，受益的不仅仅是企业，客户也会因此收获良多。所以，为了提高持续为客户服务的能力，华为坚持围绕客户需求来建设流程。华为积极改变了中央集权式的管理，通过权力下放提高华为的服务能力，也是为了让一线的人员能够更好地服务客户。虽然华为的流程变革取得了相当好的成绩，他们仍然在持续改进，以完善服务能力。

2. 为客户提供代维、代运营服务

华为非常重视与客户共同进步、共同发展，因此也在想办法帮助客户提高能力，实现可持续发展。为了帮助客户解决设备维护、运营等难题，华为积极提高自身的运维能力，以为客户提供高质量的代维、代运营服务。

2.1 打造智能化运维模式

在大数据时代，传统的解决问题的模式也正在被颠覆，以前很多企业在运维上，只想到要如何解决问题，而在新的时代，华为思考的却是如何从问题解决转变到问题预防，在萌芽阶段就把问题解决掉。为了实现这个目的，华为与运营商客户一起打造了问题管理体系，也发挥了很大的作用。华为还表示会面向未来重新思考如何利用大数据，改善ITR，成功从被动解决问题转变为问题预防，打造良好的最终用户体验，增强网络竞争力。

在互联网时代，网络运维系统对保障业务的健康运行至关重要。现在IT系统正在向云架构转型，运维系统面临着新的挑战。很多客户都希望能够在保障高运维质量的同时，提升效率并降低成本。所以，华为在努力探索智能化运维，以支持IT系统的自动化运行。为此，华为也在帮助运维人员把工作从运维管理向运维研发转变，以推动智能化运维的发展。

如今，华为在全球网络中有近万亿美元的存量规模。巨大的网络天天都可能会发生故障，为保证客户的网络安全，任正非表示要"研究人工智能用于网络及管道，要搞定故障自动定位、网络状态预测，成为世界第一"。

2017 年 4 月，在德国汉诺威举办的消费电子、通信及信息技术博览会——CeBIT 2017 上，华为正式宣布与英国 Global Switch 公司签署合作伙伴协议。

英国 Global Switch 公司在数据中心建设的规模、灵活度、联接性方面已经取得了不错的成绩，现在他们研究的是如何才能降低运营成本，并提高数据中心的运维效率。而华为一直致力于为客户提供简单、高效、可靠的数据中心解决方案，其模块化数据中心采用 iPower、iCooling、iManager 独创技术，实现了数据中心的数字化、网络化、智能化。华为也是全球主要的数据中心设施解决方案提供商，因而得到了 Global Switch 公司的青睐。双方表示将携手共建智能运维的数据中心。

对于双方的合作，华为企业 BG MKT 与解决方案销售部总裁表示，云计算和大数据等新技术给数据中心运营商的商业模式和运营效率带来了新的挑战。华为会提供网络连接、能效提升和智能管理方面的先进技术，帮助 Global Switch 公司提升业务发展，一起建设迎接未来挑战的数据中心基础设施架构。Global Switch 公司的 CEO 也表示，期待与华为合作，希望双方能够共同提升数据中心的运维体验及效率。

在新的时代，技术的发展在为各个企业提供发展机遇的同时，又提出了巨大的挑战。华为始终坚持顺应时代的发展，在技术上保持领先，为客户提供先进的服务，帮助客户，也使自己能够在新技术的发展期创造更大的价值。

2.2 助力客户运营效率的提升

新的商业模式也为很多运营商客户带来了运营效率的挑战。华为一直以来都坚持观察运营商客户的动态，并且了解他们的运营压力。与此同时，华为也积极加强运维技术的发展，提高服务能力，以便能够成为客户合适的合作伙伴。

华为的付出也获得了回报，很多客户正是看中华为在运维上的优势以及众多成功的案例，将华为列入了合作的首选名单中。有些客户的业务很复杂，而且在当地市场也不具备竞争优势，华为凭借自身的经验和雄厚的技术能力，勇于接受挑战，帮助不少陷入困境中的客户在竞争中成功实现了超越。

2008 年 4 月，Tata 电信获得了印度 GSM 移动通信标准运营许可，但在提供基于 GSM 的电信服务上，Tata 电信在印度市场已经落后了。

业务的丰富程度与新业务的推出速度，是印度移动用户选择运营商的一个关键因素。而 Tata 电信此时的 GSM 运营人才与经验缺乏、时间紧，CDMA、GSM 双网同时运营，在技术和成本上带来了一系列新的挑战。Tata 电信不仅要继续扩容、运营原有的 CDMA 网络，还要新建、运营一张全新的 GSM 网络。如果 Tata 电信在 CDMA 和 GSM 两张网络上分别建立各自的业务平台发展移动增值业务，就没有足够的能力快速推出新的增值业务，新业务的部署成本也会很高。

为了化解双网运营的难题，以便在为用户提供低廉的资费的同时，快速推出各种增值业务，Tata 电信决定合并基于 GSM 和 CDMA 的服务，把所有的移动服务整合到 SDP（业务交付平台）上。但是由于在 GSM 和 SDP 平台的建设与运营上均经验不足，Tata 电信决定引入业界在 GSM 运营及 SDP 平台商用方面具有丰富经验的合作伙伴，结成战略合作伙伴关系。

Tata 电信深知华为在 GSM 及 CDMA 系统方面的研发实力很强，GSM 及 CDMA 基站出货量在业界也名列前茅，同时还具有丰富的全球化网络部署与服务经验，所以与华为公司达成了协议，将集成和管理服务外包给华为。这样，Tata 电信就有条件将主要的精力专注于其核心业务上。

由于没有GSM运营，Tata电信每天被竞争对手抢去众多移动用户。Tata电信决定以最快的速度将CDMA及GSM双网的运营进行整合，上线SDP，以统一双网的业务开发与发布平台。为此，华为建立了一个高效的多层支持结构，组建了一支精英团队，进行运营的分析和跟踪，改善用户体验，对以用户为中心的业务进行设计和优化。最终，华为提前将SDP系统部署完毕，不仅满足了Tata电信对安装截止日期的严格要求，而且刷新了印度的SDP实施纪录。Tata电信因此获得了巨大的成功。截至2009年12月31日，Tata电信连续5月内新增用户数都超过了印度所有电信运营商，位居首位。

华为深知客户运营效率的高低，决定着客户的成功，也决定着客户能否继续投入发展，并出现新的需求。所以，华为一直在寻找机会与各地区的客户合作，用自己的经验和技术帮助他们改善业务，并与客户共同面对即将到来的新变化。

2.3 解决客户业务运营难题

现在大多数运营商客户都处于转型期，在向综合信息服务商转变的过程中，运维方面面临着很大的困难，全球的运营商客户都在极力降低维护和运营成本。尤其是对于新崛起的运营商客户和新兴国家的运营商客户而言，在业务网络建设和运营的初期，维护和运营能力直接影响着业务设计、部署、运营、分析等环节的实施。

此外，传统设备的维护服务在如今也难以满足运营商客户的需求，这就使他们在维护和运营阶段需要更多管理服务和定制服务，以提高为用户服务的速度和质量。为此，华为在管理服务领域积极开拓，努力帮助运营商客户实现转型，并积累了丰富的实践经验。比如，华为基于电信业在运维外包上的MO和BPO需求，开发出了以融合计费管理服务为代表的华为管理服务产品，不仅能帮助运营商客户解决运营维护中快速部署新业务、提高维护能力等问题，还能帮助客户推动业务流程优化。华为也坚持用不断创新和差异化方案帮助客户解决全业务运营难题。

南非MTN是MTN集团旗下最大的子公司，是南非最大的移动运营商之一，近年来还为用户提供WiMAX和4G宽带业务。随着移动宽带业务增长迅速，移动宽带业务和 OTT 的发展需要更充裕的带宽资源。移动市场过于饱和、ARPU 值持续下降、用户带宽需求猛增但网络升级成本高昂等原因，制约着 MTN 业务的增长。

MTN 面临的另一重大压力是，南非传统的固网运营商在全面推动固网现代化、实现宽带提速的同时，已经开始大举进军移动市场，其他的移动运营商也早在 2012 年就开始在重点区域部署 FTTx 光纤网络，并且有计划在市场中推行“固定宽带＋移动业务”绑定的打包销售策略。固定宽带业务包含了 WiFi 数据包、家庭宽带和企业固定接入等，与移动运营商传统的以单用户为中心提供的业务相比，以家庭为中心提供业务打包显得更具吸引力，且能在很大程度上实现用户粘性的提升。所以，MTN 也需要提供业务打包来保持竞争力。

对形势进行认真分析后，MTN 高层十分重视全业务的发展，并将此纳入公司级战略层面。MTN 在全业务运营规划过程中发现，作为移动运营商，面临的挑战主要来自 FTTx 建设的商业选址问题、缩短建设工期以实现快速上市问题以及快速业务发放和高效运维问题三个方面。

由于 MTN 无任何固网运维经验和固网运维系统，也没有专职的固网运维组织，为了实现高效运维，他们找到了华为进行合作。华为为其打包提供了固网代维服务，组织专业的 OC 咨询专家针对其进行了 E2E 运维方案设计以及整网 E2E OSS 方案规划，采用轻量级激活系统加速业务发放、轻量级诊断系统加速业务保障，以缩短与 OSS 的集成周期。固网轻量级 OSS 运维方案结合了华为的全球固网代维经验，帮助 MTN 实现了 6 个月快速放号，并使 MTN 具备了高效的固网运维能力。

经历 6 个月持续的宽带网络和运营系统建设后，南非 MTN 于 2015 年 7 月 1 日在约翰内斯堡正式开通了首个 20M 固定宽带业务签约用户，现场实测上传和下载的速率均在 19.63Mb/s 以上，不仅达到了用户验收标准，在服务体验方面也大大领先于当地其他固网运营商。

网络和业务的转型，使运营商客户将主要的精力放在提高核心竞争力上，因而也促使他们采取运维外包的形势促进发展。华为抓住了这个机会，努力提升运维外包服务能力，以便从新的价值链中获取收益，并且帮助客户解决运维方面的困难。

3. 日常维护，解决客户的问题

企业要注意提高自身的反应能力，帮助客户做好日常维护，不能在交付完成后就掉以轻心，或者是对客户的问题不闻不问。华为将服务中心建到离客户最近的地方，其目的之一也是为了能够快速帮助客户解决问题。

3.1 为客户提供保姆式的服务

在维护问题上，客户需要专业的指导和服务。华为作为通信设备领域的专家，就经常为客户组织培训，帮助客户提高日常维护的能力，培养骨干维护人员。经过培训，也让客户看到了华为产品的可靠性，促进了双方的进一步合作。

当设备实现商用后，在日常的维护中出现问题，华为的维护人员也会及时找出根因，并且在现场指导客户查询问题，解决问题。很多华为的维护人员在产品交付后的一段时间里，几乎每天都与客户在一起，就是为了及时帮助客户定位问题，并予以解决。这样的保姆式服务也让很多客户赞叹不已，很多客户就是因为看中华为后期维护上的用心而坚决与华为继续合作。

2006 年，李驰（化名）参与华为包头端局的设备搬迁新建。当时客户因为长时间使用友商设备，对华为尚有一丝怀疑。为了改变这种状况，李驰在现场为客户组织了多场针对日常维护的专题培训，并培养了两名骨干维护人员。客户因此选择了华为的设备。

设备入网后，李驰的主要工作就是处理日常投诉和制作端局数据。每次出现问题，他都会将客户请到设备维护台前，为客户演示，指导客户自行完成从消息跟踪到业务表查询，最终问题定位。那段时间，他几乎每天泡在机房里，出现问题，客户招呼一声就过来了。

有一次，李驰正在外出差，凌晨接到客户维护主管工程师电话。原来现场正在进行新建 BSC 入网割接操作，无线和核心网均加载数据后，测试用户却无法注册到网络中，不能打电话。客户工程师处理了几个小时还没有解决问题，如果不能及时解决，就难以恢复到最原始的状态了。电话那头，李驰指导客户逐步排查物理状态是否正常、是否有异常告警、协商数据是否正确等。经过排除，他根据经验判断出问题可能是由无线数据配置与核心网不一致引起的。客户遵照他的判断打开用户跟踪查看，发现果然如此，修改数据后，故障得以解决。

李驰从接到电话，到指导客户解决故障，仅用了十多分钟。事后，客户也从对华为产品和人员心存疑虑变为彻底信任，在后续的业务中成为华为坚定的支持者。客户还表示再也找不到像华为这样的保姆式服务了。

对客户问题的反应速度是华为在竞争中的一大优势。这得益于华为以客户为中心的企业文化的深入人心，很多维护人员不管何时何地都愿意帮助客户解决问题，就算问题不是华为产品引起的，华为人也会为客户提供帮助。

在进行日常维护时，华为维护人员也坚持不放过任何一个问题，重视细节管理。有些维护人员积累了丰富的经验，知道当出现一个问题时，就应该做好防范，防止此类问题再次出现，并通过提出改进点来控制相关的风险。

华为员工肖伟（化名）刚到尼日利亚不久，客户就在周末紧急启动网络巡检。代维一线监控工程师反馈客户远端站点链路中断，经检查发现该块单板已经损坏。肖伟组织相关人员迅速响应，从发货到更换备件，用了不到20个小时，就在协议规定时间内更换了备件。肖伟还收集了关于单板损坏的信息并协调研发分析，消除了现网的告警和隐患。

肖伟认为，发现一个问题，就应该解决一类问题。所以他利用工作中发现问题的机会，大胆对网络进行了整改，并协助项目组制作了详细到端口与每条连线的整网网络拓扑图，缩短了问题的定位和处理时间，使网络更加清晰化，减少了客户投诉。

华为的维护人员在解决问题后，经常会进行总结并分享经验，并且学会思考和不断改进，这让产品的维护工作做得更加深入，并且保障了客户网络的稳定，得到客户的极大认可。

3.2 主动承担责任，不把问题推给客户

华为很注重在内部宣传企业文化，任正非也经常要求各级主管要带头践行企业的文化和核心价值观。由此，很多华为人也提高了自觉意识，在工作中主动承担责任，而不是逃避。

在华为企业文化熏陶下的华为人经常有一种不帮助客户解决问题不罢休的

工作干劲。在华为的工作案例中，就经常可见为帮助客户解决问题而通宵未眠的华为人，还有半夜被叫起来执行任务的人，有些华为人能够在客户现场坚守几天几夜。这样的工作态度，不仅让客户的问题迅速得到解决，也让华为在市场上获得了不错的口碑。

郭崇（化名）在华为400客服做技术支持工作多年，对工作极为负责。有一次他值夜班到第二天早上，等到下班时，一个客户的问题还没有解决。他本可以将问题转给值白班的工程师跟踪，但是为了避免疏漏，出现意外，他坚持跟踪这个问题到中午，最终帮助客户圆满解决了问题。

郭崇还经常出差到故障局点做紧急恢复工作。有一次，某办事处的一个交换局点模块瘫局，远程研发和现场维护人员无法定位问题，他在睡梦中被电话叫起，二话没说，连夜坐飞机转长途大巴赶到现场。到达现场后，他立即进入客户机房工作，1天1夜没合眼，直至将问题处理完，并为客户写好案例报告后才离开机房。

郭崇良好的服务态度和吃苦耐劳的精神，让他成为了客服中心的服务之星，并多次获得客户表扬。

做好工作除了要有能力，态度也很关键。华为一直坚持用真诚、互利的态度与客户合作，良好的服务态度也让华为的合作伙伴越来越多。为了改善华为人员的服务态度，华为还曾经就员工的劳动态度、敬业精神、责任心、团结合作等进行了大规模的评比，并对表现优秀者进行奖励，以鼓励他们端正工作态度。

在工作态度上，除了要对客户负责外，还要十分细心。因为任何的失误都会给客户造成很多麻烦，为了避免将问题留给继任者和客户，企业人员在工作的时候应该集中注意力，努力做到最好。

华为的核心网工程师Vishal是他所在的项目组公认的“劳模”，不仅经常主动承担工作，做事还十分细心。比如加载每一条数据，他都会仔细检查几遍才放心。

Vishal曾经负责6个BSC的数据配置，并且要和项目B侧的人员及网优人员一起配合配置和整改全部的位置区小区数据。在B侧对接数据时，虽然他之前没有相关配置经验，但他乐于钻研，通过查看指导书，很快学会了如何分配链路使得整体负载比较均衡，而且容载能力也得到增强。

在项目冲刺的最后两个星期，Vishal白天要远程登录Mangalore站点调试

UMG8900，晚上还要完成自己站点的任务。为了不将问题留给别人，那两个星期他几乎每天从早晨10点一直加班到第二天凌晨2点以后，而且都是最后一个离开机房。最后Vishal的任务无可挑剔地完成了，得到项目组和客户的一致认可。

华为在工作考评上，对团队精神、奉献精神很重视。因为在华为人看来，一个人没有团队精神，就会在执行任务时不管他人和客户的感受；若是没有奉献精神，在工作中就容易推三阻四，不愿主动承担责任。很多华为人在团队中感受到了这种精神，并能够坚持为客户着想，因而使华为的维护工作越做越好。

3.3 不断提升能力，切实做好维护工作

现在很多客户在选择合作伙伴时，都愿意与那些有可持续发展可能的企业合作。因为这样的企业，才会不断提高自我，能够持续为客户提供服务。

华为早就意识到，对于很多发达国家的重要客户来说，产品的价格已经不是他们选择华为的重点。这些客户更关注的是华为的综合实力，要想被他们选中，华为从产品的设计到售后服务等各个环节都要有足够的能力做好，并且要有完善的解决方案。为了能够进入客户视野，华为一直在提升综合实力，以为客户提供持续稳定的服务，并且力求能在最短时间内响应客户的需求。任正非就曾说道："以顾客为导向是华为的基本方针，为了满足用户的要求，我们还会做出我们更大的努力。"

任正非明白，要想让华为不断进步，就要提高员工不断学习的意识。所以，他经常提醒华为人要不断充实自己。华为也制定了严格的考核制度，不能保持进步甚至是退步的人员就会被淘汰。任正非还意识到了华为的服务人员存在的问题，他说："中国的技术人员重功能开发，轻技术服务，导致维护专家的成长缓慢，严重地制约了人才的均衡成长，外国公司一般都十分重视服务。没有良好的服务队伍，就是能销售也不敢大销售，没有好的服务网络就会垮下来。"所以，华为经常会为服务人员提供培训的机会，帮助他们成长。

刘希（化名）2015年硕士毕业后加入华为，很快就被派驻北非地区部的马里。马里官方语言是法语，不少客户以及友商的英语水平很有限。与客户开会时，客户与华为本地员工都习惯用法语沟通，语言不通，导致刘希与客户沟通时产生了

极大的不便。

为了能更好地和客户、友商沟通和配合，提升工作效率，刘希坚持学习法语。没老师教，他就在网校购买法语网课；难有大块时间，他就利用坐车、睡前的碎片时间去学。他还缠着法语专业的同事、本地员工对他的学习状况进行指导。几个月之后，他发现自己依然无法与本地人用法语沟通，但仍然坚持了下来。经过十个月的努力，他终于完成了网校的中级法语课程，学完了所有基本语法，与保姆、司机和门卫都能顺畅沟通了。

有一年，在每年一度的法国与非洲国家的高层论坛，即法非峰会上，有 30 多个国家的元首、领导参加。那年的峰会安排在马里举办，B 运营商承接了会场的通信保障工作。华为作为 B 运营商的合作伙伴，为其提供网络保障服务。在峰会的前一天晚上，B 运营商提出了一个在双方计划外的紧急需求，他们要求华为在会场需部署 100 台固话机，在第二天早上 8 点会议开始前要接入现网，能打通本地、国际电话服务。

客户 CTO 亲自到机房跟踪进展，B 运营商所在的大 T 系统部主任也亲自打电话并建立微信群实时跟踪。突如其来的需求，完全打乱了华为的保障计划。现场保障团队经过分析，初步判定为终端至通用媒体网关的路由没有打通。路由问题涉及与友商设备的互连，需要电话与友商工程师沟通确认。友商的工程师不懂英语，必须用法语沟通。当时来不及找本地员工做翻译，刘希鼓起勇气用法语与友商开始了沟通，并定位了问题。经过与友商持续沟通，100 台固话机测试通过，并顺利启用，客户 CTO 和远程关注的大 T 系统部主任对刘希连连称赞。

这次成功的沟通也让刘希感觉非常自豪，因为不懈的学习，终于在实际工作中创造了价值。

企业要鼓励员工拿出不害怕、敢投入的态度，深入系统地学习工作技能和知识，并逐步应用到工作中，提升工作效率。在帮助员工全面成长的同时，企业也才会不断进步。

任正非还经常鼓励华为人要勇敢地在困难中重新站起来。他告诉那些被淘汰的人，要经得住考验，在华为，所有人都能上能下，只要能够调整好自己，积极投入到工作中去，跟上华为发展的步伐，就有再次成功的可能。

4. 帮助客户进行网络升级和优化

在为客户进行日常维护时，华为人员不仅要帮助客户解决大小问题，保证网络稳定运行，还要及时为客户提供网络升级和优化服务，以满足新的市场需求。而华为在技术上的不断进步，则为为客户提供可持续的服务提供了可能。

4.1 保障基础网络稳定，为客户服务

为客户提供网络优化和升级服务的前提之一，是必须保证客户的基础网络稳定。有些客户受当地社会经济环境制约，基础设备落后，导致基础网络难以长期保持稳定。这就需要华为人员能够想办法解决严重影响网络质量的问题，为后续的业务展开铺平道路。

在网络维护和优化的过程中，任何的失误都有可能导致失败，并且影响客户原有的网络。所以，华为人员在执行时非常小心，华为也要求参与每个项目的人员都必须认真对待每一个细节。

尼日利亚基础设施落后，电力供应不稳定，严重影响了客户的网络服务质量。2012 年春，华为项目组刚完成 E 运营商在拉各斯核心区域的首期搬迁，就向客户提出了建设“精品网”的概念，并表示这个项目能使客户的重点城市站点可用率达到 98%，网络下载速度随时随地达到 1M。

项目组提出建设“精品网”的初衷，是为了在搬迁后通过提升网络质量来深化客户关系，并进一步稳定新的网络格局，客户对此也非常感兴趣。但由于网络不稳定，客户的网络运维支出巨大，业务开展也受到制约。为了解决这个问题，双方成立了联合工作组。很快，他们就面临了第一个挑战。

有一天，客户机房的空调突然断电，工作组人员迅速赶到机房。没有了空调的机房，机房设备里最重要的路由器、HLR 等都出现高温告警，有几块单板已经退出服务。虽然机房的维护责任不属于工作组，但他们没有多想，而是立即将问题升级到客户运维总监，并想尽办法给机房设备降温。当客户 CTO 赶到机房，看到工作组奋力抢救的一幕时，非常感动，并在此后的多次会议中对工作组的支持表示了感谢。

为了更加快速响应客户，工作组把宿舍设置在了离客户机房步行不到 10 分钟的地方。在此后的网络维护和优化的过程中，华为工程师也认真对待每一个站点

的可用、每一次业务的可达和连续，最终在保证客户基础网络稳定的情况下，成功部署了“精品网”。

有些华为员工为了保障客户网络的稳定，经常长时间待在客户机房，以便及时配合客户处理问题。项目组中的其他人员也会受到这种工作精神的感染，一起加班加点，尽最大的努力帮助客户维持网络稳定和完成升级。

4.2 解决客户的重大网络问题

有些网络升级项目很复杂，客户希望对网络进行大规模升级改造。这就要求华为人员能够在网络改造中继续保持网络平稳，并且面对突发问题有快速的反应能力和应对策略。

在进行网络优化时，华为人员也经常遇到一些重大问题，这些问题或是人为的或是突发状况，都给他们带来了不小的挑战。很多华为人员也从中积累了不少经验，懂得要不断从这类问题中进行总结，找出问题的根，并对症下药，从根本上解决问题，以防留下后患。

2007 年，华为中标成都移动网络性能提升项目，客户对成都市区 GSM 网络进行升级改造并大规模扩容，要求华为在半年内把现网设备替换完毕，并把设备量翻番到 30 000 载频以上。这个项目的工作量相当于成都此前 10 年网络建设量的 2 倍，在网络改造中还要保持网络平稳，保证用户体验不下降。在此前，华为对超过 5 000 载频 GSM 本地网网络部署项目的经验很少，这种搬迁、扩容、新建一起实施的项目难度也比较大，华为面临着不小的挑战。

随着项目不断推进，华为的设备与现网设备的边界也在不断扩大，不同厂家的设备之间配合不当的问题逐渐出现。由于工程质量问题、产品隐性故障及规划优化问题不断累积，导致了大规模的网络质量问题的爆发。搬迁后室内通话质量和 VIP 用户感受下降，运营商总部大楼和网管中心都出现了通话问题。这些都使客户对华为项目组能否保证网络质量产生了怀疑。

作为网络设计方面的专家，解决室内网络质量问题的任务自然落到了曹宣（化名）身上。曹宣快速组建了成都室内外协同专题组，担起了室内站优化与 VIP 保障的重任。最初阶段，他们通过大量人工测量，对海量的后台指标进行分析，锁定了主要的网上问题。接下来，他们用了 3 个月左右的时间，根据“二八原则”，重点解决TOP问题。在解决TOP问题的过程中，曹宣不断总结，剥茧抽丝，终于找出问题的根本原因，并利用主设备网管功能对室内覆盖进行整体性检测和优化，通过现场测试与后台分析来联合定位，从根本上解决了网上问题。

解决问题后，网络质量大幅提升，超过了搬迁前的最好水平。项目组也因此发现了当时的室内覆盖规划设计准则和验收方法中的重大技术缺陷，优化后的一整套方法推广到其他移动制式使用，对以后大规模网络部署起到了很重要的作用。

网络优化和升级虽然是在原有的网络上进行，但是工作量并不比新建网络要小。不管面对多么复杂的问题，华为人都会坚持为客户考虑，将影响网络质量的每一个问题都找出来。

华为人的工作性质和他们受过的训练，提高了他们在压力下的应对能力。华为人员在工作中，经常会遇到客户的紧急需求，很多华为人在这样的工作环境下，都能体现出短时间内处理紧急问题的能力。有些网络优化项目尽管是由客户主导的，华为人也会拼尽全力来保障客户的成功。

某客户负责保障奥运会开幕式的网络，在其主导的新站优化测试中，因缺少路测准入人员，客户方找到了华为，希望提供协助。当时由于场馆出入严格限制，经过不断的协调，周六晚上项目组才拿到入场测试申请，获得了一天的路测和优化时间。

周日清晨，华为客户群项目负责人就带领保障人员一行4人到场馆区域大门，定位置，看参数，跑工具，开始了繁忙的测试和优化。由于车辆不允许进入奥林匹克公园，项目组只能步行四圈完成室外测试。室内每个场馆的内部测试需要2个小时，4名工程师从早上8点到晚上22点，不停地忙碌，终于在场馆临近闭门的时候，完成了所有路测评估。

8月4日22点，距离奥运会开幕式还有22个小时，客户又发现了PRS实时监控数据出现问题。现场人员立刻与研发专家紧急攻关，分析数据变更对设备的影响。在NOC监控室，所有客户都紧盯着空白的监控大屏。直到8月5日13点，在开幕式前7个小时，终于找到了问题的根因，场馆数据迅速传回监控大屏幕。此后PRS对奥运场馆区域无线KPI实时指标监控，连续多场应用顺畅，给了解密集比赛下的指标动态、维护应急动作的决策提供了巨大的便利，得到了客户的认可。

既然现在客户更看重企业的综合实力，企业就要在实战中不断提高员工对大小问题的应对能力。在这方面，华为做得比较好，在众多重要的项目中解决和预防了问题。在未来，华为也会面临新的网络问题，他们也在坚持完善自身。

4.3 一次性把事情做对，满足客户要求

任正非经常要求华为人在工作中有精益求精的精神，对待工作不能漫不经心，不顾后果。很多工作因为在执行期间没有做到位，导致需要不停地前往客户处进行修补，华为也曾因此遭受重大损失。所以，任正非对工作质量非常重视。他要求华为人在工作岗位上保持良好的心态，不要浮躁，更不要太过在意眼前的得失，而是要坚持做有价值的事，做好手头的每一份工作。

为了能够减少返工率，很多华为人也渐渐学会了如何将事情一次性做对。他们重视对工作的准备程度，提前进行合理的设计，并找出风险点，使项目完成后，极少出现问题。很多华为人也凭借在项目中的负责任的表现，与客户建立了友谊，为维护客户关系贡献了一分力量。

2015 年初，陈原（化名）接到华为某办事处紧急通知，前往大连区域承担 PTN(分组传送网络)、IPRAN（IP 接入无线回传网络）产品维护与交付技术工作，并担任大连本地网 CTO 岗位。

大连移动 PTN 网络一直是当地代表处网络安全的 TOP 高危网络，规模大，12K 存量占全省 55%，承载着大连移动全网 4G 基站。陈原迅速投入到工作中，协助客户制定详细调整方案，成功完成了第一阶段的网调工作。当年 12 月，项目组开始添加第一对最核心设备。在审核根据客户自行设计并落地的设备基本硬件情况时，陈原感觉出现了问题。于是，他对照业务设计方案，具体审核各设备连接，最终确认缺少 4 块单板，并发现 6 条链路连接错误，还存在传输冗余保护共单板问题。

由于情况紧急，陈原立刻联系在外出差的客户，也引起了客户的高度重视，当天经过陈原的反复推演，最终确认了他自己的分析是正确的。当夜，客户组织设计方案的设计院与项目组一起参与问题讨论时，当陈原拿出推演的流程图并详细讲解后，他们也承认确实出现了问题。

接下来，客户紧急联系采购了单板，解决了部署风险，保障了核心网络健壮性。在后续的网调工作中，由于准备充分、配置设计合理，所有“零点时刻”的操作

都顺利完成，在之后的巡检中也未发现任何网调相关问题，实现了一次性把事情做对。

在工作中，一次性把事情做好，可以体现出华为人员的敬业精神和对质量的高度重视。要做到这一点并不容易，这需要他们能够执着地对待工作，在工作岗位上潜心学习和奋斗，才能不断提升工作的能力和仔细度，从而高质量完成任务。

5. 强化对客户网络的风险防范

为了减少问题的发生，做好防范工作十分有必要。有些风险是可以经过周密的准备提前进行预防的，所以企业人员在工作中，应该重点关注质量风险点，并制定具体的防范和控制措施规避风险，确保每一个步骤都得到有效保障，保持客户网络的正常运行。

5.1 换位思考，主动为客户分忧

客户与任何企业的合作，都承担着一定的压力。因为客户也面临市场竞争和经营的压力，尤其是当客户的业务需求量增大的时候，客户面临的压力就更大了。企业人员要懂得站在客户的角度看问题，多替客户考虑。

为此，企业人员要主动与客户沟通或者做一番市场调查，了解客户所面临的问题，找出客户痛点，并想方设法帮助客户分担一部分工作，减轻客户压力。很多客户最初因为承受着巨大的压力，对企业人员要求苛刻，态度也不是很好，但是当企业人员能够换位思考，并积极主动帮助客户分析和解决问题时，客户关系也会缓和很多。

埃及的S客户是一个对技术有追求、经营状况良好、本币收入增长的企业，但是受该国货币贬值迅速、美元购买力减半的影响，加上客户面临的市场竞争日益加剧、用户体验需求增强的原因，使客户面临的压力也不断增加，客户不得不尝试自救。

研发出身的李为（化名）来到埃及支持客户项目。刚来几天，客户就正式以

邮件的方式向华为发来了咨询，邮件中写道："贵公司要求，为了在两个站点上同时支持2G和3G，需要新增一块硬件单板，并通过这块单板将两个站点连接起来。但我们已在25个基站上试验了不新增这块硬件也可以同时正常开展2G和3G业务，一个月来性能指标稳定，因此这块单板是否是必须要配置的？"

接到客户的咨询后，李为很快就向客户澄清了这块互联单板设计的初衷和原理，并强调电信业是一个要求高可靠性的行业。经过几轮澄清，初步打消了客户的想法。但是李为认为，如果客户后续经济压力继续增大，很可能会私下尝试各种非标省成本方案，虽然客户不会向华为问责，但李为也想为客户做点什么。

在接下来的几个月，李为收到了好几个在存量上做文章的问题。他想当时华为占据客户70%市场份额，已成为客户问计的首选对象，在当前的经济形势下，如果能基于现网存量开发一些利旧解决方案来，就能帮助客户度过当前的窘境。经过真诚的讲解，李为的想法引起了客户的兴趣，客户还因此主动要他的电话号码，建立了客户关系。

在后续的工作中，李为和项目组也一切围绕帮助客户成功展开，主动想办法影响客户并实施落地，最终通过新的方案帮助客户走出了困境，华为与客户的关系也更进了一步。

真诚对待客户，对建立和维护客户关系至关重要。有时候一个客户至上的小举动，都会得到客户丰厚的回馈。华为人员在项目中学到了，要将自己的内部目标跟客户目标对齐，才能得到客户支持，并提升工作效率。

5.2 加强监管，降低故障率

无论是项目的执行阶段，还是维护阶段，企业人员都要加强监管，确保每个环节都做到位。在华为看来，在项目执行时就把工作做到位，比不畏艰难前去"救火"要强得多。因为如果能够通过监管，在一开始就将事情做好，花费更多的精力在提高项目质量上，就能为以后消除隐患，不必频繁前去维修。所以，华为人认为项目结束后，设备运行稳定，长时间不出问题，才算是将服务做到了极致。

除了在一开始就要将工作做好外，企业人员也要定期审视客户网络，及时排查可能出现的网络问题。出现问题时，也要快速响应客户的需求，保证客户网络的稳定。在定期检查客户网络的时候，企业人员也要尽可能解决好所有的问题。因为很多问题在某一阶段得不到解决，到下一阶段解决时就有可能变得更加严重，解决的成本也会增加。

2014 年是藏历马年，这一年海拔 6 000 多米的西藏阿里冈仁波齐神山迎来了 12 年一度的盛会。这次活动吸引了来自国内各藏区及印度、尼泊尔的众多信众参与。

为保障活动期间的网络运行顺畅，当年 5 月份开始，华为拉萨办事处与客户共同组成了现场巡检小组，对拉萨至阿里地区沿线的机房网络设备进行检查。这项工程途经西藏最艰苦的大北线，沿途平均海拔在 4 000 米以上，历时 10 天，行程约 4 600 多公里。路途中，交通不便，道路崎岖，很多盘山路、碎石路，还有危险的塌方路段。巡检小组经过一天的跋涉经常感到腰酸背痛，疲惫不堪。但是为了尽快到达下一个目的站点，小组成员经常开车至凌晨二三点，在荒无人烟的地方风餐露宿。由于海拔高，氧气稀薄，小组成员在晚上难以休息好，但是为了能够完成这次巡检工作，大家都咬牙坚持。

沿途的大多数机房因为长时间无人照料，出现了不少问题。现场巡检小组排除了很多影响设备正常运行的风险隐患，提出并落实了优化措施，一旦发现问题就立即整改，为保障这次活动中网络畅通起到了关键作用。因为巡检工作出色完成，巡检小组也得到了拉萨及阿里地区客户的认可。

华为人员经常参加客户组织的网络定期检查工作，以为客户提供技术和服务支持。这也让华为人了解到了网络定期维护中容易出现的一些问题，便于日后改进。

与此同时，华为也在加强自我管理，减少客户和自己的维护工作量。为了网络安全平稳运行，华为还会主动出击，对客户的网络进行定期检查。比如，华为就曾经做过全国性的网络风险隐患参数排除。华为未雨绸缪的做法，也使他们及时识别出了全网整理风险点和隐患点，并提早干预，把网络风险降到最低。

5.3 及时响应，将风险降至最低

企业的响应速度，直接影响着问题对客户的影响程度，并且是体现企业竞争力的一个重要因素。现在华为的客户遍布全世界，为了保障各地区客户网络的稳定，提高对客户问题的响应能力，华为也建立了很多保障机构，为一线及

时提供支援。

比如，华为的TAC（远程技术支持及故障处理服务）就是为华为中国区无线网络提供支持的部门。华为的无线设备已经覆盖了全国所有的城市，尤其是一线城市的核心区域，一旦网络出现问题，对客户都会造成不同程度的经济损失，华为的品牌形象也会因此受到影响。TAC可以为客户的网络保障提供每周7天、每天24小时的技术支持。所以，当一线遇到技术问题和网络安全风险时，会第一时间求助TAC，这也使华为能够对网络问题作出及时响应。

徐佳（化名）初到 TAC 部门，先在独立值班前做了多次事故演练。有一次，他接到一线上报，G 市 3G 业务几乎全部中断，这是他第一次处理事故，虽然有点懵，但凭借每月一次的事故演练，他很快镇静了下来，并迅速建单，启动战备室，与现场 AMS（保障和管理服务）部长确认。随后，他又拉通了研发，组织事故恢复，有条不紊地恢复了问题。经过这次实战，让他明白了 TAC 部门的重要性，也明白了要及时帮助客户解决问题，还需要团队的密切配合。

随后，徐佳又接到了某办事处工程师上报多个 LTE 站点出现干扰，大量终端用户投诉无法接入 4G 网络，客户要求华为尽快恢复业务的请求。虽然这个请求未达到事故级别，但徐佳和团队其他人意识到了问题的严重性，于是按紧急问题流程来处理故障，并组织了多方会议展开分析。30 分钟过去了，具体原因仍未找到，现场不断打电话来告知干扰站点还在增加，客户着急要求申报事故。听到要报事故，团队成员都围了过来。大家分工合作，有的确认影响范围和事故通报，有的组织会议，有的联系一线获取日志分析，有的通过远程环境接入一线网络。经过大家的相互配合，业务终于恢复，客户对此很满意。

在网络保障中，华为人员遇到过大大小小的各种故障，大多数问题都很紧急。在压力下，华为人员经过自我调节和一定的训练，也能保持清醒，对待工作一丝不苟，努力保持工作热情，不断提升工作能力，有效解决各类新的难题。

为了提高维护人员的响应速度和能力，华为也会定期组织员工学习和培训，让员工掌握操作规范、网络安全、新技术新产品等技能和知识；还会进行事故演练，提高员工的反应速度和应急能力。

第8章 提供关键性支持

网络设备供应商的终极社会责任就是在任何情况下都要保障网络稳定运行。我们致力于为社会提供信息网络。全球网络需要时时刻刻保持稳定。在服务社会过程中，整个产业必须在任何情况下集中精力保障网络稳定与安全。

——任正非

1. 快速反应，协助客户应对突发事件

华为认为狼是企业学习的榜样，其企业文化也带有浓浓的“狼性”。而狼的一大特征就是反应敏捷，所以，华为也一直强调各部门要对各类事件有快速的反应能力，及时为客户提供支援。

1.1 在突发事件中体现对客户的忠诚

经过多年管理变革后的华为，内部各部门之间已经基本能相互配合，并通过互助网络，对很多问题都能迅速地做出反应。比如说，华为可以在短短几天时间内实现从签订合同到供货。

华为的反应能力也让他们能积极地应对突发事件，并从中保障客户利益。此外，为了更好地应对各类重大突发事件，协助客户快速恢复网络的正常运行，保证客户生命财产安全，华为还建立了成熟的业务连续性管理体系，制定了应对地震、海啸、战争、网络攻击等多个典型场景的突发事件应急预案。

在突发事件中，华为人也能够利用后方的支持和自己的拼搏，帮助客户及时抢修网络，向客户证明了，华为始终与他们站在一起。

2012年11月3日，一大早5点多，还在睡梦中的方强（化名）被叫醒，他感觉是出事了，于是马上穿上衣服飞奔出去。见到客户才了解到，原来是监控中心检测到设备异常，语音、网络全部中断，客户需要协助紧急处理。

方强迅速赶往机房，到了机房外只见客户高管都来了，机房里不断冒出浓烟。机房里有电源、电池、主设备，所以随时有爆炸的危险，没有人愿意进去关闭电源排除风险。作为华为在现场的第一责任人，方强不能让爆炸发生，因为一旦发生爆炸，业务就会长时间瘫痪，短期内无法恢复，对于客户来说将是一个毁灭性的打击。方强需要对机房里包括电源在内的所有设备进行掉电处理，在获得客户CTO的纸

面授权后，他找了块抹布就冲进了机房，切断了电源，使主设备下电，并发现着火点是电池旁边的空调。于是他又赶紧跑出去找到灭火器，再一次冲进机房，灭掉明火，及时排除了爆炸风险。

排除风险后，方强一边组织现场加快排放浓烟，一边通报代表处、地区部、国内技术支持汇报现场事故，组织事故处理小组帮助客户恢复业务，并在 2 个小时后使设备重新上电。但是由于空调爆炸产生的粉尘和之前机房温度过高，导致多个主要单板损坏，现场又没有足够的备件，导致业务在短时间内还是无法恢复。方强立即联系协调研发团队的高级技术人员，筹齐了每一种单板，使客户的主业务，也就是设备语音业务恢复正常，客户高层也松了口气。

由于恢复后的设备运行极度不稳定，现场只有方强对组网和设备最熟悉，所以他主动选择留下来保障网络安全。这次的现场抢修和值守，也使得华为赢得了客户及其母公司的高度认可，并获得了客户的后续订单。

如今，无所不在的网络正深刻地改变着人们的生活方式，生产和生活的方方面面都已经离不开网络。华为也因此把保障客户网络稳定运行作为最重要的社会责任，并坚持提高应对紧急事件的能力，获得了众多客户的好感。

华为对履行客户责任的重视，在2014年华为的《可持续发展报告》中就有体现："华为坚定不移地在网络保障方面持续加大投入，从组织、人员、流程及IT工具等方面全方位构建客户网络保障体系，在全球范围内保障人们随时随地获取和分享信息和通信的权利。"为此，在几年前华为就已经在全球范围内设立了3个全球技术支持中心、9个区域技术支持中心、9个全球备件运作中心和5个全球备件供应中心，数千名技术支持工程师全年为客户提供每天24小时的技术支持服务，以为一线和客户提供有力的支持。

1.2 危难时刻也要守住对客户的承诺

既然网络对人们的社会生活如此重要，那么一旦网络瘫痪，就可能导致严重的社会和经济后果。在海啸、地震、核泄漏、战争等重大危难时刻，网络连接的断开都会造成重大的人员伤亡。当遇到这些危险时，华为人员也义不容辞地为客户保障网络，紧急启动应急保障预案。

在后方的极力支持下，一线的华为人秉持负责任的态度，在了解所面临的困难、风险和代价后，选择了继续奋斗。对华为人而言，在危难时刻的行动承载着对客户的承诺，这时候更应该与客户站在一起，共患难。

2011年，百年不遇的洪灾席卷泰国，泰国首都曼谷近半数地区被淹。这次洪灾受灾时间长、面积大、人数多、经济损失巨大，给泰国带来了极大的国家灾难。作为泰国最大的通信设备和服务供应商，华为认为应该与客户风雨同舟，患难与共，积极履行自己的社会责任。

这次特大洪灾造成各大运营商的站点和机房均有不同程度的损坏，给网络安全构成了巨大威胁。据当时的不完全统计，泰国各大运营商受此影响的站点达9 800个，其中无线站点4 000个，网络站点达5 800个。运营商和分包商的许多员工也纷纷返家救灾。9月份开始，运营商就已经把工作重心转向保障灾区网络恢复和畅通上。

为了帮助运营商客户恢复网络，护卫地区部迅速成立了“防洪应急指挥组”，向各客户高层递交了《网络保障和救灾建议书》，希望通过建立特殊值班保障机制值守机房，保障网络安全，并针对业务中断为客户及时提供割接和搬迁支持等。

客户A在曼谷北区的机房有华为的多套BSC设备，华为人员就在机房周围抢修围墙，防止被淹。在客户未提出救援前，华为就主动安排保障团队进驻灾区。根据该区域的灾情，安排值守人员进驻客户OMC机房，支持人员也就近待命准备。客户A专门发来感谢信，对华为及时的应急服务表示感谢。

负责AIS网络保障工程师则在接到客户紧急求助后，连夜赶往几百里外的目的地，在去的途中就与客户召开电话会议讨论和决策了搬迁方案。由于机房附近积水已达1.2米，也没有船只可以到达，他们和客户冒险涉水30分钟才到达机房。经过10多个小时的连续作战，他们成功保障了200多个站点，使40多万用户能维持正常通信。在这次洪灾中，华为人的坚守也得到了泰国政府和各运营商客户的高度评价。

华为多次在危难时刻兑现了对客户的承诺，比如在汶川地震、日本地震、印尼海啸、利比亚冲突等事故中，华为人的表现都十分勇敢，通过自我挑战，确保了网络安全，并得到了客户的一致赞赏。

华为1996年走出国门，放眼国际市场时，一些好的市场早已被西方公司抢占一空，只有那些偏远、动乱、自然环境恶劣的地区，还未被全面开发，这才让华为看到了机会。从那时起，众多华为人背井离乡，在世界各地奋斗。就像任正非所说的：“无论是在疾病肆虐的非洲，还是在硝烟未散的伊拉克，或者海啸灾后的印尼，以及地震后的阿尔及利亚……到处都可以看到华为人奋斗的身影。”也正是华为人对客户的不离不弃，才让他们在海内外获得了巨大的成功。

1.3 不畏艰难，保障客户通信畅通

在危难时刻保障客户网络正常和安全时，通常会遇到很多要克服的难题，这就需要华为人充分发扬艰苦奋斗的精神，努力帮助客户抢救网络设施，保证各地区的人们能够与外界正常通信，减少人身财产损失。

不管情形有多不好，华为人也总是能够做到以客户为先，快速成立应急小组，深入现场分析定位网络问题。在华为人看来，与客户的信任是一点点建立起来的，越是在艰苦的条件下为客户保障网络通信，越是能体现华为人不畏艰难的精神。在华为的协助下，很多客户都挽回了不少损失。华为及时高效地帮客户解决问题，也打动了很多客户，双方的信任感又增进了一步。

2010年8月7日晚至8日凌晨，甘肃省甘南州舟曲县发生强降雨，引发了严重的泥石流，对舟曲地区的通信及人身财产造成了重大损失。为尽快抢修受灾地区的网络设备，华为在第一时间成立了甘南州舟曲通信抢救紧急保障组，并于8日凌晨3点就完成了备件及物资准备，华为兰州代表处的无线和传输工程师组成的六人项目组也冒着暴风骤雨连夜紧急奔赴灾区。

到达舟曲的时候，项目组发现当地泥石流铺天盖地，房屋损毁，道路坍塌，一片狼藉。他们立即赶到客户的机房，发现客户的机房被泥石流掩埋，一楼至二楼半的房屋里充斥着泥石流，通信设备全部损毁。项目组也感受到了客户面临的压力，因此迅速投入到通信抢救中，与客户结成最紧密的伙伴，共同清理损毁设备、为新建站点选址，争分夺秒恢复基站通信。

在抢修中，有些人的脚在泥沙中被磨了好几个大水泡，仍继续坚持工作；有些人两天两夜没合眼，以保证网络顺利割接。在灾区，也有很多士兵、志愿者，大家都不畏艰难，在极其恶劣的条件下坚持着，他们的表现都如岩石一般的坚强。

华为兰州代表处经过精心准备和调度，并借鉴汶川地震与玉树地震的经验，为现场保障组提供了全方位的支持，保证救灾供给。经过10余天的抢救和恢复，到8月20日，华为已配合客户恢复了灾区所有通信，并为救灾指挥部和新闻媒体开通了专用传输线路。第一批现场保障人员安全回到兰州代表处后，代表处随即

派出了第二批人员到灾区继续保障通信。

华为人的拼搏精神，总是能够给客户带去惊喜。多年的奋斗经验，早就让华为人对这些危难场景司空见惯，但是他们仍然坚持初心，一心一意为客户着想，不忘自己的责任。这样的表现也让很多客户对华为在困难中维护好网络通信充满信心。

2. 重大事件场景中提供通信保障

不少大客户都有重要的活动举办，成功与否对客户的重要性不言而喻。如果企业能从中表现出色，就能为自己在客户心中的形象加分不少。为了能够帮助客户完成重大活动的保障工作，企业也应该做好万全的准备，为客户提供优质的服务。

2.1 提前做好充足的准备工作

华为参与过很多客户的重要事件保障项目，从中积累了丰富的经验。为了确保工作顺利进行，华为通常会提前几个月甚至是一年半载就开始做准备。在保障工作正式开始前，华为也早已学会了要充分与客户沟通，明确保障目标，并且与客户一起制定通信保障方案。对于保障工作中可能会出现的风险，华为也会在规划时尽可能提前规避。有些客户给华为留下的准备时间并不多，而重大事件中的通信保障级别通常都很高，因此，华为会投入众多的人力和资源进行保障工作。

华为多年来积累的稳健优异的网络保障服务，也为各大客户提供了良好的体验，践行了为客户保障网络稳定运行的承诺，在业界赢得了众多赞誉。

2016 年 9 月 4 日至 9 月 5 日，20 国集团（G20）领导人第十一次峰会在中国杭州举行。峰会的保障工作交由华为负责，华为也高度重视本次保障工作。为此，华为组织一线、研发及周边部门成立了 G20 通信保障项目组，保持与客户的沟通，制定详细的通信保障方案。

从 2016 年 3 月开始，华为保障团队分派多名专家和工程师实施海量、密集的保障工作，包括开展全网巡检、解决巡检问题、刷新网络应急预案等。共计完成了 5 000 多个基站网络新建、扩建和改建，并提前规避了网络运行隐患，为此次峰会的成功召开做了充足的准备。

2016 年 8 月初开始，由 431 人组成的现场保障团队及由 280 人组成的远程保障团队投入到保障工作中。现场与远程保障团队密切配合，实施每天 24 小时不间断的网络保障。华为还专门开通了 G20 保障专线，确保第一时间响应保障问题。

2016 年 8 月 20 日至 9 月 7 日 G20 峰会召开期间，三大运营商客户共 24 个重点区域、6 条重点交通线路、1.1 万条传输专线、1.3 万国际漫游用户、86.8 万 IPTV 直播用户、VoLTE、FDD/TDD、OTT 等都成功通过了大会期间的检验。整个会议举行期间，网络运行稳定，各类业务质量良好，华为网络实现了“零事故、零中断、零投诉”的任务保障。

华为为多个国际会议保障过通信，这些客户都对华为的网络保障能力印象深刻。在网络平稳运行的背后，是华为团队的努力付出，可以说，华为付出了多少，经历过多少磨炼，才获得了多少回报。

2.2 制定周密预案，让客户放心

为了防止任何意外状况发生，华为在保障重大项目时，除了会经过周全的考虑制定常规保障方案之外，还会根据项目的特点，有针对性地做有关极端状况的紧急预案，比如恐怖袭击、自然灾害等，以确保重要通信的持续。因为华为明白，即便准备工作做得再好，一个小小的隐藏危害就能让所有人的努力白费。所以，在重大项目的保障工作中，华为不能容忍任何的纰漏和瑕疵。

在重大事件保障领域，华为积累的成熟经验，多年来锻炼出的标准动作，使他们在关键时刻能够为客户提供有力的保障。华为也会总结在其他重大保障项目中的经验，对一些容易出现的问题提前做好预防措施，并且坚持提高应对网络突发状况的反应能力，确保在重大活动期间客户的网络能够长时间保持稳定运行。

2017 年 9 月 3 日至 5 日，金砖国家领导人第九次会晤在中国厦门举行，为此次会晤保障通信的是华为。2016 年 11 月，负责这次专项通信保障的华为福州代表处就踏上了保障之路。代表处人员接到任务后不久就开启同行协助经验共享，主动与同行和客户交流，进行网络摸底，并开展了联合立项、应急预案、网络巡检、软件加固、隐患清零、联合演练、压力测试、优化收尾等一系列工作。

在这次保障工作中，有的人员从一开始，就常驻厦门，平时只有周末回福州，并坚持了快一年，甚至是在吃饭和开会期间，也不断有工作电话进来，可见当时代表处的忙碌程度。这期间也出现过不少突发状况，比如 2017 年 9 月 1 日晚上 8 点，磐基指挥中心收到客户机房某设备突然高温超过建议值的通报，指挥中心人员第一时间赶赴现场，并连线专家以丰富的经验指导现场及时预防处理。会晤前夕，第 16 号台风“玛娃”来袭，为确保台风汛期全省网络安全及业务快速抢通，福州代表处紧急启动了防汛应急保障。

经过周密的计划和制定预案，虽然有些意外发生，但都在代表处的意料之中，也都得到了很好的处理和预防。在面对安全管控严、政务专网防护、大屏保障、场馆解决方案复杂等诸多挑战的情况下，保障项目组集成和汲取华为在全球各地实施的相关重大事件保障成功经验，并通过“一排二演三巡四优”的专项行动，实现了这次会晤保障的“零故障、零投诉、零中断”。

华为未雨绸缪制定周全的保障预案，确保了客户在重大事件场景中通信的通畅。不只是在重大项目中，华为人在平时的工作中也很注重提前的准备工作，可以说这是华为人在多年的工作中养成的习惯。如今很多想向华为学习的企业只看到了华为成功的表面，而没有深入了解华为人背后的付出，如果能够学习到这一点，想必其他企业在工作中的事故发生率也会降低不少。

2.3 高质量产品和服务助力客户成功

为了减少事故的发生，提高产品和服务质量也很关键。产品有质量缺陷，或者在技术上无法支撑重大事件的保障工作，花费再多的人力、资源都是徒劳。在产品和服务质量上，华为也是不遗余力地改进。对此，任正非就说过：“要用世界上一切最先进的生产装备、最先进的工具方法、优秀的人，瞄准高质量前进。”任正非还要求华为人应该永远围绕高质量，提升自身的能力。

因此，华为在产品和服务的质量上一向敢于投资，用任正非的话说就是“要以胜利为中心，不以省钱为中心”。同时，华为也注重创新，不断创造新的技术来满足客户的新需求。因为在任正非看来，创新的目的也在于创新产品的高技术、高质量、高效率等。有了先进的技术和高质量的服务，再加上华为人员在现场认真工作的态度，才能在重大保障项目中，确保万无一失，帮助客户实现成功。

作为2008年北京奥运会的通信设备供应商，从2007年开始，华为就精心筹划，严阵以待，为本次盛会通信保驾护航。

2008年8月8日晚，奥运会开幕式上代表着29届奥运会的29个烟花造型出的大脚印从永定门出发，经北京中轴线迈向鸟巢。为了在每个精确的时间点点燃烟花，烟花燃放团队决定采用电话语音进行控制。为此，中国网通在29个燃放点部署了电话，通过会议系统确保指令到位，而中国网通的这套会议系统用的就是华为的设备。

为使来自全球的20 000多名记者和运动员可以在奥运场馆、奥运村、新闻中心等地随时随地发布比赛信息或访问互联网，运营商客户在北京、青岛、上海、天津等所有比赛城市的比赛场馆都铺设了WLAN承载专网。当时大规模地运用WLAN技术，在奥运会历史上是第一次。作为此次IP承载网唯一的设备厂家，从2007年开始，华为就与运营商客户就部署整个WLAN承载网络进行了深入的探讨，建立了一张全新的高速率、多业务、大容量的WLAN承载网络，满足了奥运会期间的需求。

奥运会期间，为满足几十万游客对移动长途业务的高要求，经过奥运会前的扩容，大大提高了IP承载网带宽。华为提供的NE系列高容量路由器，以稳定、大吞吐、快速导换传输链路的优势，保证了用户通信无中断，即使在开幕式前后等话务量最高的时候，仍然为游客提供了高质量的体验。为了为无法出现在现场的人员提供奥运赛况资讯，华为帮助客户部署了彩信中心，使观众无论是在办公室、路途，还是在家中，都能收到看到与赛况有关的信息。

在此次奥运会上，中国网通提出了“宽带奥运”的服务理念。在宽带接入方面，华为公司全力配合中国网通提供拨号、ADSL、专线等接入方式，提供从512K到8M的接入要求，为奥运会提供了端到端的、每天24小时的服务，为各国媒体、奥组委、参赛运动员、服务人员等提供了高速的网络传播。此外，北京奥运会期间，全世界有超过10亿网民通过网络了解奥运信息，为了保障网络运行畅通，华为客户提供了流量清洗系统，防止奥运官方网站、涉外大客户、门户网站和新闻机构遭受网络攻击，保证了整个比赛期间的网络没有出现过任何问题。

华为提供的丰富、高质量的产品助力北京奥运会通信成功运行，这也说明了产品质量在重大保障中的作用。华为多年来，一直坚持提升技术的先进性，提高产品质量的可靠性，这让华为最初在跨国集团的垄断中生存了下来，也才有了如今为全球各地的大客户提供重大项目保障的机会。

3. 联合开发，帮客户做商业实践

在行业数字化转型的关键时期，华为意识到要秉持开放、合作的观念加深与客户的关系。为此，华为经常组织活动和建设平台，以供合作伙伴、客户共同探讨未来的发展，并联合开发新技术、新产品。

3.1 为客户提供合作创新的平台

近些年，华为积极打造开放平台以供客户、合作伙伴进行创新。比如，在2015年的开发者大会上，华为就表示在未来5年将投入10亿美元开展扶持合作伙伴成长的“沃土计划”，其中有很大一部分资金用于打造开发者使能平台，还有一部分用于打造全球市场平台，与伙伴一起开展联合营销，帮助他们将在平台上创新的解决方案应用变现。

LEADS 是华为打造的一个以开发者为中心的平台，其中 L 代表 Lab as a Service（开放远程实验室）；E 代表 End to End (开发联合创新的服务平台与流程)；A 代表 Agile(敏捷开发、远程测试验证)；D 代表 Dedicated（专业团队的服务与支持）；S 代表 Social（社交化和互联网化体验的高效互动界面）。如今，LEADS 平台建设已经取得了不少成果。

其中，Lab as a Service 从最初的 1 个 Lab 扩展到全球 13 个 Lab，分布在中国、阿联酋、英国、意大利等国家。这些 Lab 可以帮助最终用户从传统网络演进到云网络，能够使全球开发者就近接入华为的开发者平台；经过华为的努力，End to End 也上线了 Marketplace，能够支撑合作伙伴线上演示、展示其解决方案；Agile 最初只能提供一个个独立的工具，现在已经可以提供整套的工具包；Dedicated 已经从提供基于产品的服务升级到基于场景的服务，在这个平台上，华为不仅提供传统的技术支持和在线服务，还能为合作伙伴提供基于场景的支持和线下专家培训、学习；Social 已经逐步从线上走向线下，从 2016 年 4 月开始，华为不仅在国内各大城市举办了相关论坛，还将活动扩展到了欧洲和中东区域。

随着华为开发者平台越来越完善，注册的开发者也迅速增加，华为也希望到2020年，在华为平台上可以聚合将近100万名开发者。

华为一直很注重与合作伙伴、客户共同成长，其建立的开发使能平台，就是为了帮助更多的合作伙伴取得成功。因为华为懂得，行业的进步必须要大家一起努力，合作伙伴进步了，华为也才能与他们一起为客户提供更好的服务；同样的，客户进步了，华为才会有发展的空间。为此，华为还开发了其他的平台，以便与合作伙伴共同创新。

华为也会积极参与到平台的讨论中来，针对行业共同面临的问题提出自己的看法。为了能够把客户、合作伙伴吸引到合作平台上来，增强大家面对挑战的信心，华为还举办了不少研讨会，分享联合创新取得的成果，并与大家一起寻找新的商业机会。

现在，无线网络发展带来了应用爆发性增长，很多同行都不知道到2025年时，千亿连接将对人们的生活产生怎样的影响，也不知道在未来网络连接能力支持下，将产生哪些新的应用。

为了与客户和同行共同探讨这个问题，华为于2016年全球无线宽带论坛上宣布了X Labs计划。该计划旨在聚集技术提供商、垂直行业伙伴、客户等共同探索未来场景。华为希望把X Labs打造成一个思想碰撞的平台，并会定期举办全球化的交流合作活动，例如技术应用论坛、产业圆桌会议、行业应用报告等，以催生更多的创新观点。华为也表示，X Labs会被建设成一个合作创新的平台，华为将提供一流的通讯实验室、研发创新中心等资源，让合作伙伴们把想法变成实际项目进行联合开发，实现成果落地。

很快，华为X Labs就在巴塞罗那召开了第一届产业圆桌会议。会上，华为首次对外介绍了X Labs的运作机制、伙伴参与合作方式以及研究方向，并发布了华为2017年的4大研究课题。X Labs希望针对这些课题召集合作伙伴进行技术探讨和联合开发，实现共同开发新技术，共同开拓新市场。X Labs在2017年世界移动大会展示了与合作伙伴的最新联合成果。

行业合作创新早已成为趋势，很多行业只差一个好的平台。华为就为通信行业中的奋斗者们提供了一个又一个好平台，通过这些平台，华为也得以了解业界最新的创新成果，为与客户、合作伙伴实现多方共赢提供了更多的机会。

3.2 共同研发，打造行业新应用

企业的创新很难满足所有的客户，针对不同客户的需求，企业可以选择与不同的客户进行联合开发。这样既省时、省力，企业又可以为自己创造机会，提升自身实力。近年来，华为积极努力地在这方面探索，并取得了不少成果，与不同行业的客户达成了合作，就客户最关心的技术问题，进行联合开发，共同应对客户现在与未来的挑战。

在与客户联合创新中，华为也更加了解各行业客户的商业诉求。尤其是随着移动互联网的发展，很多客户处在转型期，如果华为能够运用自己多年的技术积累，帮助客户完成转型，并抢占市场先机，华为也能从单纯地向客户销售产品转变为更多客户的战略合作伙伴。

近年来，随着人们生活及收入水平的提高，更多的人将保险消费列为其风险管理重要的关键保障。在逐年递增的巨大业务成交量下，很多保险公司的运营成本和效率问题也亟待解决。

中国太平洋保险（集团）股份有限公司（以下简称“中国太保集团”）就在不断尝试和探索利用新技术手段，在业务运营效能及客户体验等方面实现数字化保险业态创新。中国太保集团于2017年提出了“数字太保”战略，以实现聚焦“以客户需求为导向”的战略转型升级，开发客户端应用，打造智能化技术引擎，建立业务及管理共享平台，并完成新工具、新领域、新模式的变革创新。为了尽快落实“数字太保”战略，推进数字化转型，中国太保集团希望能够利用互联网，实现金融与新技术的融合。

华为拥有云计算、大数据、融合通信等前沿科技的尖端研发应用能力，并且与中国太保集团有相似的发展理念和为客户提供更好服务的诉求。基于以上原因，中国太保集团与华为于2014年9月签订了战略合作协议，并联合成立了“中国太保·华为新技术应用实验室”，以共同探索ICT新技术在保险业务的应用，双方还共同设立了4个方面的新技术前瞻性课题研究。

2016年，以华为大数据技术框架为基础，中国太保集团与华为联合创新实验室推出了金融保险大数据解决方案，其中就包括了客户数据ATM系统。该系统可

基于客户年龄、教育、收入、家庭特征、投保特征等对中国太保集团亿级客户存量数据进行全面的挖掘与分析，可支持 4 000 个节点，并可洞察客户个性化的需求特征及保障方案。中国太保集团还利用华为企业云解决方案对太保企业云进行了优化升级，使中国太保集团应用系统的响应速度得到大幅提升。

2017 年，双方高层进行了两次会晤，并表示将进一步依托“中国太保·华为新技术应用实验室”，巩固和发挥联合创新优势，在双方的努力下，为消费者提供更加贴心的保险服务体验，推动并引领下一个保险产业爆发点。

华为通过与客户联合创新，帮助客户对其用户进行了更为细致的分析，并且使客户发现更多的营销机会，有利于客户及时掌握市场需求的变化，提高市场竞争力，重塑业务模式及服务方式。华为也因此掌握了更多的客户资源，使自己能够紧跟客户需求，并促进技术和服务不断进步。

4. 品牌背书，实现双方共赢

很多企业为了提高自身品牌的知名度，并且加强对客户的承诺，通常会借助第三方企业、品牌或平台来为自身品牌背书。这种营销策略，不仅可以使客户更加放心购买企业的产品，企业和合作伙伴也能实现共赢。

4.1 为新进品牌背书，提供技术保障

随着华为的发展壮大，其品牌形象在很多国家和地区也日渐提高，品牌知名度在近几年更是扩大了数倍。因此，很多企业也看中了华为的实力和信誉，希望华为能帮助他们进行品牌背书，打开市场。

华为在市场上多年的积累和雄厚的技术实力，也使华为有能力为众多合作伙伴的品牌背书，提供技术支持。对华为而言，此举不仅可以帮助合作伙伴实现成功，也能够让自己的技术实力为更多的人所了解，从而拓展新的客户。

Rancher Labs 在全球有超过 6 000 万下载用户，包括全球 500 强中的 150 家。

2016 年 6 月在中国市场拓展业务时，新客户数量增速成为了 Rancher Labs 大中华区总经理秦小康最为担心的事，寻找作为业务标杆的大客户成了 Rancher Labs

在中国发展初期的主要目标。

在进入中国市场之前，成立于硅谷的 Rancher Labs 就已获得了 3 000 万美元融资。进入中国市场后，他们瞄准了一批以金融行业为主的大客户，比如平安保险、生命人寿、民生保险、太平洋保险等。但在拓展这些客户时，Rancher Labs 遇到了新难题。因为中国传统大型客户不只需要创新的产品，还需要大量的服务，所以这些客户通常会要求 Rancher Labs 提供技术人员驻场数月，而 Rancher Labs 刚进入中国市场仅 1 年，还不具备充足的人力资源。

所以，Rancher Labs 急切拓展咨询和定制开发类的合作伙伴，而公有云庞大的销售体系和能力此时成了 Rancher Labs 的一个重要选项。Rancher Labs 发现华为云有线上和线下庞大的销售队伍，很多大型客户也需要像华为这样的企业为 Rancher 这类新进品牌背书，华为云也有能力提供这样的保证。

通过与华为协商，华为公司的高层都非常支持该项合作，双方达成了合作。Rancher 的容器技术被放在了华为云应用商店和服务目录中进行销售。在华为云，这类产品可以直接下载或通过线下销售人员购买。

经过前期的合作，在华为全联接大会上，华为与 Rancher Labs 共同发布了基于容器的企业应用平台解决方案，这也正是 Rancher Labs 强化云上应用体验的一步。Rancher Labs 也表示会继续和华为讨论如何在未来使客户在华为云上申请容器，或许只需要简单点击一下，而不再需要多步骤的设置。双方都认为，无论用户是因为 Rancher 而购买华为云，还是因为华为云而购买 Rancher，都是双赢。

当很多新的品牌进入中国市场时，华为积极与他们进行合作，为他们提供生态体系的支持。因为华为知道，如果华为不抓住这个机会，就会有其他的企业来争取这个机会，而华为不会放过任何一个与合作伙伴实现双赢的机会。

华为不仅为其他企业进行品牌背书，当自己有新的产品和技术出现时，也会借助一些合作伙伴或有力的平台来为自己的品牌进行背书。通过这种方式，外界对华为产品与技术创新的新成果有了及时的了解。

如今，电动智能汽车的竞争已经到了白热化。因为 5G 时代即将到来，汽车作为万物互联中重要的一个维度，将成为未来争夺的重要阵地，在将来，谁掌握了智能驾驶的技术和数据，谁就将掌握 5G 时代的主动权。

国家已经出台政策，要求以发展中国标准智能汽车为主攻方向，全力抢占全球战略制高点，率先建成智能汽车强国。华为、腾讯、百度等国内的知名企业当然想在未来抢占一席之地，于是在智能驾驶领域展开了合作，并且利用各自的优势，取得了不错的成绩。

在2018年除夕之夜，由百度Apollo无人车组成的百余辆“国家队”车辆，成为首批跑上港珠澳大桥的车队，亮相2018年中央电视台春节联欢晚会。车队在无人驾驶模式下完成“8”字交叉跑等动作，借助这个拥有数量庞大观众的平台，让观众了解到了这三家企业合作研发的智能汽车。

随着技术和新产品更新迭代速度不断加快，任何一家企业都面临着未知的挑战，并且也都面临着危机。因为任何一家企业都不知道未来将会出现什么样的新技术和产品，他们只有不停地创新，联合有价值的合作伙伴共同应对，才能降低在未来发展的风险。华为积极帮助其他企业背书，又寻找合作伙伴，并利用更好的平台帮助自己背书，就是因为华为看到了危机，并想在未来的发展中掌握主动权。

4.2 跨界合作，提升品牌知名度

由于华为需要将主要精力聚焦在主航道上，在某些技术上无法达到客户的需求，或者是做到最好，所以积极寻找跨界合作伙伴，希望利用双方的优势共同为客户提供极致的产品体验。

一般来说，在寻找跨界合作伙伴时，双方应该有着共同的目标受众群，在品牌、实力、营销能力、市场地位等方面应该具有共性和对等性，这样才能发挥协同效应，达到强强联合、实现双赢的目的。华为寻找的跨界合作伙伴，就都是在某一领域做到顶尖的企业。双方的合作，也让客户在一个产品上体验到了两个产品的功能，成功吸引了更多的客户前来购买产品。

2016年1月，在拉斯维加斯举办的国际消费类电子产品展（CES）上，华为向全球消费者展示了华为Nexus 6P、华为揽阅M2 10.0平板和HUAWEI WATCH Jewel and Elegant等多款智能产品。

其中，HUAWEI WATCH Jewel and Elegant是华为与施华洛世奇合作推出的全球首款女性专属智能手表。该款手表的表盘上镶嵌68颗SWAROVSKI ZIRCONIA，搭配源自意大利的鳄鱼纹小牛皮表带，可以全面提升女性优雅气质，增强女性消费者的自信。与全球顶尖多媒体品牌哈曼卡顿合作推出的华为揽阅M2 10.0平板，以技术跨界融合设计、美学、享乐和顶尖工艺，为消费者创造全新的情感价值。为谷歌设计制造的 Nexus 6P，在设计与质量的提升上已经达到并超过了数届 Nexus 产品，为华为手机开拓国际市场打开了全新局面。

此外，华为还曾与全球知名时尚媒体 VOGUE 合作赞助米兰时装周，使科技与时尚完美融合，并邀请时尚摄影教父马里奥·特斯蒂诺为维密超模卡莉·克劳斯和顶级男模肖恩·奥普瑞拍摄了 HUAWEI WATCH 唯美大片，促使 HUAWEI WATCH 在欧洲市场大卖。

华为的跨界合作还涉及了高端汽车领域、智能家居等方面。比如，华为车载产品就获得了通用、奥迪、标致雪铁龙、特斯拉等一线车厂认可，成为其未来车联网设备中的指定 4G 模块供应商。华为还与海尔、美的、创维等几十家合作伙伴建立了良好的合作关系，共同在智能家居方面实现突破。

与此同时，华为也积极在更多旗舰产品、云服务等领域寻求更多业内顶尖的合作伙伴，将最新的技术及完美的产品体验带给全球消费者。

华为始终秉承合作共赢的理念，通过技术创新和跨界合作，为客户带来最前沿、最时尚的产品。通过这几年的跨界合作，华为的品牌形象也确实提高了不少。

华为也知道，不管跨界合作的创意营销取得了如何大的成绩，成功最核心的支柱还是产品。所以华为坚持创新和改进产品质量，提升客户体验。为此，华为在全球多个国家建立了研发中心，每年都投入巨额资金支持研发，专利申请数量在业界也是首屈一指。华为自主创新的技术应用于最新的产品上，在市场上也获得了客户的良好反响。同时，技术的进步和不断巩固的实力，也让华为有了更多的资本与其他企业进行跨界合作。

5. 响应客户的紧急需求

有些客户因为业务的变化，有时候会产生一些紧急需求，需要华为的帮助。尽管华为人平时的工作很忙碌，但也会加班加点、分秒必争来帮助客户完成任务，满足客户的紧急需求，解客户燃眉之急。

5.1 拼尽全力满足客户的意外需求

有些客户会临时提出一些需求，让华为人措手不及。在毫无准备的情况下满足客户需求还是有一定难度的，但是对华为而言，客户有需求，就要给予满足。如果拒绝客户，可能会带来一些负面影响，甚至是得罪客户，这对于客户关系来说是极为不利的，华为人也不愿看到这种局面出现。

尽管要满足客户突如其来的需求有一定的困难，但是华为人平素在工作中也经常遇到突发状况，得到了不错的锻炼，所以只要集中精力，寻求各方支援，协调资源配置，同样能克服困难，满足客户的需求，这也是华为这个平台的优势。

2009 年 7 月的一天，土耳其 Vodafone 给华为网络规划部门发了一封邮件，说他们租了一艘游船，邀请华为人员去海峡和他们做体验。当华为人员赶到现场后才发现，原来是客户下周四准备在博斯普鲁斯海峡的游船上做 3G 体验，还邀请了土耳其主要的新闻媒体到场报道。客户此次邀请华为人前来，是要求华为紧急予以配合，尽快在沿海峡附近的基站上开通 20M 高速下载业务。

当时伊斯坦布尔城市 3G 商业网络的实施项目正在如火如荼地进行着，这个临时提出的“支持 20M 高速下载业务”需求，要解决覆盖、新技术在规定时间内运用、设备版本要升级等多方面的问题。这对华为来说还是相当有难度的，做不好还会对正常业务造成巨大的冲击。当时华为也想拒绝，但是本地客户经理表示，要是拒绝了这个活动，就等于是拒绝了客户 CEO，所以当时华为别无选择。

于是，华为立刻成立了项目组，并和 Vodafone 技术人员到游船上进行测试，发现问题，就在现场记录并修改。项目组曾经在伊斯坦布尔的大型卖场和 Vodafone 总部开设过 20M 下载的演示服务，但与这次在海峡水道弯曲、多变、非静态的情况完全不一样。为了能尽快满足客户需求，项目组对网络规划、微波传输、设备配置等方面进行了全面的调整。在 6 天之后，演示成功，项目组完美完成任务，赢得了客户认可。

华为每一次在满足客户需求时，都力求做得更好，再困难也会拼尽全力去做，因为华为就是帮助客户解决难题的。深受华为奋斗文化影响的人，也会认为拼搏才有出路，也正因为此，华为才能够在当年走出困境，逐步得到很多优质客户的认可。

5.2 完成客户紧急交付的工作

华为在与客户合作的过程中，大多数客户都想华为能够尽快完成交付，早点实现商用，尤其是对于面临严峻的市场竞争的客户来说，时间就是竞争力，对项目的最大要求就是又好又快。有些客户的项目时间本来就很紧张，但是客户为了提高项目的价值，还会增加额外的需求。

华为多次遇到过这种情况，通过化解这些困难，华为的交付能力也逐渐得到提升，也让客户看到了华为的协调能力以及技术实力，很多客户就是在紧急项目中重新认识华为的。对华为来说，能够完成如此有难度的工作，是实现市场突破的绝佳机会。

2012 年 9 月，香港成为全球首批发售 iPhone5 的地区，但是这款新手机在当时仅支持 1800M 频段的 LTE 网络。和记香港子网在当地拥有最多的 iPhone 合约用户，当时还未开通 LTE1800M 的网络，如果不能在最短时间内完成 LTE1800M 网络部署并通过认证，不仅无法针对新手机进行商业拓展，还面临着合约用户流失的风险。

华为经过与和记漫长的谈判，确定了 LTE1800 全网 Refarming 的合同条款，目标是到 2012 年底完成 500 个站点商用。然而，新手机的发布让和记香港子网的商业压力突然增大，客户改变了原来的条款，要求华为到 10 月中旬就交付 500 个站点，到 10 月底再交付 500 个站点。从客户 CTO、CEO 到客户集团副主席再到集团主席都在问，华为最快 1 个月能做多少站。

此前，香港最高的交付记录是华为创造的单月 200 个站点。现在这个项目，却要在一个半月里直接把记录提高 4 倍，这让一线项目组、系统部和代表处都感到了极大的压力。大家都在与客户同步思考，如何才能达到目标。代表处认为，在 10 月底做到 800 个站点是华为给客户 CEO 的正式承诺，但不管怎样，都要朝着完成 1 000 个站点的目标进行。华为高层也多次到香港与客户互动，承诺一切以客户的商业成功为导向，全力支持客户的网络商用目标。

为了实现对客户的承诺，项目组在计划中把一天 24 小时分成了 3 个时间段，按八小时的实施周期排班，按照高峰期每天 40 到 50 个站点的目标进行计划倒排。项目组凭借前期与客户合作积累的经验和对网络的熟悉，很快梳理出了明确而细致的关键路径。项目交付资源以客户 2G Refarming 项目组和代表处交付业务骨干为主体，并通过地区部和机关协调分布在世界各地的超过 20 名一线工程师和项目经理前来支持。

在整个项目执行中，项目组忙而不乱。虽然时间紧急，但实现了客户期望的目标，在最短的时间内完成了 1 000 个站点的交付，新建了一张基本覆盖香港所有核心区域的 LTE1800 网络。对此，客户感慨道："不敢相信能够完成目标，不敢相信华为团队能创造这个奇迹。" 10 月底，香港和记通过认证，并抢占了 11 月的市场机会窗，使后来两个月内 4G 用户增长了 100 倍，达到了预期的商业目标。

华为人敢做敢拼的作风，让更多的客户愿意将华为发展为长期、稳固的战略合作伙伴，这为华为的持续发展提供了新的动力。长期以来，华为都将为客户服务看成华为生存的唯一理由，这让所有华为人时刻将完成客户目标放在首位。

5.3 友商的问题，也要力保解决

因为很多客户都与不同的设备供应商合作过，不同厂商的设备会同时出现在客户的机房里。所以，当华为接到客户的紧急需求时，经过排查，问题不一定是华为的设备引发的，也有可能出现在友商的设备上。当确定是友商设备出现问题时，有些企业人员会因为与友商存在竞争关系，而不愿解决友商设备的问题。但是华为人认为，不管是华为的设备还是友商的设备出现问题，受影响的终究是客户。所以，为了保障客户利益，华为多次选择帮助客户解决友商设备的问题，华为也因此赢得了客户的尊重。

在很多市场，华为能够从西方公司的封锁中奋斗出一条道路来，也就是因为华为能够不计前嫌，坚持为客户服务。在华为人看来，只要客户有需求，华为就有机会争取服务。

2015 年 1 月，委内瑞拉通信部长访问 H 国，在途中，手机漫游业务出现问题，于是紧急向华为请求支援。华为委内瑞拉代表处客户支持团队收到客户请求后，马上组织了技术工程师攻关，希望以最快的速度帮助客户恢复业务。

服务项目经理通过 GTAC 热线协调到 H 国技术专家配合提取信息，定位出是友商的 DNS 设备配置出现错误。客户紧急联系友商，希望友商能派人前来解决，但是友商迟迟未作出反应，让客户很失望。于是，客户授权华为启用临时解决方案。最终，华为支持团队很快就帮助客户解决了问题，而且从接到请求到解决问题，仅用时31分钟。

事后，客户运维总监特地发来邮件表示特别感谢，并表示这次事件再次证明了华为是他们的战略合作伙伴，他们相信华为有能力提升网络质量和终端用户服务。此前，因为一些事故，客户对华为有一些意见，但经过在这次关键事件中的优异表现，华为再次赢得了客户的信任，也增强了代表处在当地市场上奋斗的信心。

在服务中，华为始终坚持把客户的事当作自己的事对待。在华为看来，全力帮助客户解围，心无杂念，才能真正做到以客户为中心。如果因为客户的问题不是自己的设备引起的，就采取事不关己的态度，不仅不能体现华为的优质服务，还会败坏自己在行业内的名声。

第9章 提升客户满意度

以客户的价值观为导向，以客户满意度作评价标准。瞄准业界最佳，以远大的目标规划产品的战略发展，立足现实，孜孜不倦地追求、一点一滴地实现。

——任正非

1. 打造精英队伍，共同迎接挑战

企业发展的关键要靠人才，面对未来的挑战必须培养出一支高素质、能打胜仗的队伍。为此，华为建立了一套较为完善的人才培养体系，不断为各个部门、一线输送优质的人才，为客户提供更为优质的服务。

1.1 注重团队互助精神的培养

个人的力量始终有限，即便是非常成功的企业家，在其奋斗的道路上也要得到别人的支持和帮助才能成功。良好的团队协作不仅能迸发出更大的力量，也能大大提高工作效率，从而为客户提供高质量的服务。对此，松下幸之助就曾说过：“一个领导者应该承认，个人的能力是极为有限的，一个人若做能力以上或以下的工作，都容易遭到失败。为了避免能力发挥上的缺点，更应该分层负责，这才是提高工作效率最科学的方法。”

华为也是一个非常重视团队精神的企业，因为华为的工作几乎都要靠团队力量来完成。华为聚集了国内外众多的高素质人才，也需要依赖一种强大的精神将这个庞大的队伍团结起来。尽管华为的人才是流动的，团队成员并不是固定的，但因为狼的团结精神充分体现在华为的企业文化中，使华为人深受熏陶，所以新的团队建立后，经过一段时间的磨合，也能让大家迅速团结起来。华为组建以“铁三角”为核心的作战团队，就是为了团队成员能协调一致，发挥集体精神服务好客户。

2011 年以前，华为西宁办事处由于终端业务组织、企业业务组织以及区域客户代表、区域服务经理等相关人员还未配备齐，导致终端销售业务拓展缓慢，企业业务无法正常运作。

通过办事处的努力，2011 年至 2012 年间，配齐了相关人员，成立问题清零项目小组，并形成了以客户界面区域“铁三角”为作战的单位，深入各地倾听客户声音，收集、闭环客户问题。之后，客户满意度大大提升，办事处也发现很多新的机会点。

办事处将重点放在了华为终端品牌与青海运营商渠道相结合上，大力进行华为终端机型的品牌宣传。客户经理白天拜访客户，了解重要客户的痛点和经营问题，晚上则和铁三角团队进行分析。在团队的共同分析下，他们精心策划了年度渠道供应商峰会，大力进行华为终端机型的品牌宣传，开展不少促销活动，大大提升了华为智能机在青海的市场份额。

任正非经常提醒主管，要关心团队成员，帮助成员融入团队中，这都是为了培养团队成员的集体精神，让他们知道只有团队一条心，才能将事情做好。在任正非看来，不能融入团队的人，再优秀也是不合格的。

华为团队精神的核心就是互助。在华为人看来，团队中不仅要减少矛盾，更要能够相互帮助，相互分担，要做到荣辱与共。为此，华为设立了很多团队奖项，让成员将团队荣誉感与个人荣誉感联系起来，以增强团队的凝聚力。

2004 年，华为拿下了沙特电信的骨干 SDH 传输项目，彻底实现了光网络在沙特的全网突破。拿下项目 2 个月后，项目组就收到了客户 CTO 的最后通牒，客户表示华为项目进度滞后，如果未来 1 个月内没有重大进展的话，就要把项目让给友商。

在这关键时刻，整个团队，包括代表、项目经理、产品经理、实施工程师都一起动员起来，共同为推进项目进展而努力。但由于工程车出故障，第一个站点的交付没有按照要求时间完成。经过向客户争取，客户再次给了项目组一个机会。这次，客户决定开车和项目组一起前往站点。这个项目中的一个站点在沙特最北面，要穿过一片戈壁，为了保证路途中不再出现意外情况，项目组对车辆进行了充分的检查，带了充足的食物和水，凌晨 6 点就出发了。

下午 3 点，一行人终于到达站点。项目组成员没有任何一个人提出休息，而是立即安装机柜、加电、单站调测、联调。之后，凭借项目组锲而不舍的努力，以及团队的密切配合和相互帮助，项目进展很顺利，客户对华为人的工作态度也很是赞赏。

华为经过多年的发展，团结互助的精神早已深入每个人的骨子里，华为能够取得今日的成功也离不开员工不断发扬团队精神。很多以自我为中心的华为人，也逐渐在实践中认识到，只有帮助他人，才能得到他人的帮助，并且促进企业的发展。

1.2 员工工作评价以客户满意度为依据

客户满意度是衡量一个企业服务质量最主要的指标。一般来说，企业的服务质量可以分为可靠度、响应度、保证度、关怀度、装备度五个维度。企业不断完善这五个方面，才能使服务符合客户期望。随着市场竞争的白热化，客户对服务的期望也越来越高。在新的竞争形势之下，企业只有不断优化流程，坚持以客户的需求为驱动力，加深对客户需求和期望值的理解，主动响应客户需求，才能满足日益变化的客户需求，并持续提升客户满意度。

华为就要求各级员工要把客户满意度深深印在脑海里，做事要以客户满意度为标准。在任正非看来，只要华为时时、处处把客户利益放到最高的准则，又善于改正自己存在的问题，那么客户满意度就会提升。客户满意度贯穿着华为人力资源管理的方方面面，是华为从总裁到各级干部的重要考核指标之一。对此，任正非说道："客户需求导向和为客户服务蕴含在干部、员工招聘、选拔、培训教育和考核评价之中，强化对客户服务贡献的关注，固化干部、员工选拔培养的素质模型，固化到招聘面试的模板中。"在华为人看来，华为的所有利润都是客户给的，只有不断提升客户满意度，客户才让华为有钱赚，华为才能生存。所以，员工的工作评价也要以客户满意度为标准，以提高全体员工的认识。

2014年，华为日本代表处在客户的商用网操作中，多次出现操作问题，引起客户严重不满。在一次与客户高层开会时，客户问在场的华为人："你们的工资是谁发的，有没有思考过？希望对公司内部员工进行咨询调查。如果在意识上没有充分的认识，那么问题还会持续出现。"

回到代表处后，陈涛（化名）以邮件的方式对部门人员进行了调查，并在内部案例学习时向全员进行了相同的咨询。在员工反馈中，有说华为公司发的、客户发的、最终用户发的，大家的想法都不一样。之后，陈涛组织部门深入讨论后，才一致认为华为的收入来自最终用户，因为如果没有最终用户，也没有华为的客户，华为也不会有收入。既然工资是最终用户发的，那华为的工作也是为了最终用户。

陈涛认为，交付与服务团队经常要在商用网进行各种操作，难免会出现技术上或人为上的失误。如果大家能转变意识，站在最终用户的角度思考，想办法让操作减少对最终用户的影响和干扰，就可以提高最终用户的体验，从而让客户收益，这样客户满意度自然就提升了。所以，交付与服务团队应该从这个角度出发，在产品的可用性、可维护性、交付方案的可执行性上设计产品和流程、指导书，并严格按照相应流程、指导书执行，使华为的产品和服务质量做得更好。

后来在与客户高层交流时，他们也认为自己的工资是最终用户发的，华为员工的工资也是，并希望华为员工都能够深刻认识到这一点，转变意识，给最终客户提供更好的服务。因为客户和华为是一条船上的，一同努力，才能实现成功。

华为每年都对员工的工作表现进行考核，并且会参考多方面的内容。如果客户投诉多，工作质量提不上去，工作评价就会很低，而且还会有被淘汰的危险。不仅是华为，很多企业都很重视客户满意度。比如，思科早就实施了与顾客满意度相关的员工绩效考核方案，使员工的奖金和岗位晋升都与顾客的满意度紧密相关。华为、思科等企业的做法，让客户至上的服务理念贯彻到每位员工的心中。

1.3 让面向客户的贡献者升官发财

以奋斗者为本是华为的企业核心价值观之一，华为从创立之初到现在坚持贯彻这一价值观，坚决不让奋斗者吃亏，对为华为做出过贡献的员工进行相应的奖励。在华为，员工的奖励和晋升，不是按照职位高低、资历深浅、年龄而定的，而是按贡献来论。对此，任正非就表示：“在干部评价系统中，以管辖面、组织层级、功能部门有多少……来确定干部级别，如果这样评价人，结果不会是英雄辈出。”

华为也会为想做出贡献的员工创造机会，谁想升官发财，想快速进步，就要到一线、到艰苦的地区锻炼，攻下“上甘岭”，只要能做出重要的贡献，就能得到大奖励，破格提拔也是有可能的。这样的激励体制，使一代代华为人前仆后继奔赴“战场”，为华为攻下了一个又一个市场。

2012 年底，华为在 G 国中标近 10 亿美元的项目。此前，华为在 G 国耕耘多年，都未取得大突破，这次的项目对华为来说意义重大。为此，华为给参与竞标的团队发了 700 万元人民币奖金。

2013年上半年，合同签订后，任正非又给项目团队奖励了1 000万元人民币。当时G国所在地区部总裁说："老板，已经奖励了，这次您请大家吃个饭就行了。"但任正非很生气，他认为，作为地区领导要顾及下面员工，要让员工也分享到公司的成果。所以，任正非让地区部给一线员工分好这笔奖金。地区部拿着这么多奖金，感到很大的压力，因为当时还没有哪一个项目奖这么多钱的。为了减轻地区部的压力，最后任正非决定按700万元人民币发放，等于奖励了两次。

有心理学家研究发现，当一个人接受了他人的恩惠后，心理上就会产生一种负债感，会使受惠的人想以一种回报的方式去对待施恩者，这就是人际关系中的互惠准则。在企业经营中也经常可以发现这种情况，当企业充分给予员工奖励时，员工也会以不同的方式回馈企业。华为对于能够为公司立下大功的员工一直很大方，也因此在华为内部催生了更多的奋斗者。这些奋斗者认可华为的企业文化，将自己的成功与华为的成功视为一体，在帮助华为体现价值的同时，也实现了个人价值。

为了让奋斗者体现价值，并获得荣誉感，华为也会及时对他们做出相应的奖励。就像任正非所说的："为什么不让最佳贡献的人在冲上'上甘岭'时激励，非要等他老了才给呢？不能给级别，给奖金也行。我们要看到新生事物的成长，看到优秀的存在。"为此，华为每年都会举办各种奖励大会，让奋斗者感受到荣誉感。

2013年上半年，华为刚果代表处在东南非地区部实现收入第一、回款第二，订货和市场目标全部达成。为了表彰贡献突出的员工和团队，让华为的奋斗精神得以发扬光大，代表处决定及时激励贡献者。

为此，代表处于7月底结合例行的Team building活动，举办了一场表彰庆祝会。华为在当地的中外员工和家属都参与了庆祝会，并在会上积极互动，全情参与。会上不仅有乐队伴奏，还举办了颁奖、抽奖、庆祝生日等一系列活动，为了推广华为终端品牌，代表处还提供了20部Ascend P6手机作为抽奖奖品。

这次活动增进了员工的自豪感和归属感，也激发了代表处人员对当地市场的信心。

通过及时奖励，可以让奋斗者保持斗志，持续为华为做出贡献。华为也明白，让奋斗者一时作出贡献并不难，难的是让他们长期坚守奋斗者精神，所以华为也一直在通过不同的办法，让奋斗者怀有危机感，鞭策他们进步。

2. 与客户发展长远的合作关系

华为多年来用优良的服务取得客户信任，并积累了很多客户资源。但华为知道，要想公司维持长久发展，就必须始终得到客户的信任，并与客户建立长期合作关系，因此华为一直致力于为客户打造极致的服务体验。

2.1 永远出现在客户最需要的地方

华为将战壕建到离客户最近的地方，就是为了能够及时出现在客户最需要华为人的地方，以最快的速度帮助客户排忧解难。比如，华为在各地建立地区客户经理部，就是以客户关系为中心来建立的。各代表处、办事处的客户经理都密切关注着客户需求，并且及时、准确地将客户需求传递给一线，以便为客户提供最需要的服务。

华为也坚持不分对象地为客户提供优质服务，不管客户的企业规模有多大，订单金额多少，华为都会认真对待。只要客户有需求，也不管有多大的困难，华为都始终站在客户身边，主动帮助客户分担。

2011 年 3 月 11 日，日本东北部海域发生里氏 9.0 级地震并引发海啸。不久，福岛第一核电站开始爆炸，进而引发核泄漏。东京传出放射性物质超标的警告，很多友商都开始撤离，让华为一些员工开始情绪不稳。华为管理团队每天坚守在办公室，密切收集各种信息，确保信息透明，并告诉员工，华为承载着对社会的责任，应该和客户在一起，坚持留守，而且风险是可控的，公司也有应对风险准备。后来，时任董事长的孙亚芳也来到了日本，这让客户和当地的员工很感动。

之后，华为对风险进行了管理，因为担心客户的情况，参与项目的 40 多个核心成员一个都没走。由于停电、建筑物倒塌，E-MOBILE 在灾区的一些基站通信中断，华为第一时间问客户有什么可以帮得上忙的。虽然客户希望先依赖自己的力量来恢复通信，但华为在灾区派驻的工程师和合作伙伴始终没有撤出，随时为客户提供必要的支持。

到了 3 月底，客户搜集了一些无论如何都无法解决的问题，询问华为能否为他们提供移动基站等解决方案和卫星传输方面的支持。华为立即让派驻灾区的工程师在现场开始调查问题，并通过远程沟通，确定解决问题的方案。客户还希望华为在灾民聚集的地方安装移动基站，为他们提供及时的通信服务，所以华为管理团队决定，立刻派出一支精英团队去支援。

出发前，支援团队做了周密的计划，摸清了灾区需要抢修的40个基站的位置，紧急准备好4台应急移动通信车，以便在灾民聚集区新建移动基站。到达受灾最严重的地区后，他们发现当地所有的桥、铁路线、公路都遭到了破坏，进入灾区后唯一能通行的路是自卫队临时清理出来的。两天后，支援团队新建了第一个移动基站，从安装调试华为设备，到安装卫星接收站、天线，总共花了半天的时间，虽然移动基站看起来很简陋，但灾区人民总算可以打上电话了。

在此后的一个星期里，支援队陆续帮助客户恢复了40个基站，建起了好几个临时基站，得到客户的极大认可，此后华为在日本市场的影响力也大大提高。

客户有需要的地方，就有华为人在。华为在为客户服务上，舍得投入资源、人力，这是很多企业都难以做到的。华为人也通过实践证明了自己是客户可以信赖的对象，所以当客户在紧急时刻见到华为人的身影时，也仿佛看到了希望，很多客户也因此与华为建立了战略合作伙伴关系。

2.2 用心服务，做客户的知心伙伴

与客户建立友谊，绝不是靠耍嘴皮子就能搞定的，尤其是与客户长期保持良好关系，是要用心维系的。企业只有凭借优良的服务，持续地兑现对客户的承诺，才会让客户打心底里认可自己。

任正非经常告诫华为人，要把为客户服务当作自己的事一样看待，要发自内心地为顾客着想，才能提升服务的境界。而这些，都是流程和标准无法规定和衡量的，都是需要用心去做的。

华为在与P客户的合作中，在最后一批设备割接完成时，一场雷暴雨来袭导致网管涌现出大量的告警。客户负责维护的董经理，拥有多年维护经验，面对800多个站中270个站点告警，董经理当着项目组全体人员的面表达了他的愤怒。这是刘晨（化名）第一次面对客户如此严厉的投诉，很快他就意识到及时解决问题是项目组唯一的出路，因此要赶紧重整队伍再次出发。

有一个40户人家的村庄的站点，前前后后上站5次，但故障就是解决不了，董经理下了最后通牒，表示如果项目组3天内搞不定，就要换成友商的设备。由于刘晨是站点开通时的机动队伍人员，积累了更多的经验，因此承担了更多的告警骨头站。当他赶到站点时，发现潮湿的机房周围铺满荆棘，蚊虫乱飞。忙到深夜时，问题仍未解决，刘晨只得尝试着重新思考解决方案。

在蚊虫的叮咬下，刘晨一遍一遍尝试操作，整个晚上就在机房里，累了就蜷缩在机房的纸板上睡。这样的表现让客户的董经理很感动，也让他与刘晨成为了十分要好的朋友，这份友谊也保持了十多年。

就维护客户关系来说，提供好的服务是最基本的要求，但要想成为客户心中的好伙伴，还需要有超出客户期望的服务能力。很多客户都有很高的自我追求，他们渴望成功，也希望通过企业的帮助成为业界标杆，企业要抓住客户的这种心理，找到合适的渠道和方式和客户沟通，成就客户。只有比别人做得更好，为客户创造更多的价值，才能最终赢得客户。

把客户服务做到极致，企业人员首先要转变意识，把客户当作自己的朋友对待。很多华为人员在与客户私下相处时，就把他们当作朋友对待，设身处地为客户着想，久而久之，客户也以朋友的身份对待华为人员，使华为在很多项目上得到了客户的理解和支持。

2013年，方原（化名）来到华为山东办事处，很快就接到一个任务，要带一批奥组委的客户回华为总部参观。负责接待的人中，有一位高级客户经理。在参观民俗村时，有小贩试图接近主宾，被方原拦住了。方原对小贩说，这是华为的客户，请不要打扰他们。出来后，那位高级客户经理告诉方原，以后不要在客户面前称呼他们为“客户”，因为华为虽然和客户在生意场上是合作伙伴，但在私下里就是朋友，甚至是兄弟。

这番话在以后的工作中深深影响了方原的行事方法，他和客户不再有工作接口关系时，双方就非常自然地变成了老朋友或者兄弟。正因为这样的关系，在方原调离原工作岗位后，很多老客户仍然会与其保持联系，经常相互走动。这也让他意识到，做客户关系最关键的就是深入人心，这个过程也是很美好的。正因为这种观念深入骨髓，所以与客户打交道时，很多事情都容易理顺，也更好地帮助客户实现了成功。

为客户服务、建立客户关系，是不能偷懒、不能投机的。只有心里始终想着把客户关心的事办好，时刻保持双赢的心态，才能让客户感受到企业的真诚，才会让客户把企业当作真正的朋友，才能从点滴工作中慢慢积累客户信任。

2.3 把客户服务做到透，取得信任

曾经有人对通信行业的各大巨头做过分析对比，他们发现很多国际大企业比较喜欢要大牌，不愿为客户的个性化需求去量身定做产品。而华为不同，华为可以匹配客户的需求定制产品。当接到客户需求时，很多企业一般也只是派四五个工程师到客户处商量，而华为则可以一次派十多人组成的团队去与客户一起讨论、研发出最适合的产品。若产品出现问题，不管地点有多远、多偏，华为都会立刻派工程师前往，这也是很多企业难以做到的。

华为能做到这样，不仅与华为有人力优势和完善的激励机制有关，也与华为服务文化的深深影响有关。任正非一直对华为人强调“脑袋要对着客户，屁股要对着领导”，要把客户看作衣食父母，把时间和力气放在客户身上。所以，为客户服务已经深入到华为人的骨髓中。

2010年，华为在秘鲁市场还属于刚突破的新进者，客户对华为缺乏信任，一个简单的操作，客户都会让华为说明为什么要这么做。于是每次遇到问题，华为都几十次、上百次地反复定位问题、确认解决方案，慢慢地客户也看到了华为的专业和细致程度，之后遇到问题时都会按照华为提供的专业分析报告来做。华为也因此得到了客户一定程度的认可，但华为知道要想赢得客户的完全信任，仍要慢慢积累。

VPN（短号集群网）业务上线后，在付费用户的推广中取得了很大的成功，客户MKT趁势推出了全网VPN计划，并且希望在项目组的帮助下在圣诞节前使VPN用户达到1 100万。为了达到这一目标，客户率先在本地进行了全方位的业务营销与推广。计划启动的时候，现网容量只能支持600万用户，根本无法满足客户的业务拓展需求。而且，在NGIN（下一代智能网）平台上支持1 000万VPN用户，华为在海外市场上从未做过，要帮助客户成功，就要在这方面进行尝试，成为第一个“吃螃蟹的人”。

虽然这个任务异常艰难，但主管交付的客户总监已经对客户高层承诺了，希

望项目组能按时完成，项目组只能硬着头皮坚持，不辜负客户的信任。

在实验室搭建镜像环境的时候，实验室根本没有足够的单板用来支撑这么大局点的镜像环境，最后经过代表处协调才好不容易凑足了单板，搭建好了环境。方案验证调优后，项目组却发现从现网组网到目标组网需要20多个变更，所以在两个月时间里，项目组几乎隔一天就有一次操作，从国内前来支援的人员每天都要深夜支持。尽管过程十分艰辛，但项目组在自身努力和各方支援下，最终兑现了对客户的承诺。客户CTO为了表示感谢，还亲自来参加了项目组的庆功活动。

客户的信任是华为人依靠一次又一次的优质服务赢来的。在为客户服务时，华为也十分注重与客户打交道的基本礼节，始终尊重客户。虽然华为还有很多待完善的地方，但他们的意识中一直坚持提高职业素养，不断自我反思，向服务的最高境界看齐。

3. 严密控制细节，对客户负责

客户服务无小事，华为在国际化的过程中，见识到了客户对细节的严格要求，也看到了友商在细节上的付出。因此，华为也力求在细节上展现华为的专业与耐心，以保障为客户服务的质量。

3.1 细微之处见真章

很多优质的客户对细节的关注远超过华为的想象，华为也逐渐明白，客户在选择合作伙伴时，会对各家企业的工作态度进行一个全面的考察。而对细节的处理，就是考验一家企业工作态度的重要标准之一。

华为在执行项目时，有时会遭遇客户投诉，一部分原因就是曾经对细节关注不够，导致一些小问题出现，当小问题不断积累，就集中爆发了，酿成了大问题。华为从中吸取了不少教训，在现在的工作中也力求将细节做到完美。任正非就经常告诫华为人要有工匠精神，要向优秀的企业学习精益求精的工作态度。在他看来，能把事情的细节做好，同时又有宏观思维的人才能成为一名合格的“将军”，他也希望华为人能够处理好客户关注的每一个细节，不被客户抓到把柄，做到无可挑剔。

华为在印度市场快速发展的几年，印度也是全球增长最快的电信市场之一。当时很多印度运营商客户都处在快速建网阶段，每个客户都有迫切的融资需求。华为在当地的融资团队最忙碌时，同时要操作八九个融资项目。

在实际操作中，融资团队感受到了印度市场的“艰险”。因为印度金融市场的监管体制特别复杂，融资市场发育又不健全，导致融资成本很高。而且印度项目的商务战打得异常惨烈，客户一般会把报价压得很低。所以，融资团队对涉及融资的项目慎之又慎，尽力从财经的视角去做管理，帮助业务部门，在融资方案设计上多考虑各种风险，做到风险量化、风险可控。

此外，印度的客户形形色色，每个客户的要求都不同，有的十分善于纠缠细节，一旦客户端在付款上出现状况，任何一个项目都能使代表处陷入困境。所以，融资团队在帮助客户融资时，十分注重细节，一旦发现有哪些细节做得不好，立即改正。慢慢地，那些对细节纠缠不休的客户也看到了华为人做事认真的态度，开始支持华为团队，让融资团队在印度市场上完成了多个融资项目，并荣获公司金牌融资团队奖。

在客户看来，华为人在工作中对细节的处理，代表了华为人对工作的热情和尊重。只有对工作充满热情和热爱的团队，客户才愿意去信任他们，并给予重托。所以，细节也是衡量一个企业服务质量的重要指标。

3.2 以客户满意为依据细化服务标准

改革开放初期，因为受整个发展环境的影响，很多企业采取的是粗放型经济发展方式。但是随着越来越多的企业走出国门，中国企业过于粗放的服务弊端逐渐显现出来，很多企业都在谋求转型，并且追求精细化运作。现在不少企业也都有一套有关服务的规章制度或管理制度，但很少有企业能够执行到位，这是因为缺少精益求精的执行者。

华为也遇到过这样的问题，所以任正非才要求员工在服务中时刻都要以客户满意度为标准，还要体现专业的服务水准。为此，华为制定了各项服务标准，要求员工严格按照标准执行，通过一套标准化的服务流程，使很多工作都能快速和精确地被执行。

一次，杭州某电信局局长前往华为总部考察，华为组织客户接待。接到通知后，华为杭州办事处秘书会先填好客户接待的电子流，再由办事处会计申请销售人员出差备用金。之后，办事处客户工程部接待人员会打电话确认电子流中行程安排。

当行程安排传到华为总部后，总部会安排好司机、接待人员去机场接机，并安排住宿。然后系统部职员打电话与销售人员确认接待事宜及注意事项，并且安排公司接待领导。

当客户一行到达深圳后，华为会派一名公司经理宴请客户。随后前往公司总部参观，当客户出现在公司时，公司总台会在电子屏幕打出欢迎客户的字幕。然后，另一名公司经理会在公司会议室和产品展示厅向客户介绍华为的产品规划。讲解完后，共有三名展厅人员分别负责为客户讲解移动产品、传输产品、宽带产品。

之后，由生产部人员带领客户参观位于深圳的华为某工厂。参观完后，在会议室，人力资源部副总为客户介绍华为企业文化，财务部副总介绍华为的财务管理。最后，由公司副总设宴为客户送行，并由客户工程部安排车辆去游玩等。

以上就是华为接待客户参观的一次全服务流程。一个简单的接待，华为就能迅速在短时间内组建20多人的团队直接为客户服务。这期间将客户接待流程织成一张大网，各项工作，环环相扣。

在高效和高质量的服务背后，是一套完整的服务流程和标准在支撑，这也说明了服务标准化运作的重要性。在服务中，华为也会收集客户反馈的情况，并要求服务人员改进，不断提高服务的标准，做到对客户负责。

3.3 回应客户关心的每一个细节

在华为，从产品的设计到生产，再到安装等各个环节都有着严格的标准。比如，华为在交换机配线过程中，就规定必须将彩色线扎在外面，而且不能交叉。有些人认为这些线扎得再好，关上机门后也不会有人注意到。但华为人则认为，对于很多对细节有着严格要求的客户而言，他们很关注这些细小的问题，如果客户打开机门，发现这些线凌乱地缠绕在一起，就会使他们对华为的产品质量和服务态度产生不好的印象。

在华为看来，如果客户看到华为人能够在细节上下功夫，并将每个细节都认真做好，体现的是华为人做事的条理性，使客户更加放心采用华为的产品和服务。华为在主动接受客户的检验中，就经常会接到客户提出的有关细节上的问题，也会听到客户提出需要改进的地方。华为乐于接受客户提出的这些问题，并严格按照客户要求进行改进，因为这有助于华为改进产品和提升服务水平。

华为在日本市场拿下Y客户的项目后，项目组将面临产品交付的考验与压力，这丝毫不比竞标时的压力小。当时客户要求将BTS3911E产品安装在日本名古屋路边的杆上，为附近的一片村庄提供无线信号覆盖。项目组早就听说了日本客户是细节控，所以也早早做好准备等客户检验。

2015年12月，华为的产品样机才出来一周，客户就提出要做一次验收，主要验收产品的安装、体积、滤波器指标。检验过程中，华为的一名结构工程师用了不到5分钟，就把产品安装好了。客户见状要求自己安装一遍，在初步验证华为所说的简易安装承诺后，竖起了大拇指。在之后的检验中，客户对于线缆的可靠性关注更为严格。在华为人将电源线插到电源口，并用维护盖上的螺丝钉打紧后，客户为了验证电源线的可靠程度，整个人身子往后倾斜，用尽全力去拉线，以检验线缆是否易松脱，确认安全性。对于产品的体积、重量，客户还会亲手测量模块的长、宽、高，并计算体积，称重精确到小数点后两位。对于滤波器40多个指标的测试，客户一个个进行确认。

2016年4月中旬，华为的产品已经陆续到达日本客户仓，等待正式上站安装，客户提出了第二次实验室验收，这次验收的重点是第一次未验收过的产品射频性能。客户派来了两个技术专家，他们一直蹲在测试仪器边上，对13项测试进行反复确认，并要求测试结果全部截图存档，针对测试结果还会和研发人员交流确认，原本一个多小时就可以完成的测试内容，他们用了四个小时。

这样严谨细致的测试验收华为是第一次遇到，但让所有参与测试的项目组成员受益良多。两次验收，客户非常满意。在后面的发货中，项目组也严格按照客户对细节的要求进行，对于不足的地方及时改进，顺利完成了发货。

都说细节决定成败，很多企业不缺乏先进的技术和高素质的人才，失败的很大一部分原因就是对细节管理不够。华为在细节上的关注，对一些小事、琐事认真对待的态度是值得很多企业学习的。要知道，华为能够养成注重细节的习惯，也经历了多年的磨砺，是在不断向优秀企业的学习中形成的。

4. 完善售后服务，赢得客户认可

售后服务是整个服务环节中重要的组成部分，这一环做得好不好，直接影响着客户再次购买的意向。所以，企业不可虎头蛇尾，要将服务做得彻底，不给客户留下任何挑刺的余地。

4.1 及时服务，满足客户需要

华为在早期发展中，面对外患内乱、不正当竞争的情况，很多国内厂家纷纷倒闭，而华为在坚持提升技术先进性的同时，不惜一切代价提高产品质量的可靠性，并且建立及时良好的售后服务体系。这让在当时产品竞争力不占优势的华为，凭借良好的前后期服务，赢得了一批忠实客户。任正非也认为："强力销售的基础是可靠的产品、良好的售后服务。"

如今，华为的售后服务体系更加完善，能够让华为人更加迅速地得到后方平台的支持，在现场做出更快速的反应。为了保障客户设备运行正常，很多华为人员都长期驻扎在客户处，或者尽可能离客户近些。即便常驻人员临时有事不在，华为也会调动各方资源，协调人力前去支援，确保以最快的速度出现在客户面前，并帮助其解决问题。

华为开发的一个新产品在北方某地第一次使用时，其中一台设备突然出现故障，客户立即向华为驻当地办事处求援。当时正好赶上当地办事处的技术人员有事外出，无法及时赶回来支援。因为客户十分焦急，所以华为决定派 4 名研发人员立即乘飞机赶去现场，以最快的速度将设备恢复到正常状态。

4 名研发人员一到办事处，就立即赶赴机房控制室。到了机房控制室后，他们没有任何犹豫，马上开始检查故障设备的具体位置。由于机房的设备使用时间较长，这 4 个人对这些旧设备并不熟悉，所以让办事处秘书找来说明书，并按照说明书进行检查，经过拨打用户电话，终于找到了故障设备的具体位置。

随后，他们和办事处的人员一起迅速赶往故障设备地点。当时已经是晚上 9 点，路况又很差，一行人还迷了路，好不容易在凌晨 1 点钟左右赶到了县城，却被告知故障设备在 60 公里外的小镇上。时间紧迫，他们顾不上休息，又连夜赶路，终于在凌晨 3 点的时候赶到了故障设备现场。工程师们赶紧给设备调换配件，经过反复调试，使设备恢复了正常运作。客户知道后，这才放下心来，并对华为的帮助表示感谢。

华为不会因为项目已经完结，就对客户的需求不予理睬，相反，他们是尽力提升售后服务的质量，快速响应客户的需求。为此，任正非还要求华为加强售后服务队伍的建设，全面地推行规范化的工程管理。他还要求华为人多向苹果公司等售后服务做得很好的企业学习，不仅学习他们的售后服务，还要学习他们大服务的概念。

华为人在售后服务中也积累了很多经验，知道要想售后服务轻松，并降低成本，就要在项目执行时就将工作做好，提高交付质量，减少后期事故发生，不要将问题都留在售后。事实证明，随着华为的不断发展和服务质量的提升，他们有了更多的机会向市场提供良好的服务，售后服务的成本也在不断降低。

4.2 以理性的行为处理客户的指责

沃尔玛在全球各地都有分店，这家公司有两条店规，第一条是客户永远是正确的，第二条是如果客户错了，请参考第一条。任正非很认可这一客户服务原则，因此也让华为人向沃尔玛学习。因为任正非知道，未来的竞争一定是服务的竞争，如果华为没有办法持续提高服务能力，将服务打造成核心竞争力之一，就无法通过服务在未来的竞争中占据优势。

在客户对华为服务不满意时，华为也会及时进行反思，分析原因，找出症结所在，妥善处理客户投诉。随着华为业务量的增多，在售后服务中也确实出现了一些问题，华为没有逃避这些问题，而是积极进行变革，重新赢得了客户的信任。

2015 年 10 月，华为消费者 BG 全球服务部收到一封来自 Mate 7 手机用户的投诉信。在信中，这位用户提到，他见证了华为的成长和强大，一直引以为荣。他使用了 4 个月的华为手机出现了发热、耗电快的情况，所以去华为门店进行维修，当时是下午 14 点，客户非常多，在营业厅排队苦等了 2 个小时后，柜面人员在了解情况后告诉他，要修的话最快要 1 个小时，慢的话要 2 个小时才可以取机。2 个小时后，他再次回到门店时，却被告知因为当天人多加上他的手机有屏幕锁，尚未开始检测，当时门店人已经很少了，但一直没有人主动和他联系，也没有人提前让他关闭屏幕锁。之后，他致电华为终端 400 服务热线进行投诉，要求与主管对话，在转接主管电话时等待时间超过了5分钟。虽然主管在电话中一直强调会负责记录他的投诉，但在沟通中客服却挂断了他的电话。这一次非常不好的体验，让他对华为的服务感到很失望。当这位用户投诉无果时，他将手机留在服务中心愤怒离开，并表示再也不会使用华为手机。

这封投诉信引起了华为消费者BG的高度重视。通过消费者BG投诉数据的分析，华为也发现，用户的投诉91%都来源于服务中心，对维修周期的投诉率最高，占服务中心总投诉量的23%。华为还发现，这起投诉事件表面上看是服务中心维修周期长、运营管理不善、人员能力不足、热线服务管理等存在重大问题造成的，实际上是华为消费者BG在服务领域仍没有建立起面向消费者的服务体验管理的一整套方法和流程，在面向消费者的服务的阵地也没有建立起自己的运营管理能力和作战部队。

华为也意识到，消费者BG向精品战略转变时，原有的服务体系和服务管理能力已经难以满足消费者的服务需求。因此，必须通过变革建立面向消费者的服务能力和服务体系，提高核心竞争力。针对上述用户投诉问题，华为在手机修复后，对用户多番致歉，用户终于表示谅解并收回了自己的手机。两个月后，消费者BG中国区服务主管还致电这位用户进行了回访，用户对风波过去那么久后华为依旧保持关注并主动关怀的做法表示感动。

为了进一步改善客户服务，华为消费者BG还致力于从传统的售后维修服务转变为消费者全生命周期体验管理，以便在从消费者开始了解华为到售后服务及再购支持的全生命周期内，为消费者提供全套的服务。

在售后业务上，华为表示要结合跨行业学习，开展预约服务、寄修服务、上门服务以及以旧换新、废旧手机回收等服务。华为还表示要从被动服务转变为主动服务，对消费者在网络上的抱怨、评价都需要进行主动管理，并提供高效准确的服务。

4.3 以优质的售后服务吸引潜在客户

优质的售后服务可以让客户感受到企业品牌是可信赖的，为企业品牌树立良好的口碑。建设良好的售后服务体系需要一定的投入，但只要企业做好了，其回报也是相当可观的。因为好的口碑可以一传十，十传百。不少企业就因为为少数客户做好了售后服务，使这些客户以口耳相传的方式帮助自己进行了宣传。这样既帮助企业节省了大笔宣传费用，又帮助企业建立了客户信誉，从而获取了源源不断的潜在客户。

华为一直在根据客户的需求改进售后服务，站在客户的角度考虑应当如何更好地为他们服务。2015年，任正非在消费者BG服务策略汇报会上的讲话中就指出："我们一个地区一个国家至少要有一个华为直接管理客户服务中心。"他还表示，服务中心要敢于吃亏，只要能把客户服务做好，就可以带来口口相传，从而建立服务的品牌形象。

所以，华为每年都拿出一部分利润，增加一些服务投资成本，建立与交付相匹配的售后服务体系，为今后的市场打基础。华为对服务的重视，使其售后服务在近些年快速进步，通过优良的售后服务，也让客户看到了华为可持续发展的能力，因此吸引了更多的客户。

华为发展初期，很多客户都愿意使用华为的产品，是因为其售后服务深得人心。当时，福建是国内最早使用国外交换机产品的省份，华为也想从中分一杯羹，于是张建国被派到了福建。

他每天开着一辆破旧的吉普车在当地的各个县城和乡镇穿梭，经过3年的探索，他已经可以随手画出福建的县级区位地图。当时福建只要是装了程控交换机的地方都是国外电信公司的产品，因为进口的机型性能稳定，但是这些国外公司的产品也有缺陷，因为装机年数久了，很多设备不具备新功能，而且技术服务跟不上。比如，泉州市当时都是使用的日本进口的F150机型，但装机几年后，需要技术升级时，泉州电信局通过政府与日本厂商协商，等了一年多的时间也没有得到客户回应。

当时，华为的服务点分布在各省的地县级市，能够为客户提供及时的售后服务。华为从这种情况中看到了市场机会，积极对客户展示自己的技术实力，以及在售后服务上的优势，最终成功打入了泉州市场，客户全部改用了华为机器。

华为在做好售后服务的同时，也拉近了与客户之间的距离，逐渐在市场上树立了一定的好口碑。华为又通过不断的努力和改进，使其服务水平日益提升，久而久之，就形成了良性循环的马太效应，为华为带来了越来越多的客户。

5. 以质取胜，打造一流品牌

产品和服务的质量始终是客户选择企业最为重要的因素。企业要想在市场上立足，就必须拥有质量过硬的产品和服务，否则难以维持长久发展。在企业品牌形象越来越受重视的今天，企业也需要依靠自己打造一张属于自己的名片。

5.1 发挥工匠精神，追求极致

任正非很欣赏日本企业的工匠精神，在他看来，日本之所以能拥有世界上最多的存活200年以上的企业，就是因为一代又一代的人能够坚持发扬工匠精神。在企业经营中，“工匠”一词代表的是坚定、踏实、精益求精。很多成功的日本企业中都存在一批这样的“工匠”，他们对待工作执着，有精雕细琢的精神，从而使生产出的产品能够经得起时间的考验。如果质量不好的产品流通到市面上，这些人也会将其看作自己职业生涯的耻辱。所以，在多年前，很多日本公司都没有成品检验的流程，因为他们在生产产品的过程中就把产品做到了极致，根本无须检验。

任正非也希望华为能多出这样的员工，所以他极力推崇这种脚踏实地、一丝不苟的敬业精神。在他看来，这种精神源自中华民族，如今却成为了日本、德国等企业的代名词，现在华为及其他一些中国企业要重视问题的严重性，让工匠精神回归，只有中国企业脚踏实地做每件事情，才能提升企业在国际上的竞争力。

华为经过这么多年的发展，在精益求精这条道路上也取得了很大的成绩，华为如今能够成为行业领导者就与华为人脚踏实地、吃苦耐劳有很大的关系。用任正非的话说就是，华为就像是阿甘，目标坚定、专注执着、默默奉献、埋头苦干。正是这种认准方向朝着目标，傻干、傻付出、傻投入的精神，才让华为的产品越做越好，并且能够得到多个国家和地区客户的认可。

华为消费者业务CEO余承东曾经对媒体表示，华为一直将质量视为自己的自尊和生命。而且，自华为成立以来，就一直以工匠精神来衡量产品，追求零缺陷的产品。

比如，华为曾为了解决一个在跌落环境下致损概率为三千分之一的手机摄像头质量缺陷，投入了数百万元人民币不断测试，最终找出了问题并予以解决。还有荣耀品牌的一款热销手机，因为在生产中存在一个非常小的缺陷，曾经关停了生产线重新整改，尽管影响了数十万台手机的发货，但华为认为这样做是值得的，因为这样才能让消费者有好的体验。2014 年 8 月，华为一辆运送荣耀 3C 手机的货车从深圳运往东莞的路上，由于天气炎热，出现轮胎起火，车辆装载的货柜箱内部分货物着火。尽管之后的质量检测表明，这批手机的不良率仅为 1.4%，良品达到 98.6%，再次进行可靠性测试后，仍可上市，但华为坚持销毁了这批手机，数量高达 1.3 万台，而此前华为也曾因质量问题销毁过 4 000 多台手机。

除了严格把控自身生产环节的质量外，华为还对产业链上的合作伙伴有着严苛的要求，以不断提升供应链中各个环节的产品质量。比如，供应商提供的手机摄像头中会用到一个对焦马达，马达中还会用到一种胶水，华为不仅会要求摄像头的供应商做好质量把控，还会要求提供马达和胶水的供应商保证质量。这样才不会影响手机在拍摄时的对焦灵敏性和速度，也才能给消费者带来极致的使用体验。

任正非希望华为能成为百年企业，持续为客户提供高质量的产品和服务。所以，在质量问题上，华为从来不讨价还价。华为人的执着，也让他们在客户处成功获得了好口碑。

任正非也知道，华为的发展需要靠一代又一代华为人的不断奋斗。因此，任正非鼓励员工“要干一行，爱一行，专一行”。他还说道：“要尊重那些踏踏实实、认真努力、恪守职责，并不断改进自己工作的老员工，要给予他们多一些的培训机会。”他要求管理者要帮助这些努力工作的人进行工作适应调整，使员工都能匹配岗位需求，并从员工的责任心、服务意识等方面衡量他们的晋升。这样，华为才能造就一批业精于勤、行成于思、踏踏实实的工作者。

5.2 围绕客户满意度提升服务质量

不同的客户有不同的需求，不一定有高质量的产品就能提升客户满意度。因为对客户来说，好的产品就是能够满足其需求的产品。所以，提升客户满意度是十分综合复杂的，企业要针对不同的客户群需求，提供实现其业务需要的优质产品和良好服务。

为了不断提高华为手机的质量，使更多的客户满意，华为在多个领域建立了完善的全流程质量反馈改善体系，并通过服务热线、社交媒体、新媒体等渠道收集用户反馈，争取在下一代产品中不断完善。华为还根据客户满意度调查，了解客户的意见，经过改进后，也会举办各种会议再次收集客户反馈，并与客户共同讨论下一步的改进计划。

2014 年 7 月，华为在四川乐山隆重召开了“携手共赢·再创辉煌”——2014 华为中国企业业务满意度研讨会，参与该会的有 150 多名为华为企业业务管理和业务改进积极建言的客户和合作伙伴。

从 2011 年起，华为就开始聘用国际知名专业咨询机构为企业业务开展全行业的、系统性的满意度调研。从 2013 年开始，华为每年例行在调研报告出炉后，邀请参与了满意度调研的客户和渠道合作伙伴参与研讨会。在会上，华为和客户、合作伙伴会集中对上一年度华为企业业务满意度改进情况进行回顾，并就新一年度的改进计划进行研讨。

华为企业 BG 中国区总裁马悦在开幕式致辞中表示，3 年来华为在中国政企市场成绩斐然，这与客户和伙伴的批评和帮助密不可分。满意度研讨会对于华为企业业务的成长有着重要意义，这个会议已与合作伙伴大会、商业分销大会、服务渠道大会一起，成为了华为中国企业业务四大品牌活动之一。

在会上，科罗思咨询集团（CFI）资深顾问与参加会议的人分享了业界趋势和满意度管理之道，并分析了华为企业业务满意度的发展和演变，从客户的角度为华为解决方案进一步匹配客户需求建言，还建议华为合作伙伴积极借鉴国外经验，向综合解决方案提供商转型。

华为企业 BG 质量运营部部长薛铭在会上汇报了华为在企业业务领域，以客户需求为中心持续提升客户和合作伙伴满意度的一些基本情况。他表示，华为坚持与合作伙伴一起持续提升客户满意度，针对满意度管理和调查，华为还成立了专门的组织来跟踪和推动，相关责任部门包括研发、销售、产品、服务等部门主管直接对问题结果负责，对所有问题进行全部闭环。还有多位不同行业的客户和合作伙伴也现场发言，对一些新问题新挑战提出了自己的意见。

在最后的总结中，马悦表示华为希望广大客户和伙伴能够多提建议和意见，华为也会积极改进，愿意与客户和合作伙伴“携手共赢，再创辉煌”。

华为借助满意度研讨会，检讨了过去的工作，改进了一些错误，并从中总结出了一些成功经验。可以说，华为这些年在市场上的成功与客户和伙伴不断提供建议和帮助密切相关。任正非也经常告诫华为人要多听取客户的批评意见，按照客户的意见改进，才能找准提升客户满意度的点。华为就是在客户的批评声中持续进步的，所以从另一个角度来看，客户就是华为成长道路上的老师之一。

如今，华为还在扩大与客户、合作伙伴的合作，也经常制造机会与客户交流，主动听取客户意见。面对华为在扩张中的业务问题，从产品质量、服务响应时间，到售后服务等方面，华为都会与客户进行探讨，以便弥补自己的不足之处。

5.3 成就客户，树立良好品牌形象

现在很多企业花大力气提升企业品牌，为此，这些企业投入了大量的广告和宣传，以提升品牌知名度。华为最近几年也在积极提升自己的品牌形象，让更多人对华为有一个正确的认识，并且选择华为的产品。尽管适当的宣传是必要的，但是华为也知道，要想在客户心中树立起良好的品牌形象，最根本的还在于华为能否通过产品和服务，帮助客户实现成功，让客户获得更大的利益。

为了能够帮助客户成功，华为经过几十年的努力，花了大量的金钱和精力，在市场上塑造了诚信的企业形象。因为在任正非看来，这是华为的立身之本，是华为的核心竞争力，这关系到华为对外的所有形象。所以，华为尽一切努力实现对客户的承诺，做到言而有信，也因此成功树立起了良好的企业形象。

2014 年，林华（化名）开始担任华为 V 和 F 客户无线两网合并项目的负责人。在林华到项目组之前，项目的搬迁进度和质量已经频频被客户投诉。

林华到达项目组后的第一件事，就是和客户交流，弄清楚客户投诉的具体原因。他花了好几天时间才定位到项目的最重要的几个问题，主要为：客户网络设计频繁变更，导致站点配置变更，站点到货率只有 85%，没有达到全球平均水平；客户负责的工程辅料和第三方物料管理经常出现问题，导致安装好的基站无法及时上线；华为的合作伙伴在资源供给方面出现问题，影响了交付进度，加上人员能力不够，导致安装质量较差。

针对上述问题，林华与项目组紧急成立了项目存货管理小组，每天与客户采购、技术对齐主设备及辅料需求，帮助客户梳理存货，使站点到货率从 85% 提升到了 95%。针对客户第三方电源、天线供应商供货出现的问题，林华反复与客户交流，

最终使华为的设备得到客户认可，在客户规定的时间内实现了能基产品在子网的销售落地，并大大降低了项目成本。项目组还投入重兵，安排专人做合作伙伴的管理工作，对新的供应商进行认证，每周复核合作伙伴投入的资源，技术组也持续优化搬迁方案，提升了人均效率。分包合同也得到优化，并通过奖惩机制提高了分包商对安装质量的重视。

通过一系列举措，项目组的工作效率提高了很多，在客户规定的时间内完成了任务，客户的抱怨也渐渐变成了赞扬。经过这次实践，华为在客户中的形象也得到很大的提升，之后客户将全网都交给了华为。客户还表示，华为人的工作，让他们感受到了华为作为一个合作伙伴表现出来的诚意和能力。

良好的品牌形象是企业的无形资产，可以给企业源源不断带来利润。华为以客户为中心的企业文化深得客户喜欢，在实践中华为也做到了这一点。华为人在工作中表现出的诚意和脚踏实地的精神，都代表了华为的企业形象。华为的奋斗者文化也容易让很多在为生活、理想奋斗的人产生认同感，华为人通过奋斗，帮助一个个客户实现成功，也践行了奋斗者的誓言。

参考文献

1. 黄卫伟. 以奋斗者为本. 北京：中信出版社，2014.

2. 黄卫伟. 以客户为中心. 北京：中信出版集团，2016.

3. 田涛，殷志峰. 枪林弹雨中成长. 北京：生活·读书·新知三联书店，2016.

4. 曲智，申楠. 任正非内部讲话2：华为成为全球第一的带队之道. 北京：石油工业出版社，2016.

5. 田涛，殷志峰. 厚积薄发. 北京：生活·读书·新知三联书店，2017.

6. 杨少龙. 华为靠什么：任正非创业史与华为成长揭秘. 北京：中信出版社，2014.

7. 程东升，陈海燕. 任正非管理日志. 北京：中信出版社，2008.

8. 吴春波. 华为没有秘密. 北京：中信出版社，2014.

9. 田涛，吴春波. 下一个倒下的会不会是华为. 北京：中信出版社，2012.

10. 程东升，刘丽丽. 华为真相. 北京：当代中国出版社，2004.

11. 汤圣平. 走出华为. 北京：中国社会科学出版社，2004.

12. 张利华. 华为研发. 北京：机械工业出版社，2009.

13. 周留征. 华为哲学. 北京：机械工业出版社，2015.

14. 刘劲松，胡必刚. 华为能，你也能. 北京：北京大学出版社，2015.

15. 陈威如，余卓轩. 平台战略——正在席卷全球的商业模式革命. 北京：中信出版社，2013.

16. [美] 彼得·德鲁克. 成果管理. 朱雁斌，译. 北京：机械工业出版社，2006.

17. [美] 艾森·拉塞尔. 麦肯锡方法（第1版）. 张薇薇，译. 北京：机械工业出版社，2009.

18. [日] 大前研一. 专业主义（第2版）. 裴立杰，译. 北京：中信出版社，2010.

19. [日] 大岛祥誉. 麦肯锡工作法：个人竞争力提升50%的7堂课. 王柏静，译. 北京：中信出版社，2014.

20. [美] 迈克尔·波特. 竞争战略. 陈丽芳，译. 北京：中信出版社，2017.

21. [美] 菲利普·科特勒，加里·阿姆斯特朗. 市场营销：原理与实践（第16版）. 楼尊，译. 北京：中国人民大学出版社，2015.

22. [美] 菲利普·科特勒，[印度尼西亚] 何麻温·卡塔加雅，伊万·塞蒂亚万. 营销革命3.0：从产品到顾客，再到人文精神. 毕崇毅，译. 北京：机械工业出版社，2012.

23. [美] 艾·里斯，杰克·特劳特. 商战. 李正栓，李腾，译. 北京：机械工业出版社，2017.

24. [美] 艾·里斯，杰克·特劳特. 定位：有史以来对美国营销影响最大的观念. 谢伟山，苑爱冬，译. 北京：机械工业出版社，2017.

25. [美] 艾·里斯，劳拉·里斯. 品牌22律：最受美国企业家欢迎的三大品牌经典之一. 寿雯，译. 北京：机械工业出版社，2017.

26. [美] 杰克·特劳特，史蒂夫·里夫金. 与众不同：极度竞争时代的生存之道. 火华强，译. 北京：机械工业出版社，2017.